Cliff Atkinson

Erzählen statt aufzählen
Neue Wege zur erfolgreichen PowerPoint-Präsentation

Cliff Atkinson

Erzählen statt aufzählen

Neue Wege zur erfolgreichen PowerPoint-Präsentation

Dieses Buch ist die deutsche Übersetzung von:
Beyond Bullet Points: Using Microsoft PowerPoint to Create Presentations That Inform, Motivate, and Inspire / Cliff Atkinson
Microsoft Press, Redmond, Washington 98052-6399
Copyright 2005 by Microsoft Corporation

Das in diesem Buch enthaltene Programmmaterial ist mit keiner Verpflichtung oder Garantie irgendeiner Art verbunden. Autor, Übersetzer und der Verlag übernehmen folglich keine Verantwortung und werden keine daraus folgende oder sonstige Haftung übernehmen, die auf irgendeine Art aus der Benutzung dieses Programmmaterials oder Teilen davon entsteht.

Das Werk einschließlich aller Teile ist urheberrechtlich geschützt. Jede Verwertung außerhalb der engen Grenzen des Urheberrechtsgesetzes ist ohne Zustimmung des Verlags unzulässig und strafbar. Das gilt insbesondere für Vervielfältigungen, Übersetzungen, Mikroverfilmungen und die Einspeicherung und Verarbeitung in elektronischen Systemen.

Die in den Beispielen verwendeten Namen von Firmen, Organisationen, Produkten, Domänen, Personen, Orten, Ereignissen sowie E-Mail-Adressen und Logos sind frei erfunden, soweit nichts anderes angegeben ist. Jede Ähnlichkeit mit tatsächlichen Firmen, Organisationen, Produkten, Domänen, Personen, Orten, Ereignissen, E-Mail-Adressen und Logos ist rein zufällig.

15 14 13 12 11 10 9 8 7 6 5 4 3 2 1
07 06 05

ISBN 3-86063-999-4

© Microsoft Press Deutschland
(ein Unternehmensbereich der Microsoft Deutschland GmbH)
Konrad-Zuse-Str. 1, D-85716 Unterschleißheim
Alle Rechte vorbehalten

Übersetzung: Sabine Lambrich und Ute Rexhausen, München
Fachlektorat: Frauke Wilkens, München
Layout und Satz: Gerhard Alfes, mediaService, Siegen (www.media-service.tv)
Umschlaggestaltung: Hommer Design GmbH, Haar (www.HommerDesign.com)
Gesamtherstellung: Kösel, Krugzell (www.KoeselBuch.de)

Inhaltsverzeichnis

	Danke an ...	11
	Einleitung	13
1	**Erzählen statt aufzählen: Ein Präsentationsansatz in drei Schritten**	17
	Das Szenario in diesem Buch	19
	Dem Problem auf den Grund gehen	20
	Drei Analysefragen	21
	Kann ich den Fokus der Präsentationen erkennen, wenn ich nur die Folienüberschriften lese?	21
	Gibt es in der Präsentation eine Ausgewogenheit zwischen Wort und Bild?	23
	Können die Folien das Interesse meiner Zuhörer wecken?	24
	Eine Strategie auswählen	26
	Der Hollywood-Ansatz	27
	Klassische Ideen mit moderner Technologie interpretieren	27
	Ihre Strategie an wissenschaftliche Untersuchungen anlehnen	28
	Ein Ansatz in drei Schritten	28
	Ein Drehbuch schreiben – Ideen fokussieren	29
	Ein Storyboard erstellen – Ideen ausarbeiten	31
	Das Drehbuch produzieren – das Publikum fesseln	33
	Wie geht es weiter?	35

2 Einführung der Geschichte in Akt I ... 37

Die Drehbuchvorlage von »Erzählen statt aufzählen« ... 38
Die drei Grundregeln beim Schreiben eines Drehbuchs ... 42
    1. Regel: Schreiben Sie vollständige und aktive Sätze mit Subjekt und Prädikat ... 43
    2. Regel: Schreiben Sie in einem einfachen, klaren
    und aktiven Konversationsstil ... 44
    3. Regel: Schreiben Sie Sätze, die nicht länger als
    die Zeilen der Drehbuchvorlage sind ... 44
Erster Akt: Die Geschichte aufbauen ... 45
    Akt I, Szene 1: Schauplatz ... 46
    Akt I, Szene 2: Hauptfigur ... 48
    Akt I, Szene 3: Ungleichgewicht ... 49
    Akt I, Szene 4: Gleichgewicht ... 51
    Akt I, Szene 5: Lösung ... 53
Erster Akt: Der Vorhang schließt sich ... 54
    Die fünf Szenen optimieren ... 55
    Emotionen im Publikum ansprechen ... 55
    Konzentration auf Ihre Ideen ... 56
Zehn Tipps zum Optimieren des ersten Akts ... 56

3 Entwicklung der Handlung in Akt II und Akt III ... 67

Akt II und Akt III ... 68
    Die Vernunft im zweiten Akt ansprechen ... 68
    Emotionen und Vernunft im dritter Akt ansprechen ... 69
Zweiter Akt: Die Handlung aufbauen ... 69
    Die Lösung in den Mittelpunkt stellen ... 69
    Aus drei Detailebenen wählen ... 70
Drei Hauptargumente definieren ... 71
    Akt II, Szene 1: Das erste Hauptargument ausführen ... 74
    Akt II, Szenen 2 und 3: Das zweite und dritte Hauptargument ausführen ... 78
    Akt II, Szene 4: Den Wendepunkt definieren ... 80
Dritter Akt: Die Lösung erarbeiten ... 81
    Akt III, Szene 1: Krise ... 81
    Akt III, Szene 2: Lösung ... 82
    Akt III, Szene 3: Klimax ... 82
    Akt III, Szene 4: Katharsis ... 83
Das Drehbuch vortragen ... 84
Das Drehbuch im Team überarbeiten ... 85

	Den Vorhang über der Drehbuchvorlage schließen	86
	Zehn Tipps zum Optimieren der Drehbuchvorlage	86
4	**Vorbereitung und Planung des Storyboards**	**93**
	Das Storyboard	94
	Das Drehbuch in PowerPoint übertragen	94
	Von Word in PowerPoint	96
	Folienmaster einrichten	98
	Folienlayout ändern	101
	Titel bearbeiten	102
	Storyboard vorbereiten	103
	Titel und Abspann einfügen	103
	Navigationshilfen einfügen	105
	Navigationshilfen positionieren	108
	Ihre Rede vorbereiten	110
	Notizenmaster vorbereiten	110
	Notizenseiten schreiben	113
	Die drei Grundregeln für ein gutes Storyboard	115
	1. Regel: Verlieren Sie die Geschichte nicht aus den Augen	115
	2. Regel: Halten Sie ein gleichmäßiges Tempo	116
	3. Regel: Kennzeichnen Sie Akte und Szenen	117
	Die Headlines proben	118
	Zehn Tipps zum Optimieren des Storyboards	119
5	**Gestaltung des Storyboards**	**129**
	Die drei Grundregeln der Gestaltung	130
	1. Regel: Ausgangspunkt der Gestaltung ist die Überschrift	131
	2. Regel: Die Folien sollen unterstützend mitwirken	133
	3. Regel: Testen Sie drei Arten der grafischen Umsetzung	134
	Verschiedene Designtechniken auf drei Folien anwenden	135
	Eine Testdatei vorbereiten	135
	Mit der Gestaltung beginnen	136
	Die Folie mit einem Foto ausfüllen	138
	Sicherstellen, dass die Überschrift gut zu lesen ist	142
	Die Überschriften verbergen	149
	Ein visuelles Requisit hinzufügen	151
	Clipart verwenden	154
	Wörter animieren	158

	Techniken mischen und aufeinander abstimmen	**163**
	Einen Stil wählen	**163**
	Zehn Tipps zum Optimieren der Folien	**164**
6	**Erweiterung der grafischen Optionen**	**169**
	Schnappschüsse vom Bildschirm aufnehmen	**170**
	Zahlen im Detail anzeigen	**172**
	Eine Idee mit einer Grafik darstellen	**174**
	Eine Grafik erstellen	**176**
	Eine Idee mithilfe einer grafischen Darstellung auf drei Folien erläutern	**182**
	Eine Idee mithilfe einer grafischen Darstellung auf einer Folie erläutern	**185**
	Eine Idee mithilfe eines Diagramms erklären	**185**
	Das Storyboard ausgestalten	**193**
	Grafische Elemente zum Titel und zum Abspann hinzufügen	**193**
	Die drei Hauptideen hervorheben	**195**
	Was sagt die Wissenschaft?	**197**
	Die Präsentation proben	**198**
	Die endgültige Fassung der Notizenseiten erstellen	**198**
	Genehmigungen und Freigaben einholen	**199**
	Zehn Tipps zum Optimieren der Folien	**199**
7	**Leben in die Geschichte bringen**	**207**
	Drei Grundregeln der Produktion	**208**
	1. Regel: Achten Sie auf einen transparenten Medieneinsatz	**209**
	2. Regel: Stellen Sie einen Dialog mit dem Publikum her	**210**
	3. Regel: Improvisieren Sie innerhalb der festgelegten Grenzen	**211**
	Störfaktoren beseitigen	**211**
	Das Präsentationsumfeld vorbereiten	**211**
	Die Technologie überprüfen	**212**
	Probleme einplanen	**213**
	Störfaktoren wegüben	**214**
	Mit Notizen arbeiten	**215**
	Einen Dialog entwickeln	**217**
	Authentizität	**217**
	Vertrauen Sie auf Ihre Folien	**218**
	Ein lebendiger Dialog	**219**
	Die anschließende Diskussion	**220**

	Im Rahmen der Grenzen improvisieren	221
	Die Geschichte im Griff behalten	221
	Auf verschiedene Umstände vorbereitet sein	222
	Die Folien abschalten	222
	Handzettel verteilen	223
	Präsentieren ohne präsent zu sein	224
	Notizenseiten (nicht Folien) senden	224
	Eine Onlinepräsentation vorführen	224
	Und nun präsentieren …	225
	Zehn Tipps zum Optimieren der Produktion	225

Schlusswort ... 231

A Im Einklang mit der Forschung ... 233

Zusammenfassung der Prinzipien ... 235
    Mit Worten und Bildern kommunizieren ... 235
    Redundanz von Gesprochenem und Gelesenem vermeiden ... 236
    Die Informationen portionieren ... 237
    Informationen klar vermitteln ... 237
    Konversationsstil verwenden ... 238
    Überschriften in die Nähe der Grafiken setzen ... 239
    Ablenkungen von der Projektionswand fern halten ... 240
    Mit animierten Elementen erzählen ... 241
    Animation und Gesprochenes synchronisieren ... 241
Fortgeschrittene Prinzipien anwenden ... 242
Mehr zur Forschung ... 243

B Arbeiten mit der Storyboardvorlage ... 245

Stichwortverzeichnis ... 249

Über den Autor ... 255

Danke an ...

Wenn die Ideen in diesem Buch einem breiteren Publikum zugänglich gemacht und positiv aufgenommen werden sowie zu Veränderungen führen, dann nur weil Juliana Aldous Atkinson und das Team von Microsoft Press das Schreiben dieses Buches ermöglicht haben. Mein besonderer Dank gilt deshalb ihnen.

Danke auch an mein Editing-Team, Sandra Haynes, Steve Sagman und Jennifer Harris. Ihre Vorschläge und sorgfältige Überarbeitung haben signifikant zur Klarheit und Genauigkeit dieses Buches beigetragen. Steve Few hat einige Kapitel überarbeitet und Richard E. Mayer das Material von Anhang A begutachtet – danke.

Nicht zu vergessen, danke an all diejenigen, deren Ideen Teile dieses Buches beeinflusst bzw. mich dazu inspiriert haben – Aristoteles, Henry Boettinger, Jim Bonnet, Syd Field, Kathleen Hall Jamieson, Richard E. Mayer, Scott McCloud, Robert McKee und Barbara Minto. Mein Dank gilt auch allen, die bereit waren, sich für meinen Newsletter über Microsoft Office PowerPoint befragen zu lassen, u.a. Seth Godin, Bob Horn, Guy Kawasaki, Larry Lessig, Don Norman, Michael Schrage, John Seely Brown und Nathan Shedroff. Ich bedanke mich bei Till Voswinckel für unsere stetigen Gespräche. Speziellen Dank auch an William C. Chittick für die Übersetzung der Dichtung aus dem 13. Jahrhundert von Jalal al-Din Rumi und Ibn al-Arabi, eine endlose Quelle der Inspiration.

Und last, not least vielen Dank auch an meine Freunde und die Mitglieder des lokalen Speaker Clubs Toastmasters Excecutive 412, die viel zu meinen Ideen und Gedanken in diesem Buch beigetragen haben.

Einleitung

Ist eine Microsoft Office PowerPoint-Präsentation ohne Aufzählungspunkte immer noch eine PowerPoint-Präsentation?

Das ist eine schwierige Frage. Wenn Leute sich anlässlich einer Präsentation treffen, können sie sicher sein, stets auf dasselbe vorhersehbare Format am Bildschirm oder auf der Projektionswand im Besprechungsraum zu treffen – Folie um Folie. Der konventionelle Präsentationsansatz der Aufzählungen hat sich tief in unser Bewusstsein eingegraben. Und dies hat enorme Auswirkungen auf Unternehmen, auf Berufe, ja sogar auf ganze Kulturkreise.

Aufzählungen sind einfach zu schreiben. Folien können damit im Handumdrehen erzeugt werden. Wenn Sie Aufzählungen während einer Präsentation zeigen, werden Sie gleich daran erinnert, was Sie sagen wollen. Außerdem haben Sie damit den Überblick, dass Sie Ihrem Publikum alle Informationen auch wirklich übermittelt haben. Aufzählungen sind ein wichtiger Bestandteil in unserem Alltag. Es ist schwer vorstellbar, wie wir ohne sie auskommen sollten.

Aber auch wenn Aufzählungen es uns leicht machen, Folien zu erstellen. Sie machen es dem Publikum oft gar nicht leicht, das zu verstehen, was wir sagen wollen. Die Frustration beim Anblick langweiliger Aufzählungsfolien nimmt zu. Wir können sie nicht mehr sehen. Nicht umsonst gibt es immer mehr Foren wie Diskussionsgruppen, Bücher, Aufsätze, Artikel und Blog-Einträge zu diesem Thema. Die generelle Aussage dieser verschiedenen Foren lautet, dass mit Aufzählungen ge- und überfüllte Folien eine Mauer zwischen Publikum und Vortragendem/Vortragender aufbauen. Sie wollen Ihre Präsentation natürlich und entspannt halten, aber Ihre Aufzählungsfolien machen die Atmosphäre formal und steif. Sie möchten Ihre

Botschaft klar und präzise formulieren, aber Ihr Publikum verlässt den Raum oft eher faktenüberladen und verwirrt. Und Sie möchten Ihre wichtigen Gedanken so gut wie möglich auf die Leinwand bringen, aber die Aufzählungspunkte ersticken jede kreative Auseinandersetzung mit Ihren Ideen im Keim.

In unseren Präsentationserlebnissen wird mit Aufzählungspunkten keine Verbindung zwischen Vortragendem/Vortragender und Publikum hergestellt. Egal ob im kleinen Besprechungsraum oder im Konferenzsaal – es funktioniert nicht, und es muss sich ändern.

Welche Möglichkeiten haben Sie als Vortragender/Vortragende? Gibt es in PowerPoint überhaupt einen Weg, Aufzählungen zu umgehen? Ja, den gibt es. Sie können *erzählen* statt *aufzählen*. Wenn das, was die Leute von Aufzählungspunkten halten, wahr ist, dann können wir dies folgendermaßen interpretieren. Es ist etwas verloren gegangen. Die Entwicklung hin zu Aufzählungen, Diagrammen und Grafiken ist zu einseitig. Wir werden mit Fakten überhäuft, die Verbindung zu anderen fehlt aber (fast) vollständig. Es herrscht keine Balance. In unserer schnelllebigen, komplexen Welt der Veränderungen brauchen wir aber die Verbindung zu anderen, die Inspiration durch andere und das gemeinsame Erlebnis mit anderen. Erzählen Sie in Ihren Präsentationen eine Geschichte, und Sie haben alles, was Sie brauchen.

Der Ansatz, eine Geschichte zu erzählen, ist in Unternehmen und Organisationen ein heiß diskutiertes Thema geworden. Aber warum sollte das Erzählen einer Geschichte ein geeignetes Präsentationsmodell sein? Wir treffen uns nicht zu Präsentationen, um einander Anekdoten zu erzählen, die uns unterhalten – obwohl eine persönliche Geschichte eine kraftvolle Vorgehensweise zur Untermauerung eines Punktes darstellen kann. Präsentationen sollen uns dabei unterstützen, Aufgaben und Probleme, die unseren Alltag (beruflich und privat) formen, zu diskutieren und zu lösen. Präsentationen sind anders als persönliche Anekdoten. Sie handeln von komplexen Aufgaben, für deren Lösung Verstand und Logik benötigt werden. Nur so können durchdachte Entscheidungen getroffen werden.

Aber wir können eine Brücke zwischen den Vorteilen des Geschichtenerzählens und dem Bedarf an vernünftiger Argumentation schlagen, indem wir einen bestimmten Aufbau der Geschichte in die komplexen Anforderungen einer Präsentation integrieren. Wir gehen zurück in die Vergangenheit, um die klassischen Grundlagen des Erzählens und des Überzeugens wieder zu entdecken und diese auf die PowerPoint-Präsentationen von heute effektiv anzuwenden. Das Prinzip der überzeugenden Geschichte hält allen Anforderungen einer Präsentation stand. Hier können Sie Ihren analytischen Verstand und Ihr kritisches Denken genauso einbringen wie die ausgeklügelten Medientechniken – Dinge, die Ihr Publikum von Ihnen erwartet.

Die Übertragung dieser Erzählstruktur auf Ihre PowerPoint-Präsentationen stellt den Kern des Präsentationsansatzes in drei Schritten dar, der in diesem Buch vorgestellt wird. Hier wird eine völlig neue Alternative zum herkömmlichen Aufzählungsansatz gezeigt.

Der Präsentationsansatz »Erzählen statt aufzählen« hat seine Wurzeln in vielen Bereichen, einschließlich klassischer Philosophie, zeitgemäßen Medientechniken und neuesten wissenschaftlichen Erkenntnissen über Wissensvermittlung im Multimediabereich, und interpretiert sie unter dem Aspekt des Präsentierens. Aber dieses Buch beschreibt nicht die Theorien, die hinter diesem Ansatz stehen. Es zeigt, wie Sie diese Ideen in Ihre Präsentationen in der Praxis einbringen können.

In Kapitel 1 wird ein fiktives Szenario vorgestellt, in dem Sie vor die schwierige Aufgabe gestellt werden, eine konventionelle Präsentation in eine Präsentation ohne Aufzählungspunkte umzuwandeln. Kapitel 2 und 3 führen Sie durch den ersten Schritt in diesem Prozess: *Sie schreiben ein Drehbuch, um Ihre Ideen zu fokussieren.* Kapitel 4 bis 6 zeigen den zweiten Schritt des Präsentationsansatzes »Erzählen statt aufzählen«: *Sie erstellen aus Ihrem Drehbuch ein Storyboard, um Ihre Ideen auszuarbeiten.* Und in Kapitel 7 führen Sie den dritten Schritt auf dem Weg zu einer neuen Präsentationsform aus: *Sie produzieren das Drehbuch, um Ihr Publikum zu fesseln.*

Ab Kapitel 2 endet jedes Kapitel mit zehn Tipps zum Optimieren des Schlüsselelements im jeweiligen Kapitel. (Beim ersten Lesen dieses Buches können Sie diese Tipps überfliegen, um sie später genauer zu lesen, wenn Sie so weit sind, sie in die Praxis umzusetzen.) Dieses Buch ist sowohl als praktische Anleitung gedacht, die Sie beim Erstellen von PowerPoint-Präsentationen neben sich liegen haben, als auch als Quelle für weiterführende Anregungen bei Ihrer kreativen Arbeit.

In diesem Buch geht es hauptsächlich um die Kommunikation zwischen Menschen – klar, präzise und mitreißend. Ich hoffe, Sie finden dies und mehr in dem vorliegenden Buch, wenn Sie Ihre eigenen Präsentationen *erzählen* statt *aufzählen*.

Kapitel 1
Erzählen statt aufzählen: Ein Präsentationsansatz in drei Schritten

In diesem Kapitel werden Sie ...

1. ein typisches Präsentationsszenario analysieren.
2. Probleme untersuchen, die von Aufzählungen verursacht werden.
3. die Wichtigkeit einer guten Geschichte kennen lernen.
4. Ansätze aus der Filmbranche übernehmen.
5. erzählen statt aufzählen – in drei Schritten.

Erzählen statt aufzählen: Ein Präsentationsansatz in drei Schritten

Eine Präsentation zu halten kann eine echte Herausforderung sein. Stellen Sie sich folgendes Szenario vor: Sie erhalten den Auftrag, eine Präsentation auf der Vorstandssitzung durchzuführen – mit der speziellen Vorgabe, keine »langweiligen« Aufzählungen in Ihren Folien zu verwenden. Was tun Sie in einem solchen Fall?

Die Vorstellung, vor anderen sprechen zu müssen, verursacht den meisten Menschen zumindest Unbehagen, wenn nicht gar Angst. Sie müssen nicht nur darauf vorbereitet sein, vor einer Gruppe von Menschen zu sprechen, die Sie (meist) nicht kennen. Sie haben oft auch nur wenig Zeit zu entscheiden, was Sie sagen und wie Sie es effektiv und präzise ausdrücken wollen. Wo und wie fangen Sie an?

Dieses Buch kann Ihnen behilflich sein. Hier gilt »Erzählen statt aufzählen« – ein Ansatz, mit dessen Hilfe Sie eine beliebige Präsentation mit Microsoft Office PowerPoint erstellen können, ohne auf Aufzählungspunkte zurückgreifen zu müssen. Das Buch führt Sie Schritt für Schritt durch die Erstellung einer Präsentation, die erzählt und nicht aufzählt. Sie lernen also diesen Ansatz, der aus drei grundlegenden Schritten besteht, in der Praxis kennen. Er verbindet geschickt klassische Ideen und moderne Technologie und unterstützt Sie dabei, Ihre Ideen auf den Punkt zu bringen, sie klar zu umreißen und Ihrem Publikum verständlich zu übermitteln. Die Methode in diesem Buch passt auf jede Präsentation – egal ob Sie Unternehmer, Vertriebsfrau, Lehrer, Ingenieurin, Student oder Wissenschaftlerin sind. Sie passt auf jede Person, die mit PowerPoint kommunizieren will.

Das Prinzip »Erzählen statt aufzählen« geht weit über ästhetische Aspekte hinaus. Sie produzieren nicht nur optisch ansprechende Ergebnisse, sondern gewinnen mit jedem Schritt mehr Selbstvertrauen als Sprecher oder Sprecherin, mehr Vertrauen in das, was Sie sagen möchten, und mehr Nähe zu Ihrem Publikum. Es gäbe noch viel zu den Ideen und Vorstellungen zu sagen, auf denen dieser völlig neue Präsentationsansatz aufbaut. Aber Sie haben keine Zeit zu verlieren – Sie müssen übernächste Woche auf der Vorstandssitzung eine Präsentation halten. Lassen Sie uns direkt in das Szenario einsteigen.

Das Szenario in diesem Buch

In diesem Buch werden Sie mit den Möglichkeiten und Verfahren des Präsentationsansatzes »Erzählen statt aufzählen« eine vorhandene PowerPoint-Präsentation überarbeiten und neu gestalten. Das fiktive Szenario zeigt anschaulich, wie Sie erzählen statt aufzählen. Danach können Sie diese Methode auf jede andere Präsentation anwenden.

Das Szenario lautet wie folgt: Es ist Ihr erster Arbeitstag als Marketing Director im pharmazeutischen Unternehmen Contoso in München. Sie wollten diesen Job unbedingt und es ist Ihnen daher natürlich sehr wichtig, von Anfang an den besten Eindruck zu machen. Sie setzen sich an Ihren neuen Schreibtisch, schalten Ihren Rechner an, und es wartet bereits eine E-Mail von Ihrer Chefin, Michelle Alexander, Abteilungsleiterin Marketing und Vertrieb, auf Sie.

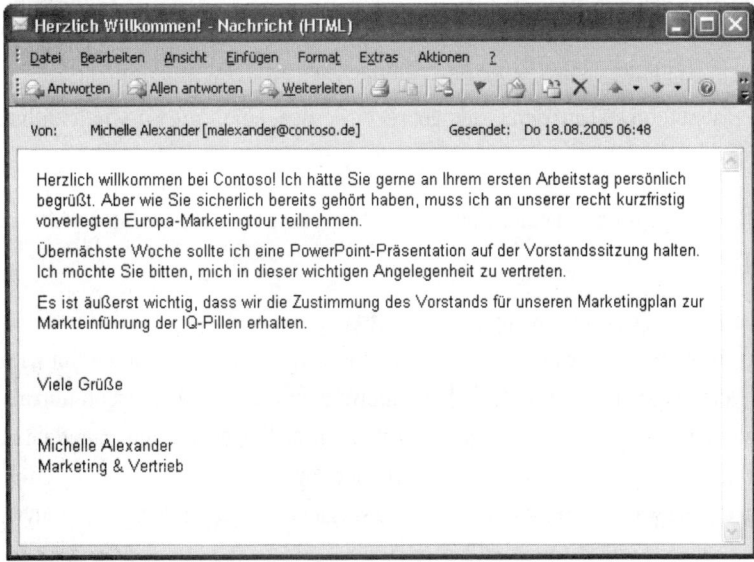

Abbildung 1.1: Die E-Mail Ihrer Chefin

Die IQ-Pillen sind die allerneueste Produktentwicklung bei Contoso. Mit diesen Pillen wird der Intelligenzquotient unmittelbar nach Einnahme für kurze Zeit verdoppelt. Dieses bahnbrechende Wunder der Wissenschaft befindet sich bereits seit Jahren in der Entwicklung und soll jetzt endlich auf den Markt gebracht werden. Und wer könnte diese Pillen nicht gebrauchen?

Die erfolgreiche Einführung der IQ-Pillen ist entscheidend für das Finanzergebnis im nächsten Quartal. Daher hat der Vorstand für übernächste Woche ein einstündiges Meeting anberaumt, in dem die Marketingstrategie, die Sie vorstellen sollen, begutachtet und diskutiert werden soll. So weit, so gut. Aber die Sache hat noch einen Haken. Beim Abhören Ihrer Voicemail stoßen Sie auf folgende Nachricht des Vorstandsvorsitzenden:

> »Willkommen an Bord! Frau Alexander hat mir mitgeteilt, dass sie kurzfristig nach Brüssel musste und dass Sie an ihrer Stelle die Präsentation übernächste Woche halten werden. Ich habe die Präsentation gestern mit ihr zusammen durchgesehen und bin mit der Marketingstrategie an sich zufrieden. Frau Alexander hat gute Arbeit geleistet. Es gibt aber ein Problem mit der PowerPoint-Präsentation selbst. Sie ist schwammig, langatmig und langweilig. Ich möchte weiterhin, dass die Präsentation übernächste Woche in Form einer PowerPoint-Präsentation gehalten wird. Sie soll aber präzise auf den Punkt gebracht, mit einer klaren Botschaft versehen und interessant, wenn nicht gar mitreißend sein. Werfen Sie doch bitte einen Blick auf unsere aktuelle PowerPoint-Datei und teilen Sie mir am Mittwoch mit, was Sie tun können. Vielen Dank und bis Mittwoch.«

Sie sind erst einen Tag bei Contoso und schon warten folgende wichtige Aufgaben auf Sie:

1. Sie sollen übernächste Woche eine PowerPoint-Präsentation vor dem Vorstand halten.
2. In der Präsentation sollen keine Aufzählungen verwendet werden.
3. Die Präsentation soll auf den Punkt gebracht werden, eine klare Botschaft enthalten und interessant sein.

Sie haben sich viel von Ihrem ersten Tag bei Contoso erwartet. Aber dies übertrifft Ihre Erwartungen bei weitem.

Jetzt wäre es an der Zeit, einen Schritt zurückzutreten und die Situation mit etwas Abstand zu betrachten. Warum soll eine Präsentation erstellt werden, in der nicht aufgezählt wird? Was meint der Vorstandsvorsitzende wirklich damit, wenn er die aktuelle Präsentation als schwammig, langatmig und langweilig bezeichnet? Diese Fragen können eigentlich nur von der aktuellen Präsentation beantwortet werden, der PowerPoint-Datei, die in Ihrem E-Mail-Programm auf Sie wartet. Am besten öffnen Sie sie gleich, um ihren Inhalt zu analysieren.

Dem Problem auf den Grund gehen

Die Analyse einer PowerPoint-Datei außerhalb ihres Präsentationskontextes kann schwierig sein, da Ihnen einige wichtige Informationen fehlen. Sie wissen nicht genau, was der/die Vortragende exakt mit seiner/ihrer Präsentation erreichen will. Sie wissen auch nicht, wie der/die Vortragende während des Vortrags mit den PowerPoint-Folien arbeitet und wie das Publikum darauf reagiert. Aber auch ohne diesen Kontext können Sie dennoch drei grundlegende Fragen zu jeder PowerPoint-Präsentation stellen, um ihre Effektivität zu analysieren.

Drei Analysefragen

1. In der Ansicht *Foliensortierung*: Kann ich den Fokus der Präsentation erkennen, wenn ich lediglich die Folienüberschriften lese?
2. In der Ansicht *Notizenseite*: Herrscht in der Präsentation Ausgewogenheit zwischen Wort und Bild?
3. In der Ansicht *Normal*: Sehen die Folien interessant genug aus, um das Interesse des Publikums zu wecken?

Werfen Sie nun einen Blick auf die aktuelle PowerPoint-Präsentation von Contoso und beantworten Sie die drei gerade gestellten Fragen.

Kann ich den Fokus der Präsentationen erkennen, wenn ich nur die Folienüberschriften lese?

Die erste Frage, die Sie zu einer Präsentation stellen sollten, lautet: »Ermöglichen die Folien dem Betrachter einen schnellen Einblick in den Sinn und Zweck der gesamten Präsentation?« In diesem Anfangsstadium der Analyse sind nicht die Details der einzelnen Folien von Bedeutung. Wichtig ist, wie die Folien als Ganzes zusammenarbeiten und wirken. Um einen Blick auf das große Ganze einer Präsentation werfen zu können, wählen Sie im Menü *Ansicht* den Befehl *Foliensortierung*. In dieser Ansicht werden alle Folien auf einer einzigen Bildschirmseite verkleinert neben- und untereinander dargestellt (siehe auch Abbildung 1.2).

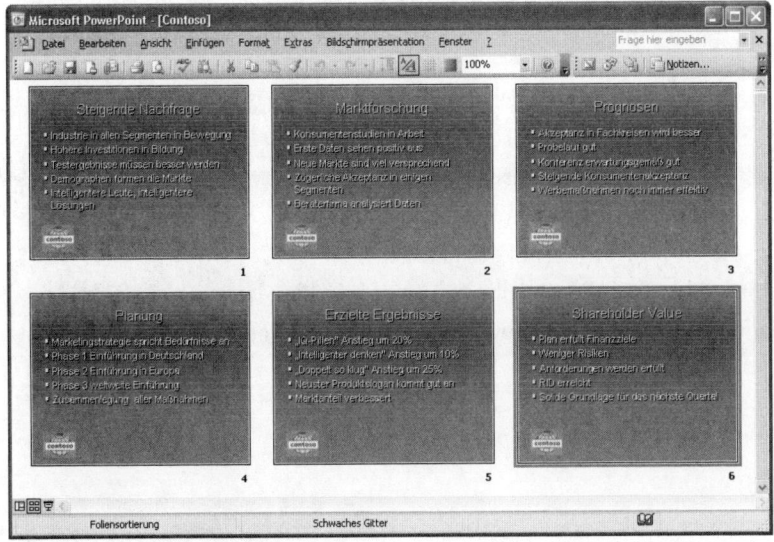

Abbildung 1.2: Die Ansicht *Foliensortierung* der Contoso-Marketingpräsentation

Stellen Sie sich in dieser Ansicht die erste wichtige Frage: »Kann ich den Fokus dieser Präsentation erkennen, wenn ich nur die Folienüberschriften lese?« Wenn Sie eine Präsentation in der Ansicht *Foliensortierung* betrachten, sollten Sie Sinn und Zweck der Präsentation auf einen Blick erkennen können. Falls Sie den Fokus Ihrer Präsentation in dieser Ansicht nicht problemlos erkennen können, dann wird auch Ihr Publikum nicht dazu in der Lage sein. In der aktuellen PowerPoint-Präsentation von Contoso (siehe Abbildung 1.2) sind der Sinn und der Zweck ungefähr so schwer zu finden wie die berühmte Nadel im Heuhaufen.

Die Überschriften in diesen Beispielfolien geben keine Auskunft darüber, was wichtig ist, weil es sich hierbei um »Kategorientitel« handelt – Titel, auf die Sie in nahezu allen PowerPoint-Präsentationen stoßen. Diese allgemein gehaltenen Überschriften definieren eine allgemeine Informationskategorie für eine Folie, die wenig über den speziellen Folieninhalt aussagt. Ein Kategorientitel wie »Verstärkte Nachfrage« stellt eigentlich einen Informationsplatzhalter dar, der die Frage »Welche Informationen gehören in diese Kategorie?« impliziert. Diese Frage wird dann in der Regel durch die Kategorienelemente beantwortet, die in Form von Aufzählungen (da wären wir ja schon beim Thema) untereinander aufgelistet werden.

Ein Kategorientitel kann Sie beim schnellen Brainstorming zum Erstellen einer Liste von Informationen unterstützen. Aber wie Sie hier sehen können, ist er keinesfalls eine Hilfe, wenn es darum geht, die wichtigsten Informationen aus einer Folie oder folienübergreifend auf einen Blick herauszufiltern. Wenn Sie die Überschriften der ersten drei Folien lesen (*Steigende Nachfrage*, *Marktforschung* und *Prognosen*), werden Sie feststellen, dass sie schlicht und einfach nichts aussagen. Um herauszufinden, was die Überschriften bedeuten, müssen Sie zusätzlich Zeit investieren, die Sie u.U. nicht haben, um die darunter stehenden Aufzählungspunkte miteinander zu verbinden.

Mit Kategorientiteln bürden Sie sich und Ihrer Zuhörerschaft eine zusätzliche Last auf, da Sie beide mühsam den Fokus der Präsentation in den Folien herauslesen müssen. Wenn Ihr Publikum diese Überschriften mit den dazugehörigen Aufzählungen Folie um Folie liest, ist es kein Wunder, wenn es glaubt, dass die Präsentation keinen Fokus hat, schwer zu verstehen und mit Details überfrachtet ist.

> **Zur Erinnerung:** Wenn Sie allgemein gehaltene Kategorientitel als Überschriften für Ihre Folien verwenden, ist es sowohl für Sie als auch für Ihre Zuhörer schwierig, den Sinn und Zweck Ihrer Präsentation zu erkennen.

Gibt es in der Präsentation eine Ausgewogenheit zwischen Wort und Bild?

Die nächste Frage, die Sie zu einer Präsentation stellen sollten, lautet: »Besteht Ausgewogenheit zwischen Wort und Bild?« Um eine Präsentation unter diesem Aspekt zu untersuchen, sollten Sie einen Blick auf die seltener genutzte Ansicht *Notizenseite* werfen. Zu dieser Ansicht gelangen Sie, wenn Sie im Menü *Ansicht* den Befehl *Notizenseite* wählen (siehe auch Abbildung 1.3).

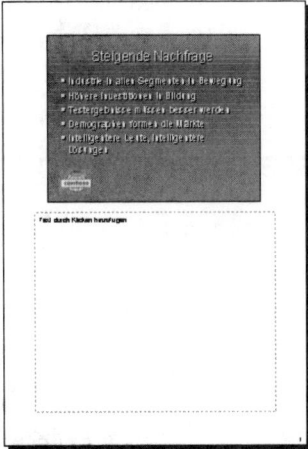

Abbildung 1.3: Die Ansicht *Notizenseite* für eine Folie der Contoso-Marketingpräsentation

In der Ansicht *Notizenseite* wird in der oberen Hälfte die Folie gezeigt, die auch während der Präsentation am Bildschirm zu sehen ist. Die untere Hälfte kann dazu verwendet werden, das auszuformulieren, was Sie während der Präsentation dieser Folie sagen wollen. Dieser Text ist während der Präsentation nicht sichtbar. In diesem Beispiel sind, wie in den meisten anderen PowerPoint-Präsentationen auch, alle Informationen in den oberen Folienbereich gequetscht. Der eigentliche Notizenbereich ist leer. Hier wird also kein Bezug zwischen dem gesprochenen Wort und der sichtbaren Folie hergestellt.

Da die Hälfte der verfügbaren Aufbewahrungsmöglichkeiten für Informationen nicht genutzt wird, stellt der Folienbereich den einzigen Ort dar, in dem Gesprochenes und Visuelles ablegt sind. Der somit entstehende Platzmangel im Folienbereich führt unweigerlich zu überfrachteten Folien. Wörter haben meist Priorität vor visueller Darstellung. So werden Sie am Ende zwangsläufig mit Folien arbeiten, die gefüllt mit Wörtern sind – was auch der Vorstandsvorsitzende von Contoso bereits bemerkt hat. Alle visuellen Elemente, die Sie in diese bereits überfüllten Folien einfügen, müssen auf die Größe einer Briefmarke geschrumpft werden, damit sie überhaupt zwischen den Textfeldern Platz finden. Das Ende vom Lied sind viel zu komplexe und nur schwer zu verstehende Folien – ein Informationsüberangebot für Ihre völlig überforderte Zuhörerschaft.

Denken Sie stets daran, dass eine Power-Point-Präsentation nie für sich allein im luftleeren Raum steht. Sie stehen da und sprechen mit Ihrem Publikum, während Sie die Folien an die Wand projizieren. Dies bedeutet, dass Sie sorgfältig planen müssen, wie das Gesprochene und das Visuelle miteinander in Verbindung stehen. Wenn Sie das, was Sie sagen, und das, was Sie zeigen, nicht genau ausbalancieren, hat dies ein unausgewogenes Verständnis in Ihrer Zuhörerschaft zur Folge.

Zur Erinnerung: Wenn Sie den Notizenbereich ignorieren, sind Sie gezwungen, alle Ihre Informationen in den Folienbereich zu packen.

Können die Folien das Interesse meiner Zuhörer wecken?

Die letzte Frage, die Sie sich stellen sollten, lautet: »Welchen Eindruck hinterlassen die Folien beim Publikum?« Die Reaktionen der Zuhörer sind natürlich schwer vorherzusagen, da sie ja während Ihrer Analyse nicht anwesend sind. Aber wenn Sie im Menü *Ansicht* den Befehl *Normal* wählen, um Ihre Folien in der Normalansicht anzuzeigen, können Sie sich vielleicht vorstellen, wie die einzelnen Folien auf das Publikum wirken (siehe auch Abbildung 1.4).

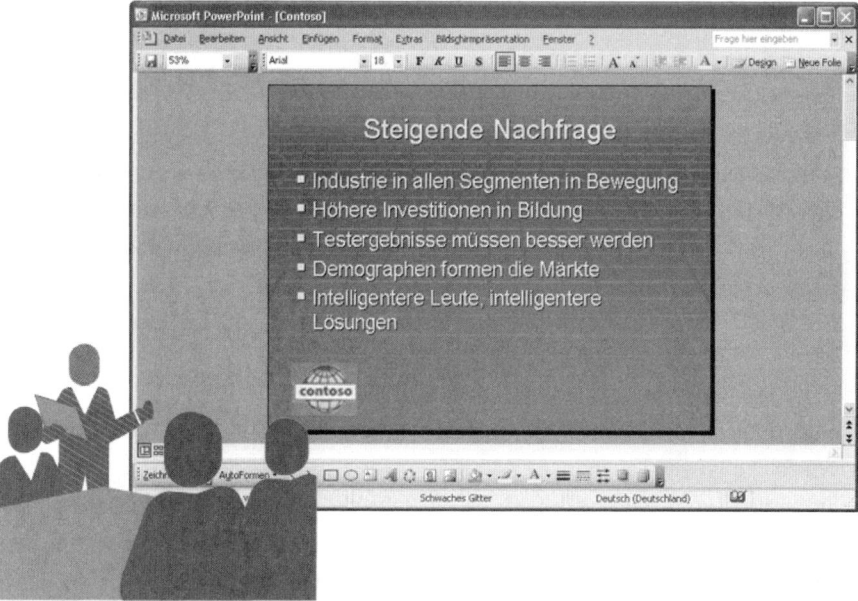

Abbildung 1.4: Wie die Folie auf das Publikum wirkt

So erhalten Sie einen Eindruck von dem, was Ihre Zuhörer empfinden, wenn sie die Folien betrachten. Leider ist das, was Sie im Contoso-Beispiel sehen, nicht gerade ermutigend. Das, was Ihre Zuhörer empfinden, ist genau das, was auch Sie spüren, wenn Aufzählungen am Bildschirm erscheinen. Was zuvor noch interessant war, wird plötzlich langweilig. Die Atmosphäre wird steif und stumpf, und jegliche entspannte Diskussion wird im Keim erstickt. Es scheint gerade so, als würden die Aufzählungspunkte alles niedermachen, was lebhaft und interessant ist.

Bei Ihrer Analyse haben Sie bereits einige Ursachen dieses Übels ausfindig gemacht, u.a. fehlender Fokus und überladene Folien. Ein weiterer »Stimmungstöter« ist der monotone Hintergrund der Folien. Wie so oft in PowerPoint-Präsentationen wurden die Contoso-Folien mithilfe eines Folienlayouts mit einem einzigen, vorgefertigten Hintergrund erstellt. Wenn Sie mit nur einem Hintergrund arbeiten, bilden die Folien zwar eine nicht zu übersehende Einheit, Sie vergeben sich aber eine Vielzahl von Gestaltungstechniken, um die wichtigsten Fakten auf einer Folie oder folienübergreifend hervorzuheben. Ein und derselbe Hintergrund vermittelt auch den Eindruck von Wiederholung und Langatmigkeit, was wiederum in Langeweile und sogar in Nichtverstehen der Präsentation gipfeln kann.

Das alles führt bei der Zuhörerschaft zu Verwirrung und Frustration. Wenn Sie nur Aufzählungen von Folien ablesen, wer würde da nicht – vorsichtig ausgedrückt – verwirrt sein. Eine berechtigte Publikumsreaktion könnte dann lauten: »Wenn Sie sowieso nur Aufzählungen vorlesen, warum muss ich dann überhaupt hier sein? Schicken Sie mir eine Mail, und ich lese die Aufzählungen selbst durch.«

Das Zeigen und Vorlesen von Aufzählungen untergräbt den Sinn und Zweck von Präsentationen. Menschen nehmen an Präsentationen teil, um von jemandem etwas zu einem bestimmten Thema erklärt zu bekommen. Wenn Sie nur aufzählen, dann erledigt die Folie das Reden und nicht Sie. Das kann in eine kontraproduktive Übung ausarten, die sowohl Ihre als auch die Zeit des Publikums verschwendet. Und weil Sie an die Reihenfolge Ihrer Aufzählungspunkte in den Folien gefesselt sind, wird es für Sie auch schwierig, Ihre Überzeugung zum Thema zu vermitteln, Ihre Persönlichkeit einzubringen und eine echte Verbindung zu den Zuhörern aufzubauen.

> **Zur Erinnerung:** Wenn Sie die Präsentationsfolien vorlesen, berauben Sie sich der Möglichkeit, Ihre Überzeugung zum Thema zu vermitteln, Ihre Persönlichkeit einzubringen und eine echte Verbindung zu den Zuhörern aufzubauen.

Aber es muss nicht so ablaufen. Der Vorstandsvorsitzende von Contoso hat Ihnen die Möglichkeit gegeben, aus der PowerPoint-Präsentation aufgrund Ihrer Analyse mehr als eine Aufzählung zu machen. Wenn Sie die PowerPoint-Präsentation schließen, denken Sie kurz darüber nach, was zu tun ist. Sie sind sicher, dass die aktuelle Präsentation gute Daten, Fakten und Informationen enthält. Es ist also Ihre Hauptaufgabe, diese Informationen anders zu präsentieren, und zwar so, dass sie schneller und einfacher verstanden werden. Ein schwerer Brocken für Sie. Sie möchten bei Ihrer ersten großen Aufgabe nur den allerbesten Eindruck hinterlassen und außerdem Ihren Teil dazu beitragen, dass Contoso seine finanziellen Ziele im nächsten Quartal dank der erfolgreichen Einführung der IQ-Pillen auf dem Markt erreichen kann.

Aber welche Strategie wird Ihnen dabei helfen, aus der aktuellen Contoso-Präsentation mehr als nur eine Aufzählung zu machen? Wie bringen Sie Ihre Präsentation auf den Punkt, wie geben Sie ihr eine klare Botschaft und wie machen Sie sie für die Zuhörer interessant? Um diese Fragen zu beantworten, müssen Sie zunächst einen Schritt zurücktreten, PowerPoint vergessen und sich ein paar Gedanken über den größeren Präsentationskontext machen.

Eine Strategie auswählen

Einer der Gründe, warum der Vorstandsvorsitzende von Contoso, wie die meisten Zuhörer auch, mehr als nur Aufzählungen vorgesetzt bekommen möchte, liegt darin, dass wir in einer von Medien durchdrungenen Welt leben. In nahezu allen wachen Momenten unseres Lebens sind wir Bildern und Geräuschen ausgesetzt, sei es im Fernsehen, im Radio, über Computer oder über Werbung mit all ihren Formen. Aber all diese Reize werden plötzlich brutal gestoppt, wenn wir auf die Wand in unserem Besprechungsraum starren, die mit lauter Aufzählungen gefüllt ist.

Wir alle erwarten einen immer höheren Standard in der Produktionsqualität, egal in welchem Bereich der Kommunikation, also auch im Bereich der PowerPoint-Präsentation. Zuhörer wollen mehr als nur eine »visuelle Hilfe«, die an den klassischen mündlichen Vortrag angehängt wird. Sie erwarten ein ausgereiftes Kommunikationserlebnis, in dem Worte und Bilder nahtlos ineinander übergehen und es so zu einer integrierten Medienerfahrung machen, die dazu beiträgt, Ideen besser zu verstehen und Entscheidungen effektiver zu machen.

Um Ihre PowerPoint-Präsentationen zu genau dem zu machen, was die Zuhörerschaft erwartet, müssen Sie einige Ideen aus der Welt der führenden Experten in aufzählungsfreier Kommunikation übernehmen. Von welcher Welt und welchen Experten ich spreche? Von Hollywood, von der Welt des Films.

Der Hollywood-Ansatz

(Nicht nur) Hollywood-Filme und PowerPoint-Präsentationen haben sehr viel gemeinsam. Beide vermitteln mit gesprochenen Worten und projizierten Bildern Informationen. Und beide versuchen, Menschen zu begeistern und ihr Interesse über eine bestimmte Zeitspanne aufrechtzuerhalten. Der Unterschied zwischen beiden liegt aber darin, dass Hollywood es irgendwie schafft, ohne Aufzählungen erfolgreich zu sein. Das Geheimnis? Hollywood *erzählt* Geschichten, während eine PowerPoint-Präsentation in der Regel Dinge *aufzählt*.

Die Filmbranche hat stets gewusst, dass eine Geschichte oder eine Erzählung eine kraftvolle, effektive und effiziente Kommunikationsform darstellt. Niemand braucht eine spezielle Ausbildung oder Technologie, um eine Geschichte zu verstehen. Denn mithilfe von Geschichten haben die Menschen seit jeher miteinander kommuniziert. Die Strukturen von Geschichten folgen einem natürlichen Muster, das der Art und Weise zugrunde liegt, wie wir denken und verstehen. Geschichten bilden den Kontextrahmen für Kommunikation und bündeln die Aufmerksamkeit, indem sie Informationen auf ein bestimmtes Publikum abstimmen. Wenn Sie das Wissen Hollywoods über Geschichten auf Ihre PowerPoint-Präsentationen anwenden, wandeln Sie Ihre Kommunikation schnell und dramatisch in etwas um, was weit über Aufzählungen hinausgeht.

Klassische Ideen mit moderner Technologie interpretieren

Natürlich hat Hollywood nicht die Geschichte als solche erfunden. Aber Hollywood hat einfach mit der damals neuen Filmtechnologie die klassischen Elemente des Geschichtenerzählens (Poetik), wie von dem griechischen Philosophen Aristoteles vor 2.400 Jahren niedergeschrieben, übernommen. Es ist auch heute keineswegs ungewöhnlich, wenn Sie in eine Filmschule in Hollywood gehen und dort hören, wie Filmemacher und Filmemacherinnen tiefsinnig über Aristoteles' klassische Vorstellungen über Handlung, Charaktere und Dreiaktstruktur diskutieren.

Und so wie der Film eine neue Technologie war, mit deren Hilfe die Regisseure von Hollywood Aristoteles' Ideen wieder aufgegriffen haben, so stellt auch PowerPoint eine leistungsstarke, neue Technologie dar, mit der Präsentatoren und Präsentatorinnen diese klassischen Konzepte neu interpretieren können. Da die Anzahl von Präsentationen stetig steigt, ist es offensichtlich, dass diejenigen unter uns, die mit PowerPoint kommunizieren, sich an das erinnern müssen, was Hollywood nie vergessen hat: *Nur die Geschichte zählt und erzählt.* Wenn es Ihnen gelingt, diese zeitlose These in Ihre PowerPoint-Präsentationen zu integrieren, wird Ihre Kommunikation auf einem starken Verfahren basieren, das seit Anbeginn der Menschheit erfolgreich funktioniert hat.

Ihre Strategie an wissenschaftliche Untersuchungen anlehnen

Bevor Sie sich zu sehr für die Hollywood-Idee begeistern, ist es wichtig zu erkennen, dass die Hollywood-Methode durchaus ihre Grenzen hat, was PowerPoint-Präsentationen anbetrifft. Hollywood steht meist stellvertretend für Unterhaltung. Aber Ihre PowerPoint-Präsentation in der Vorstandssitzung übernächste Woche soll sicherlich nicht der Unterhaltung dienen. Sie werden dort versuchen, Ihre Zuhörer davon zu überzeugen, etwas Neues zu tun oder zu denken. Dazu braucht es mehr als Unterhaltung. Auch wenn Sie mithilfe neuester Medientechniken kommunizieren wollen, soll Ihre Präsentation doch Substanz haben.

Ihr PowerPoint-Ansatz sollte auf den neuesten wissenschaftlichen Untersuchungen darüber basieren, wie eine Kombination aus Wörtern und Bildern Menschen bei der Verarbeitung von Informationen unterstützt. Am Ende Ihrer Präsentation sollen die Zuhörer Ihr Ansinnen verstehen und dementsprechend handeln und sich nicht nur an Ihre bunten Folien oder an Ihr professionelles Auftreten erinnern können. Zum Glück gibt es eine Reihe von auf wissenschaftlichen Untersuchungen basierenden Entwurfsgrundsätzen, an die Sie sich halten können, wenn Sie das Hollywood-Verfahren auf PowerPoint anwenden. Viele dieser Grundsätze sind in das in diesem Buch beschriebene Verfahren eingebunden. Im Detail werden sie in Anhang A beschrieben.

Ein Ansatz in drei Schritten

Was für Hollywood funktioniert, wird auch bei Ihnen funktionieren, wenn Sie die *Aufzählungen* in der Contoso-Präsentation oder in jeder anderen Präsentation in *Erzählungen* umwandeln. In diesem Buch werden Sie das Verfahren übernehmen, das Hollywood in unzähligen, erfolgreichen und aufzählungslosen Filmen getestet und verfeinert hat. Dieses wohl erprobte Verfahren besteht aus drei grundlegenden Schritten (siehe auch Abbildung 1.5).

So erstellen Sie eine PowerPoint-Präsentation ohne Aufzählungspunkte:

1. Schreiben Sie ein Drehbuch, um Ihre Ideen zu fokussieren.
2. Erstellen Sie aus Ihrem Drehbuch ein Storyboard, um Ihre Ideen auszuarbeiten.
3. Produzieren Sie das Drehbuch, um Ihr Publikum zu fesseln.

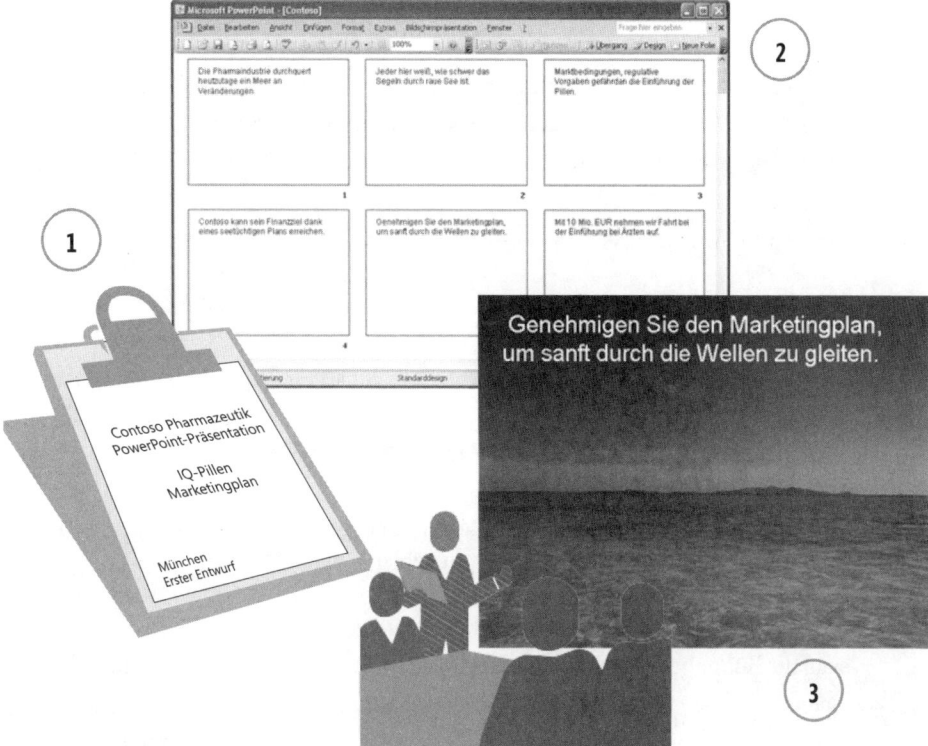

Abbildung 1.5: »Erzählen statt aufzählen« – ein Präsentationsansatz in drei Schritten: Drehbuch, Storyboard und Produktion

Ein Drehbuch schreiben – Ideen fokussieren

Wenn Sie Ihre Präsentationen deutlich verbessern wollen, brauchen Sie eine Geschichte, die Sie *erzählen*. Das ist das Allerwichtigste – und zwar bevor Sie anfangen, an Ihrer PowerPoint-Datei zu arbeiten. Um zu lernen, wie Sie dies erfolgreich und effektiv umsetzen, folgen Sie dem Hollywood-Ansatz.

In der Welt des Films nehmen Geschichten in Form eines *Drehbuchs* (auch *Skript* genannt) Gestalt an. Ein Drehbuch ist deutlich kürzer und weniger detailliert als ein Roman, da man davon ausgeht, dass die visuellen Aspekte des Films einen größeren Beitrag beim Erzählen der Geschichte leisten. Das Drehbuch enthält keine langen erzählenden Beschreibungen, sondern basiert auf Aktion und Dialog. Die besten Drehbücher reduzieren die Geschichten auf ihren Kern und lassen alles weg, was nichts zu diesem Kern der Geschichte beiträgt.

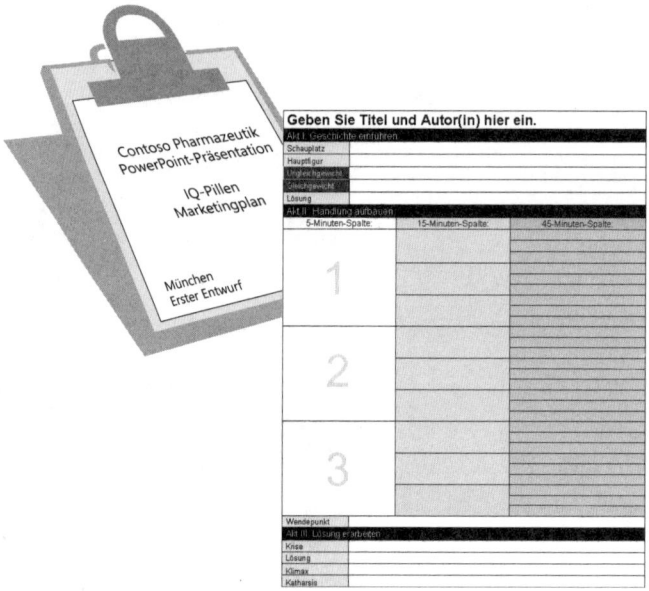

Abbildung 1.6: Das Konzept des Hollywood-Drehbuchs war Vorbild bei der Erstellung der Drehbuchvorlage von »Erzählen statt aufzählen«

Das erstellte Drehbuch wird zum wichtigen Organisationswerkzeug, in dem alles und jeder »auf die Bühne gestellt wird«. Das Drehbuch ist der Ausgangspunkt. Ein gutes Drehbuch lockt Sponsoren, zieht Schauspieler und Schauspielerinnen an, definiert die visuellen Aspekte und dient allen Beteiligten als Referenz dafür, was jede(r) sagt oder tut. Wenn Sie als Regisseur/Regisseurin einen Film ohne Drehbuch beginnen, verschwenden Sie Zeit und Ressourcen, da Sie auf Ihrem dann mühsamen und holprigen Weg Handlung, Charaktere und Schauplatz ständig ändern und weiterentwickeln müssen.

Sie beginnen also den (hoffentlich) kreativen und effektiven Überarbeitungsprozess Ihrer PowerPoint-Präsentation mit dem Erstellen eines Drehbuchs (siehe auch Abbildung 1.6). Wenn Sie zuerst eine Geschichte schreiben bzw. erzählen, nehmen Ihre Ideen Gestalt an und Sie klären für sich selbst, was Sie sagen wollen und wie Sie es sagen wollen. Auch wenn das Schreiben eines Drehbuchs zunächst einen zusätzlichen Arbeitsschritt in der Präsentationserstellung bedeutet, sparen Sie sich dadurch viel Zeit und Mühe bei den späteren Schritten.

Bei der Erstellung eines Drehbuchs spielen die üblichen PowerPoint-Entwurfsprinzipien wie Schriftart, Farben, Hintergrund und Folienübergänge zunächst einmal überhaupt keine Rolle. Auch wenn es vielleicht widersprüchlich klingt: Beim Schreiben eines Drehbuchs erweitern Sie Ihren visuellen Horizont – weil Sie beim Schreiben den Sinn und Zweck Ihrer Aufgabe klar hervorheben, bevor Sie sie in Bilder umsetzen. Je mehr Mühe Sie auf das Schreiben des Drehbuchs verwenden, umso besser wird die visuelle Umsetzung sein. Mithilfe eines Drehbuchs entdecken Sie die bisher nicht erkannten und genutzten Möglichkeiten von PowerPoint als Werkzeug für visuelle Geschichten, die Sie selbst und Ihre Zuhörer überraschen werden.

Wenn Sie in Kapitel 2 damit beginnen, Ihr PowerPoint-Drehbuch zu schreiben, müssen Sie nicht bei null anfangen. Sie arbeiten stattdessen mit der Drehbuchvorlage von »Erzählen statt aufzählen« in Microsoft Word, die Sie Schritt für Schritt bei der Erstellung eines durchdachten Drehbuchs unterstützt.

Zur Erinnerung: Wenn Sie zuerst ein Drehbuch schreiben, sparen Sie später viel Zeit und Mühe und verbessern die visuelle Umsetzung Ihrer Geschichte.

Die Drehbuchvorlage enthält alle wichtigen Elemente für eine klassische Geschichte. Genauso wie Aristoteles' Vorstellungen über den Aufbau von Poetik eine endlose Vielfalt von Filmgeschichten geformt hat, so basiert auch die Drehbuchvorlage auf der klassischen Struktur für Erzählungen, die Ihnen als Sprungbrett zum Erstellen einer endlosen Vielfalt an Erzählmöglichkeiten für aufzählungsfreie PowerPoint-Präsentationen dient.

Die Vorlage hilft Ihnen nicht nur beim Erzählen der Geschichte. Sie finden damit auch heraus, was Sie sagen wollen und in welcher Reihenfolge Sie etwas sagen wollen. Die Kunst bei einer Präsentation besteht darin, nicht *alles* zu zeigen, sondern das *Richtige* zu zeigen. Die Drehbuchvorlage führt Sie durch den wichtigen Prozess, nur die Ideen auszuwählen, die für die Zuhörer von Belang sind, und diese dann in leicht verdauliche Häppchen zu portionieren, die das Verständnis erleichtern. Diese oft sehr schwierige Aufgabe zahlt sich aber in jedem Fall aus, sobald Sie das Drehbuch in ein PowerPoint-Storyboard umwandeln. Sie werden sehen.

Ein Storyboard erstellen – Ideen ausarbeiten

Mit einem fertigen Drehbuch wendet sich ein Filmemacher in der Regel an einen Storyboard-Grafiker oder -Illustrator, um ausgewählte Szenen skizzieren zu lassen. So entsteht ein erster visueller Eindruck. Mithilfe des Storyboards kann das Team effektiv arbeiten, da die Skizzen allen klar machen, wie die Geschichte aussehen wird. So können verschiedenste Produktionsaspekte, wie Inszenierung, Kameraposition oder Beleuchtung, geplant werden.

Sie können nur davon profitieren, wenn Sie das Storyboard-Konzept aus der Filmbranche für Ihre PowerPoint-Präsentationen übernehmen, wie Sie in Abbildung 1.7 sehen können. Sie müssen hier nichts zeichnen. Sie skizzieren in Worten. Aber Sie übernehmen hierbei das Konzept des Storyboards und stellen sich Ihre Folien als eine Folge von illustrierten Skizzen vor. Wenn Sie Ihre Ideen mithilfe der Drehbuchvorlage fokussiert haben, dann kennen Sie die Geschichte, die Sie erzählen wollen. Das heißt, die Grundlagen für das gesprochene Wort und die visuelle Umsetzung sind gegeben. In Kapitel 4 wandeln Sie Ihr Drehbuch in ein PowerPoint-Storyboard um, indem Sie die visuelle Darstellung in der Ansicht *Foliensortierung* vorbereiten und planen.

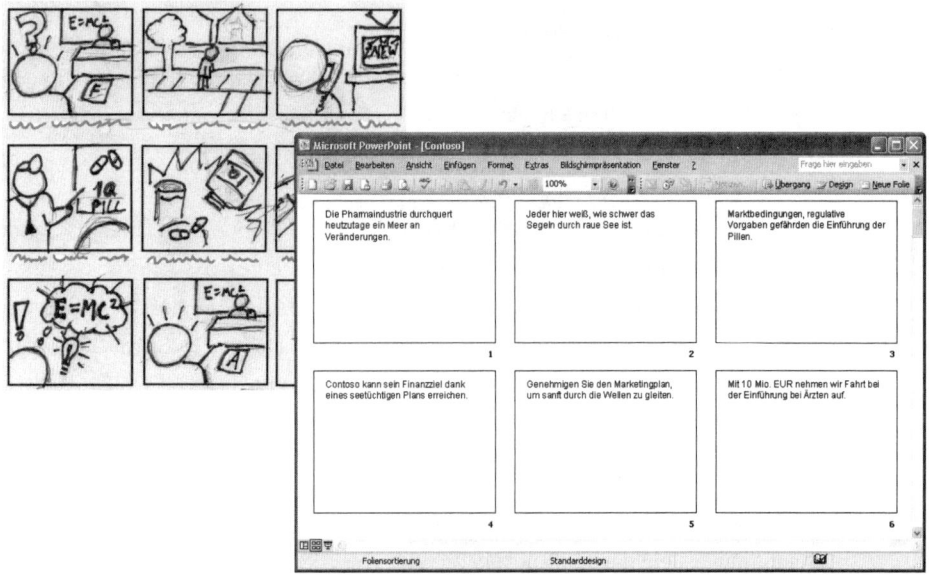

Abbildung 1.7: Das Konzept des Hollywood-Storyboards war Vorbild bei der Erstellung des Storyboards von »Erzählen statt aufzählen«

In Kapitel 5 verfeinern Sie bestimmte Folien mit bildlichen und sprachlichen Elementen. Sie bedienen sich dabei einer einfachen und dennoch eleganten Methode, mit der das Umwandeln von Wörtern in Bilder sehr einfach und schnell zu bewerkstelligen ist. Sie können alle Designtechniken, die dort vorgestellt werden, sofort selbst einsetzen. Sie brauchen dafür weder selbst Designer/Designerin zu sein noch eine(n) zur Hand zu haben.

Das Storyboard löst viele Ihrer Probleme in den Contoso-Beispielfolien und in den Folien jeder anderen PowerPoint-Präsentation, da Sie das Design auf einer wirkungsvollen und

Zur Erinnerung: Mit dem Storyboard definieren Sie die Grundlage für das gesprochene Wort und die grafischen Elemente.

in sich schlüssigen Grundlage aufbauen – nämlich auf der Basis einer guten Geschichte. So sind Sie von Anfang an in PowerPoint in der Lage, mit Ihrer Geschichte in der Ansicht *Folien-*

sortierung zu arbeiten. Sie behalten die Struktur und die Reihenfolge der Geschichte im Überblick, prüfen das Tempo und den Fluss des Erzählens und verbinden die verschiedenen Teile der Geschichte mit bildlichen Elementen. Durch die vorausschauende Storyboard-Planung entwickeln und verbessern Sie Ihre Geschichte kontinuierlich mit einem einheitlichen Set an Bildelementen und Wörtern. Bei der Entwicklung des Storyboards stärken Sie auch Ihr Vertrauen in das Thema und entwickeln neue und kreative Kommunikationsfähigkeiten.

Das Drehbuch produzieren – das Publikum fesseln

Das Ergebnis eines Filmdrehbuchs sehen Sie in der Regel auf einer großen Kinoleinwand. Sie kaufen sich eine Kinokarte, nehmen auf Ihrem Sitz Platz, lehnen sich zurück, entspannen sich, während das Licht im Kinosaal langsam ausgeht, und sehen sich den Film an. Aber übernächste Woche halten Sie eine Livepräsentation vor einem Livepublikum. Das heißt, Sie müssen das Modell der Filmbranche auf eine Livevorführung übertragen, wie Abbildung 1.8 zeigt.

Abbildung 1.8: Eine Mischung aus Kino und Livevorführung dient als Vorbild für die Produktion des Präsentationsansatzes »Erzählen statt aufzählen«

Mit dem in diesem Buch vorgestellten Ansatz sind Sie optimal gerüstet, um ein ausgezeichnetes mediales Ergebnis zu produzieren, wann immer Sie eine Präsentation halten. Wenn Sie in einem Drehbuch Ihre Ideen fokussieren und danach in einem Storyboard detailliert ausarbeiten, sind Sie in der Lage, Ihre Botschaft mit dem verwendeten Medium in Einklang zu bringen. Ihre Präsentationen werden durch Verwendung ausgereifter Medienwerkzeuge und -verfahren stetig verbessert. Und bei jedem Schritt verfeinern Sie Ihre Geschichte und proben deren »Aufführung«.

Dank Ihres neuen Storyboards funktioniert die Kommunikation besser. Wenn Sie Ihre PowerPoint-Folien auf eine Wand projizieren, fungieren diese als visuelle Auslöser, die Ihr Selbstvertrauen als Sprecher/Sprecherin stärken. Sie sind nicht länger an die undankbare

Aufgabe gebunden, Text von der Wand oder vom Bildschirm abzulesen und mehr oder weniger bewusst Ihr Publikum zu ignorieren. Stattdessen signalisieren Ihre Folien kurz und prägnant, was Sie sagen wollen und auf was Sie hinauswollen. Und während die Folie angezeigt wird, können Sie Ihr Publikum ansehen, anstatt auf die Folie zu starren.

Da Ihre Folien einfach gehalten sind, versteht Ihr Publikum sofort, was Sie sagen wollen. Sie reduzieren also die für die Folien notwendige Aufmerksamkeit Ihrer Zuhörerschaft auf ein Minimum. So haben Ihre Zuhörer und Zuhörerinnen mehr Zeit, sich auf Sie und Ihren Vortrag zu konzentrieren. Das Ergebnis ist eine interessante und mitreißende Multimediavorführung, die Ausgewogenheit in Wort und Bild zeigt und zum Verstehen und Verarbeiten der vorgestellten Thematik beiträgt.

Und wenn Ihnen in der Vergangenheit beim Sprechen vor anderen Menschen vielleicht nicht immer ganz wohl war, so können Sie mit Ihrem neuen PowerPoint-Ansatz auch viel leichter durchatmen. Er stärkt Ihr Selbstvertrauen und verbessert die Qualität der Dinge, die Sie mit Worten und den projizierten Bildern kommunizieren. Und da Sie so entspannter sprechen können, werden Sie während Ihres Livevortrags auch besser improvisieren können.

Erzählen statt aufzählen – dieser Ansatz in drei Schritten eröffnet Ihnen völlig neue Möglichkeiten, den PowerPoint-Bildschirm als Leinwand zu nutzen, um Dialog und Verständigung zu optimieren. Mithilfe einer klassischen Drehbuchstruktur und innovativen Techniken fesseln Sie Ihr Publikum. Aber es gibt noch viele weitere Möglichkeiten, wie Sie lebendige Geschichten in Präsentationen erzählen können. Einige davon lernen Sie in Kapitel 7 kennen.

Wie geht es weiter?

Sie haben Ihr Präsentationsproblem analysiert, eine Strategie gewählt und den dreistufigen Ansatz des Erzählens statt Aufzählens kennen gelernt. Nun wird es Zeit, die neuen Erkenntnisse auf die Contoso-Präsentation anzuwenden.

Zunächst brauchen Sie einen Projektplan. Sie schreiben dem Vorstandsvorsitzenden eine Mail, in der Sie Termine zum Prüfen des Projektstands vorschlagen. Die Meilensteine für dieses Projekt lauten:

1. Mittwoch nächster Woche: Drehbuchbesprechung
2. Freitag nächster Woche: Storyboard-Besprechung
3. Montag übernächster Woche: Probelauf für die fertige Produktion
4. Donnerstag übernächster Woche: Präsentation vor dem Vorstand

Sie haben die Meilensteine für das Projekt definiert und sind nun bereit für eine neue, aufzählungsfreie Präsentationswelt, in der Sie klar strukturierte Geschichten erzählen, die Ihr Publikum versteht und für die es sich auch wirklich interessiert.

Kapitel 2
Einführung der Geschichte in Akt I

In diesem Kapitel werden Sie ...

1. den Sinn und Zweck einer Präsentation definieren.

2. die Präsentation auf das Publikum zuschneiden.

3. die Aufmerksamkeit des Publikums wecken und erhalten.

4. eine emotionale Verbindung zum Publikum herstellen.

5. dem Publikum einen Grund geben, warum es interessiert bleiben soll.

Einführung der Geschichte in Akt I

Wenn sich ein Publikum, so wie der Vorstandsvorsitzende, über schwammige, langatmige, langweilige Folien beklagt, dann will es Ihnen eigentlich damit sagen, dass Informationen so nur schwer verständlich sind. Und wie seit Menschen Gedenken ist die einfachste Art und Weise, Informationen besser verständlich zu machen, sie in eine Geschichte zu packen.

Vor 2.400 Jahren hat Aristoteles dokumentiert, wie gute Poetik aufgebaut ist. Seitdem ist es ein offenes Geheimnis, wie man gute Geschichten erzählt. Sie können auch heute noch in die Fußstapfen dieser klassischen Thesen treten und Ihre PowerPoint-Präsentation in Form einer klassischen Geschichte aufbauen. Die Geschichte hilft Ihnen dabei, Ihre Ideen zu fokussieren, Ihre gesprochenen Worte und projizierten Bilder auszubauen und ein mitreißendes Erlebnis sowohl für Sie als auch für Ihr Publikum zu schaffen. Greifen Sie die uralte Idee der Geschichte auf und bauen Sie sie in Ihre PowerPoint-Präsentation ein. Die Geschichte ist die solide Grundlage, die dafür sorgt, dass Ihre Präsentation einen Fokus hat, eine klare Botschaft vermittelt und Ihr Publikum begeistert.

Die Drehbuchvorlage von »Erzählen statt aufzählen«

Professionelle Drehbuchschreiber und -schreiberinnen verbringen oft Jahre damit, ihr Handwerk zu erlernen. Ihnen bleibt vor der Vorstandssitzung übernächste Woche aber leider nicht genügend Zeit, um Aristoteles zu lesen und die Kunst des Drehbuchschreibens zu studieren. Sie müssen heute und jetzt eine PowerPoint-Präsentation erstellen.

Hier kann Sie die Drehbuchvorlage von »Erzählen statt aufzählen« unterstützen. Sie enthält bereits die Bausteine des klassischen Geschichtenaufbaus und des Prozesses des Drehbuchschreibens in einer Form, die auch alle PowerPoint-Anforderungen erfüllt. So können Sie Ihre Aufgabe hoffentlich schnell und effektiv erledigen. Diese Vorlage, die in Abbildung 2.1 zu sehen ist, steht als kostenloser Download in Form eines Microsoft Word-Dokuments unter *www.microsoft.com/germany/mspress/begleitdateien* zur Verfügung.

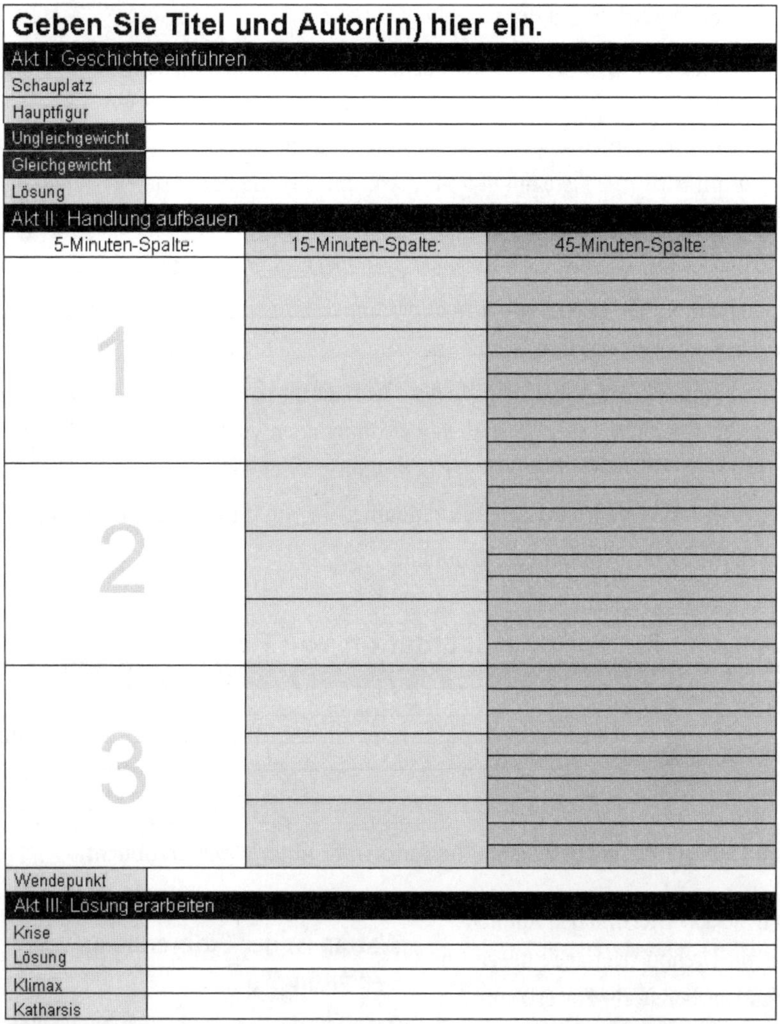

Die Drehbuchvorlage von »Erzählen statt aufzählen«

Geben Sie Titel und Autor(in) hier ein.		
Akt I: Geschichte einführen		
Schauplatz		
Hauptfigur		
Ungleichgewicht		
Gleichgewicht		
Lösung		
Akt II: Handlung aufbauen		
5-Minuten-Spalte:	15-Minuten-Spalte:	45-Minuten-Spalte:
1		
2		
3		
Wendepunkt		
Akt III: Lösung erarbeiten		
Krise		
Lösung		
Klimax		
Katharsis		

Abbildung 2.1: Die Drehbuchvorlage von »Erzählen statt aufzählen« enthält eine klassische Erzählstruktur

Sie werden im Laufe des Buches diese Drehbuchvorlage vollständig für die fiktive Contoso-Präsentation ausfüllen.

So beginnen Sie die Arbeit mit der sDrehbuchvorlage:

1. Führen Sie den Download der Drehbuchvorlage unter *www.microsoft.com/germany/mspress/begleitdateien* durch. Geben Sie dazu auf der Webseite im Feld *ISBN-Nr. (deutsche Titel)* hinter *3-86063-* die Nummer *999* ein und klicken Sie dann auf *Suchen*. Daraufhin wird eine Liste mit den für dieses Buch verfügbaren Dateien angezeigt.

   Die Dateien zum Buch können Sie außerdem unter der Webadresse des Autors herunterladen: *www.sociablemedia.com/thebook_resources_aufdeutsch.php*
2. Klicken Sie auf die Datei *Drehbuchvorlage*, um den Download zu starten, und speichern Sie dann die Datei auf Ihrem Rechner.
3. Öffnen Sie das Word-Dokument *Drehbuchvorlage* und ersetzen Sie den Text in der ersten Zeile *Geben Sie Titel und Autor(in) hier ein.* durch den Titel Ihres Drehbuchs – in diesem Beispiel durch *Contoso-Marketingpräsentation.*
4. Fügen Sie hinter dem Titel den Autorennamen an – in diesem Beispiel *von Petra Köhler.*
5. Speichern Sie das bearbeitete Dokument.

Contoso-Marketingpräsentation von Petra Köhler	
Akt I: Geschichte einführen	
Schauplatz	
Hauptfigur	
Ungleichgewicht	
Gleichgewicht	
Lösung	

Abbildung 2.2: Titel und Name des Autors/der Autorin des Drehbuchs

Nachdem Sie den Titel und den Autorennamen in die Drehbuchvorlage eingegeben haben, sind Sie bereit, Ihr PowerPoint-Skript zu schreiben. Die Vorlage besteht aus drei Teilen bzw. *Akten*. Drei Akte ergeben einen klassischen Erzählungsaufbau und entsprechen dem Anfang, dem mittleren Teil und dem Ende der Geschichte. Jeder Akt wird in der Vorlage durch einen schwarzen horizontalen Balken hervorgehoben, der sich über die gesamte Breite der Vorlage erstreckt.

Warum ist der Autorenname von Bedeutung?

Der Name des Autors bzw. der Autorin eines Drehbuchs ist wichtig, weil dadurch die Person genannt wird, die für die erfolgreiche Erstellung der Geschichte verantwortlich ist, nämlich der bzw. die Vortragende. In den meisten Unternehmen gehen PowerPoint-Dateien bei ihrer Entwicklung durch viele Hände. Da verliert man leicht den Überblick, von wem sie wirklich stammen. Die Wirkung einer Präsentation verblasst, wenn sie nicht mit dem Namen und Gesicht der Person in Verbindung steht, die später den Vortrag halten wird.

Die Geschichte beginnt mit dem ersten Akt. Hier werden die Schlüsselelemente der Geschichte eingeführt. Dazu gehören der Schauplatz, die Hauptfigur (auch Protagonist genannt), der Konflikt und eine mögliche Lösung. Im zweiten Akt entwickelt sich die Geschichte weiter. Der im ersten Akt vorgestellte Konflikt wird durch die Aktionen und Reaktionen der Hauptfigur unter unterschiedlichen Bedingungen weitergeführt. Im dritten Akt erreicht der Konflikt seinen Höhepunkt und wird von der Hauptfigur durch eine Entscheidung gelöst, bei der sie auch etwas von ihrem Inneren preisgibt. Mithilfe dieser erprobten Struktur bleibt das Interesse Ihres Publikums an Ihrer Präsentation erhalten und es wartet »begierig« darauf, was als Nächstes passiert.

Sie müssen kein Experte im Geschichtenerzählen sein. Mithilfe der Drehbuchvorlage ist es ein Kinderspiel, die Struktur Ihrer Geschichte aufzubauen. Dort stehen die horizontal angeordneten Zeilen für die Szenen. In diesen Zeilen beschreiben Sie, was zum jeweiligen Zeitpunkt in Ihrer Geschichte passiert. Beim Ausfüllen dieser Zeilen schreiben Sie die eigentliche Geschichte, die Sie präsentieren werden. Wenn Sie damit fertig sind, liegt ein vollständiges, ein oder zwei Seiten umfassendes Skript vor Ihnen.

> **Zur Erinnerung:** Im ersten Akt wird die Geschichte mit ihren wichtigsten Elementen eingeführt. Im zweiten Akt wird sie weiterentwickelt und im dritten Akt wird der Konflikt gelöst und die Geschichte beendet.

Die Vorlage stellt sicher, dass Sie bei der Sache bleiben und nicht abschweifen. Sie enthält alle Elemente, die für eine gute Geschichte notwendig sind. Sie unterstützt Sie dabei, die Dinge systematisch anzugehen, d.h. Ihre komplizierten Gedanken und komplexen Ideen auf das Wesentliche zu reduzieren. So schreiben Sie eine klar durchdachte, geradlinige Geschichte, die Sie in verschiedenen Formen visuell interpretieren können.

Natürlich ist Sinn und Zweck Ihrer Präsentation vor dem Contoso-Vorstand übernächste Woche nicht nur der, eine interessante Geschichte zu erzählen. Sie wollen den Vorstand auch davon überzeugen, etwas Bestimmtes zu tun: den Marketingplan zu genehmigen. Die Drehbuchvorlage vermittelt Ihnen nicht nur die klassische Erzählstruktur. Sie enthält auch so genannte Persuasionstechniken, die Sie in vielen Präsentationstypen mit verschiedensten Kontexten aufgreifen können. Diese Techniken basieren auf Aristoteles' Vorstellung, dass Sie, um jemanden zu überreden oder zu überzeugen, an dessen Gefühle sowie an dessen Vernunft und Verstand appellieren müssen. Auch darf es über Ihre Glaubwürdigkeit als Vortragende(r) keinen Zweifel geben. Selbst wenn Sie Ihre Zuhörer vielleicht nur über etwas *informieren* möchten, so müssen Sie sie doch davon *überzeugen*, Ihnen zuzuhören. Warum sollten sie zuhören? Was haben sie davon? Die Drehbuchvorlage stellt sicher, dass Sie Ihr Publikum davon überzeugen, sich auf das zu konzentrieren, was Sie zu sagen haben.

> **Siehe auch:** In den Kapiteln 4 bis 6 entwickeln Sie Ihr Drehbuch weiter zu einem Storyboard und fügen grafische Elemente zur Illustration Ihrer Geschichte hinzu.

Einführung der Geschichte in Akt I

Ihr fertiges Drehbuch ist ein wichtiges Werkzeug, mit dem Sie den gesamten Aufbau der Geschichte auf nur ein oder zwei Seiten niedergelegt betrachten können. Sie werden am Mittwoch in einer solchen Drehbuchvorlage dem Vorstandsvorsitzenden von Contoso Ihre

Zur Erinnerung: Die Struktur der Drehbuchvorlage basiert auf den klassischen Thesen von Aristoteles darüber, wie eine Erzählung aufgebaut sein soll und wie Zuhörer überzeugt werden können.

neue Struktur der Geschichte vorstellen. Aber zunächst lernen Sie die drei Grundregeln kennen, die auf alle Szenen in Ihrer Drehbuchvorlage angewendet werden. Wie bei einem Filmdrehbuch ist auch in Ihrem PowerPoint-Drehbuch ein bestimmter Schreibstil erforderlich: präzise, kurz und knapp und kontextgerecht.

Die drei Grundregeln beim Schreiben eines Drehbuchs

Wenn Sie Ihr PowerPoint-Drehbuch anhand der Drehbuchvorlage schreiben, konzentrieren Sie sich ganz auf Ihre Ideen, weil sich hier alles um Ihre Geschichte dreht. Wenn Sie das Drehbuch fertig gestellt haben, öffnen Sie dieses Word-Dokument in PowerPoint. Dort wird für jeden Satz aus dem Word-Dokument eine separate Folie angelegt und der Satz wird als Folientitel in den Titelbereich übernommen, wie in Abbildung 2.3 zu sehen ist.

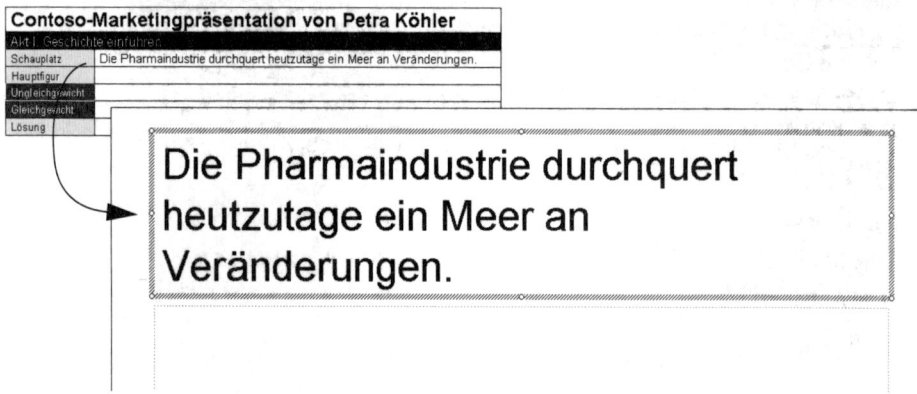

Abbildung 2.3: Jeder Satz des Drehbuchs wird später in den Titelbereich einer PowerPoint-Folie übernommen

Mithilfe dieser wichtigen Technik – dem Übertragen Ihres Drehbuchs in eine Reihe von PowerPoint-Folien – wandeln Sie also Ihr Geschriebenes in die Grundlage einer visuellen Geschichte in PowerPoint um. Damit wird Ihre Aufgabe, visuelle Elemente für Ihre Präsentation zu finden, viel einfacher, da auf jeder Folie genau steht, was Sie illustrieren möchten. Und Ihr Publikum wird viel schneller in der Lage sein, Ihre visuelle Botschaft zu verstehen, da im Titel jeder Folie genau steht, was Sie sagen wollen.

Da der Text in Ihr Drehbuch in den Titelbereich der PowerPoint-Folien übernommen wird, sollten Ihre Sätze ein bestimmtes Format aufweisen. Dieses Format erzielen Sie am besten, wenn Sie sich beim Schreiben an die folgenden drei wichtigen Grundregeln halten.

1. Regel: Schreiben Sie vollständige und aktive Sätze mit Subjekt und Prädikat

Alles, was Sie von hier an lesen und tun, dient der Qualität der Sätze, die Sie in Ihre Drehbuchvorlage schreiben. Damit Sie Ihr Anliegen über die gesamte Geschichte hinweg effektiv, konsistent und deutlich kommunizieren können, schreiben Sie in ganzen Sätzen mit Subjekt und Prädikat. Setzen Sie die Verben in aktiver Form ein, um die Sprache dynamisch und klar zu halten.

Wenn Sie ganze Sätze schreiben, zwingen Sie Ihre Ideen in zusammenhängende und schlüssige Gedanken, frei von jeglicher Mehrdeutigkeit. Nachdem dann später diese zusammenhängenden und eindeutigen Gedanken in Folientitel umgewandelt wurden, kann Ihr Publikum sofort verstehen, was Sie kommunizieren möchten, da es fertig ausformuliert gelesen werden kann.

> **Siehe auch:** Eine ausgezeichnete (englischsprachige) Anleitung zur Ausformulierung der Sätze in der Drehbuchvorlage ist das Buch *The Elements of Style* von William Strunk Jr. und E.B. White (Longman 2000). Und hier auch eine deutschsprachige Empfehlung: *Texten wie ein Profi* von Hans-Peter Förster (Frankfurter Allgemeine Buch 2003).

Ein weiterer Vorteil ganzer Sätze wird deutlich, wenn Sie die Folientitel in der Ansicht *Foliensortierung* betrachten. Sie können dort die vollständigen Sätze Ihrer Geschichte nacheinander in der Foliensequenz lesen. Dies bedeutet auch, dass Sie die Ansicht *Foliensortierung* als Storyboard verwenden können, in dem Sie, genau wie die Filmemacher und Filmemacherinnen, Ihre visuellen Elemente planen.

2. Regel: Schreiben Sie in einem einfachen, klaren und aktiven Konversationsstil

Jeder Punkt Ihrer Drehbuchvorlage spricht über den Folientitel direkt zu Ihrem Publikum. Verwenden Sie also einen Konversationsstil, der einfach, klar und direkt ist. Stellen Sie sich beim Schreiben der Sätze vor, dass Sie zu ein paar Menschen sprechen, die auf Stühlen vor Ihrem Schreibtisch sitzen. Da Sie einfach ein Gespräch, eine Konversation führen, sollte Ihr Schreibstil entspannt und zwanglos sei – und nicht angespannt und formal. Mit dem Konversationsstil vermeiden Sie es, in einen Jargon zu verfallen oder gar zu schwafeln.

Wenn Ihr Publikum Ihre Punkte später in den Folienüberschriften liest, ist es aufgrund des Konversationsstils entspannter und offener für Ihre Ideen.

3. Regel: Schreiben Sie Sätze, die nicht länger als die Zeilen der Drehbuchvorlage sind

Wenn Sie Ihre Sätze für den ersten Akt schreiben, halten Sie sich an die Länge der Vorlagenzeilen. Die Sätze sollten, wann immer möglich, nicht zu einem Zeilenumbruch in der Vorlagenzeile führen. Die Spalten für den zweiten Akt sind schmaler, so dass dort die Sätze bis zu drei Zeilen lang sein können. Für den dritten Akt gelten die gleichen Einschränkungen wie für den ersten Akt. Wenn Sie sich ungefähr an diese Längenvorgaben halten, besteht keine Gefahr, dass Ihre Sätze langatmig werden. Außerdem entspricht eine Zeile in der Drehbuchvorlage zwei bis drei Zeilen in den Folientiteln.

> **Tipp:** Wenn Sie nach praktischen Beispielen für knappe, informative und klare Formulierungen suchen, schlagen Sie einmal eine Zeitung auf und werfen dort einen Blick auf die Überschriften und Schlagzeilen. Beim Schreiben einer Schlagzeile steht dem Journalisten nur wenig Platz zur Verfügung. Und trotzdem muss dort der Sinn und Zweck des Artikels klar und deutlich erkennbar sein. Die Formulierung ist also auch hier präzise, klar, direkt und muss Interesse wecken.

Es ist manchmal eine echte Herausforderung, Sätze so kurz zu halten. Aber nur so ist es möglich, Ihr komplexes Anliegen auf das Wesentliche zu reduzieren. Und nur so können Sie in Ihrer Präsentation zum Punkt kommen.

Ihre Drehbuchvorlage ist bereit, und Sie haben die drei Grundregeln beim Schreiben kennen gelernt. Nun können Sie mit dem Schreiben beginnen. Schreiben wird in der Regel als sehr »einsamer« Prozess begriffen. Sie müssen Ihr PowerPoint-Drehbuch aber keinesfalls allein im stillen Kämmerchen erstellen. Laden Sie die Leute aus Ihrem Team zu einem Meeting ein. Schließen Sie einen Projektor an Ihren Laptop an und projizieren Sie die Drehbuchvorlage an die Wand (siehe auch Abbildung 2.4).

Die drei Grundregeln beim Schreiben

Wie in Filmdrehbüchern ist es auch in Ihrer Drehbuchvorlage wichtig, mit einem ganz speziellen Schreibstil Ihre Geschichte und Ihre Ideen auf das Wesentliche zu reduzieren. Befolgen Sie die drei Grundregeln, um präzise zu schreiben:

1 Schreiben Sie vollständige und aktive Sätze mit Subjekt und Prädikat.

2 Schreiben Sie in einem einfachen, klaren und aktiven Konversationsstil.

3 Schreiben Sie Sätze, die nicht länger als die Zeilen der Drehbuchvorlage sind.

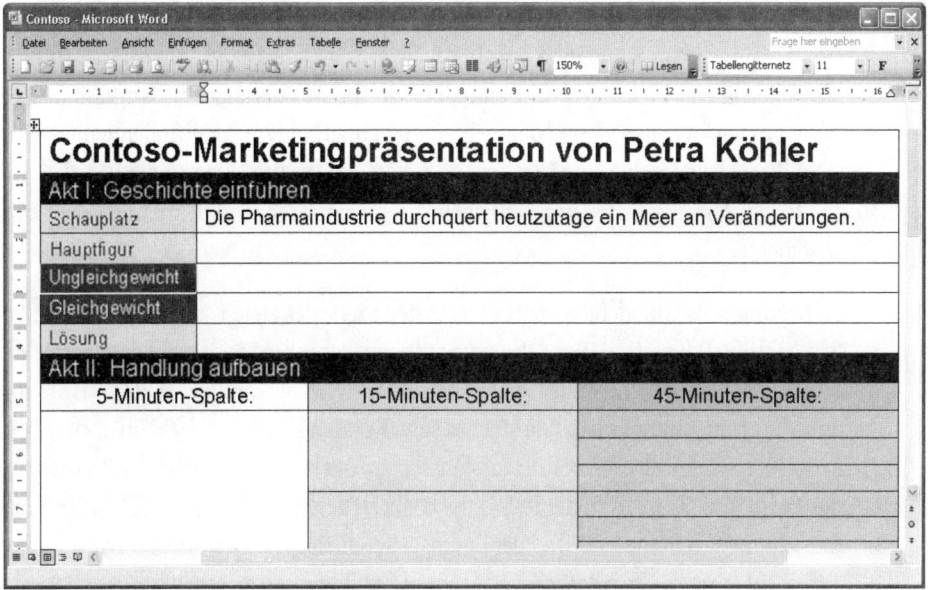

Abbildung 2.4: Die Contoso-Drehbuchvorlage als Word-Dokument

Erster Akt: Die Geschichte aufbauen

Der erste Akt stellt die Einleitung für Ihre Geschichte dar. Hier wollen Sie das Publikum aus seinem Alltag herauslocken, seine Aufmerksamkeit erlangen und ihm die Richtung weisen, in der es weitergeht. In der Drehbuchvorlage besteht der erste Akt aus fünf Zeilen, wie in Abbildung 2.5 zu sehen ist. Jede Zeile steht für eine Szene.

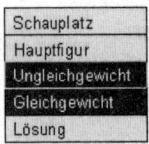

Abbildung 2.5: Die fünf Szenen der Drehbuchvorlage

In diesen fünf Szenen werden die Fragen beantwortet, die sich alle Zuhörer und Zuhörerinnen im Stillen stellen: *wo*, *wann*, *wer*, *was*, *warum* und *wie*.

Im ersten Akt formen Sie die Antworten auf diese Fragen auf eine kreative Art, die die Vorstellungskraft des Publikums weckt, seine Emotionen anspricht und es davon überzeugt, an der Geschichte teilhaben zu wollen.

Akt I, Szene 1: Schauplatz

In der ersten Szene des ersten Akts richten Sie den Schauplatz für die gesamte Präsentation ein. Wenn in einem Film eine Szene im Wohnzimmer eines Hauses bei Tag stattfindet, sehen Sie vielleicht zunächst eine Außenaufnahme des Hauses bei Tage, die langsam in eine Aufnahme des Wohnzimmers übergeht, in dem die Handlung stattfinden wird. Diese Filmtechnik wird als *Establishing Shot* bezeichnet – die erste Einstellung einer Sequenz, meist eine Totale, die der räumlichen und zeitlichen Orientierung dient, dem *Wo* und dem *Wann* einer Geschichte.

Sie beginnen also mit dem Schreiben der ersten Szene des ersten Akts in der Zeile mit der Beschriftung *Schauplatz*. Hier definieren Sie den Establishing Shot und beantworten die Frage, die sich Ihr Publikum im Stillen stellt: »*Wo* und *wann* findet dies hier statt?« Das *Wo* muss nicht unbedingt ein geografisch definierter Ort sein. Es kann sich dabei auch um etwas Abstraktes handeln, etwa ein allgemeines Diskussionsthema, mit dem der Kontext der Präsentation definiert wird. Das *Wann* ist in der Regel eine konkrete zeitliche Definition. Geben Sie also für die Einrichtung von Szene 1 in Akt I der Contoso-Geschichte *Die Pharmaindustrie durchquert heutzutage ein Meer an Veränderungen.* ein, wie in Abbildung 2.6 zu sehen ist.

Contoso-Marketingpräsentation von Petra Köhler	
Akt I: Geschichte einführen	
Schauplatz	Die Pharmaindustrie durchquert heutzutage ein Meer an Veränderungen.
Hauptfigur	
Ungleichgewicht	
Gleichgewicht	
Lösung	

Abbildung 2.6: Akt I, Szene 1 der Drehbuchvorlage

Das Subjekt dieses Punktes, »die Pharmaindustrie«, definiert als Ort für diese Präsentation diesen speziellen Geschäftsbereich, während »heutzutage« den zeitlichen Rahmen dazu liefert. Sie haben also das *Wo* und das *Wann* in Szene 1 benannt. Im restlichen Satz von Szene 1 können Sie etwas sagen, das alle im Raum als zutreffend bestätigen können – in diesem Beispiel: »durchquert ein Meer an Veränderungen«. Diese Behauptung sollte von allen als zutreffend anerkannt werden. Denn wenn Sie hier etwas Kontroverses oder Unklares sagen, entgleitet Ihnen Ihre Präsentation, bevor sie richtig angefangen hat.

Die erste Szene ist entscheidend. Denn wenn Sie mit Ihrer Präsentation beginnen, hat jede(r) im Publikum eine andere Erwartungshaltung. Mit Szene 1 führen Sie alle an einen Schauplatz, errichten eine einheitliche Grundlage und vermitteln klar den Kontext, über den Sie vorhaben zu sprechen.

> **Akt I, Szene 1**
>
> In Szene 1 des ersten Akts beantworten Sie die Frage, die sich die Zuhörer im Stillen stellen: »*Wo* und *wann* findet dies hier statt?«

Die Metapher des Meeres vermittelt in diesem Beispiel die Vorstellung von etwas Großem, das sich in konstanter Veränderung befindet, und impliziert Komplexität, aber auch Risiken. Wenn Sie die Metapher des Meeres in den anderen Szenen fortsetzen, schaffen Sie so etwas wie ein *Motiv* oder wiederkehrendes Thema in Ihrer Geschichte. Ein Motiv ist eine wirkungsvolle Technik, die häufig in guten Präsentationen anzutreffen ist. Es trägt Ihre Ideen durch die ganze Geschichte konsistent hindurch, belebt Ihre Sprache und macht neue Informationen verständlicher. Auch die Suche nach geeigneten Grafiken für Ihre Folien wird einfacher, da Sie lediglich das Motiv auf die grafischen Elemente übertragen müssen.

Wenn Sie mit einem Motiv arbeiten, dann sollten Sie ein Motiv aussuchen, zu dem alle im Publikum einen Bezug haben. Es soll einfach, klar und leicht zu verstehen sein. Das Motiv soll Ihre Ideen unterstützen und ergänzen, sie aber keinesfalls komplizieren, zu Klischees machen oder Verwirrung stiften. Ziehen Sie ein Motiv in Betracht, zu dem Sie eine persönliche Beziehung haben. Wenn Sie beispielsweise sportlich sehr interessiert sind, könnten Sie Ihre Lieblingssportart zum Motiv machen. Oder wenn Sie Musik lieben, könnten Sie ein musikalisches Thema als Motiv wählen. Wenn Sie ein Motiv aus Ihrem persönlichen Interessensbereich wählen, fühlen Sie sich beim Präsentieren auf vertrautem Terrain, zeigen viel von Ihrer Persönlichkeit und hauchen Ihren Ideen durch Ihre eigene Begeisterung Leben ein.

Nachdem Sie in Szene 1 des ersten Akts den Schauplatz definiert haben, fahren Sie mit Szene 2 fort, in der die Hauptfigur eingeführt wird.

Akt I, Szene 2: Hauptfigur

Jede Geschichte handelt von irgendwem, so auch Ihre PowerPoint-Geschichte. Der *Protagonist* Ihrer Geschichte ist die Hauptfigur – die Person, die am Ende eine Entscheidung treffen wird, etwas Bestimmtes zu tun oder zu einer bestimmten Überzeugung zu gelangen.

> **Zur Erinnerung:** Der Protagonist einer jeden Präsentation ist das Publikum. Sie selbst sind die Nebenfigur. Das ist der entscheidende Punkt beim Kreieren von Geschichten für Livepräsentationen.

Gemäß dieser Definition ist der Protagonist einer jeden Präsentation das *Publikum*. Da das Publikum die Hauptrolle in Ihrer Geschichte spielt, übernehmen Sie als Vortragende(r) die Rolle der die Hauptfigur unterstützenden Nebenfigur.

Die Hauptfigur einer Präsentation kann eine einzelne Person sein, z.B. ein Kunde, oder es kann sich dabei um eine Gruppe handeln, z.B. ein Komitee, ein Team, ein Unternehmen etc. In diesem Beispiel sind die Vorstandsmitglieder die Protagonisten, da sie zusammen darüber entscheiden, ob Ihr Marketingplan angenommen wird oder nicht.

Da Sie nun die Hauptrolle in Ihrer Präsentation vergeben haben, schreiben Sie einen Satz, mit dem die Identität des Publikums innerhalb des Schauplatzes, den Sie in Szene 1 eingerichtet haben, klar und deutlich definiert wird. Beantworten Sie in der Zeile mit der Beschriftung *Hauptfigur* die Frage Ihrer Zuhörerschaft: »*Wer* sind wir an diesem Schauplatz?« Geben Sie für das Contoso-Beispiel *Jeder hier weiß, wie schwer das Segeln durch raue See ist.* ein, wie in Abbildung 2.7 zu sehen ist.

Contoso-Marketingpräsentation von Petra Köhler	
Akt I: Geschichte einführen	
Schauplatz	Die Pharmaindustrie durchquert heutzutage ein Meer an Veränderungen.
Hauptfigur	Jeder hier weiß, wie schwer das Segeln durch raue See ist.
Ungleichgewicht	
Gleichgewicht	
Lösung	

Abbildung 2.7: Akt I, Szene 2 der Drehbuchvorlage

Mit dem Subjekt des Satzes, »jeder«, machen Sie ohne großes Aufheben das Publikum, nämlich den Vorstand von Contoso, zur Hauptfigur dieser Geschichte. Damit haben Sie das *Wer*

> **Akt I, Szene 2**
>
> In Szene 2 des ersten Akts beantworten Sie die Frage, die sich die Zuhörer im Stillen stellen: »*Wer* sind wir an diesem Schauplatz?«

geklärt. Die restliche Szene 2 kann die Situation des Protagonisten beschreiben. Es muss aber wiederum eine Feststellung sein, die jede(r) im Raum bestätigen kann. In unserem Beispiel wird wohl jedes Vorstandsmitglied bestätigen können, »wie schwer das Segeln durch raue See ist«. Szene 2 führt das Motiv des Meeres aus Szene 1 fort, indem sie die Begriffe »segeln« und »raue See« verwendet.

Wenn das Publikum die Hauptfigur ist, hat es einen persönlichen Bezug zu Ihrer Präsentation. Da die Zuhörer direkt involviert sind und über den Ausgang der Geschichte entscheiden, werden sie interessiert und aufmerksam sein. Wenn Sie dem Publikum die Hauptrolle in Ihrem Stück geben, fällt es Ihnen außerdem leichter, sich ganz auf Ihre Zuhörer zu konzentrieren und darauf zu achten, dass die Präsentation genau auf ihre Anforderungen maßgeschneidert ist. Damit schaffen Sie eine positive Feedbackschleife: Wenn Sie Ihre Präsentation auf Ihr Publikum ausrichten, kann es die Präsentation besser verstehen und schätzen. Dies führt wiederum zu einem besseren Selbstwertgefühl für den Vortragenden, der dann noch überzeugender auftreten kann.

In der nächsten Szene bauen Sie den Konflikt für die Hauptfigur auf.

Akt I, Szene 3: Ungleichgewicht

Geschichten handeln stets davon, wie Menschen auf etwas reagieren, das sich in ihrer Umgebung verändert. Wir lieben Geschichten darüber, wie Menschen mit veränderten Umständen fertig werden und was ihre Reaktionen über ihren Charakter aussagen.

Wenn die Hauptfigur einer Geschichte eine Veränderung erfährt, entsteht ein Ungleichgewicht, da die Dinge nicht mehr so sind wie zuvor. Beim Schreiben von Drehbüchern wird dies als *auslösendes Moment* bezeichnet, das der Geschichte eine neue Richtung gibt. In Szene 3 soll das Publikum verstehen, warum es hier an dieser Präsentation teilnimmt – in der Regel, weil eine Veränderung zu einem Ungleichgewicht geführt hat.

Die Definition des Ungleichgewichts, das alle zu dieser Präsentation zusammengeführt hat, kann einfach oder schwierig sein. Das Ungleichgewicht kann beispielsweise durch eine Krise von außen verursacht werden, die die Bedingungen im Unternehmen beeinflusst. Oder sie könnte das Ergebnis interner Veränderungen sein, z.B. eine geänderte Haltung zu einem Thema oder eine neue Tatsache, eine neue wissenschaftliche Auswertung oder ein Gerücht in der Branche etc.

Im positiven Sinn könnte das Ungleichgewicht auch durch einen Geistesblitz, eine neue Idee, eine Entdeckung oder durch eine neue, für den Protagonisten bis dahin nicht erkannte Möglichkeit entstehen. Im negativen Sinn könnte das Ungleichgewicht durch einen Fehler, Verlust an Marktanteil, sinkende Umsätze oder Statusverlust verursacht werden. Ob

> **Zur Erinnerung:** Durch das auslösende Moment entsteht ein Ungleichgewicht, das die Geschichte in Bewegung setzt.

positiv oder negativ, alle diese Möglichkeiten für ein Ungleichgewicht sind die wichtigsten Gründe dafür, warum sich Leute zu einer Präsentation versammeln.

Sie definieren also in Szene 3 des ersten Akts das Ungleichgewicht in der Contoso-Geschichte, indem Sie die Frage des Publikums »*Warum* sind wir hier?« beantworten. Geben Sie in der Drehbuchvorlage in der Zeile mit der Beschriftung *Ungleichgewicht* Folgendes ein (siehe auch Abbildung 2.8): *Marktbedingungen, regulative Vorgaben gefährden die Einführung der Pillen.*

Siehe auch: Im Abschnitt »Tipp 2: Zehn Variationsmöglichkeiten einer Geschichte« weiter hinten in diesem Kapitel finden Sie Anregungen zur Darstellung des auslösenden Moments.

Contoso-Marketingpräsentation von Petra Köhler	
Akt I: Geschichte einführen	
Schauplatz	Die Pharmaindustrie durchquert heutzutage ein Meer an Veränderungen.
Hauptfigur	Jeder hier weiß, wie schwer das Segeln durch raue See ist.
Ungleichgewicht	Marktbedingungen, regulative Vorgaben gefährden die Einführung der Pillen.
Gleichgewicht	
Lösung	

Abbildung 2.8: Akt I, Szene 3 der Drehbuchvorlage

Das Subjekt des Satzes »Marktbedingungen, regulative Vorgaben« definiert den Verursacher des Ungleichgewichts und startet den emotionalen Motor der Präsentation. Auch wenn der Vorstand es zweifelsohne bevorzugen würde, wenn die Markteinführung der IQ-Pillen keinerlei Problem darstellt, machen Sie in Szene 3 deutlich, dass eine problemlose Einführung nicht garantiert werden kann. Die Bedingungen auf dem pharmazeutischen Markt sowie regulative Vorgaben »gefährden die Einführung der Pillen«. Ein kräftiges Verb wie »gefährden« vermittelt Gefahr und verursacht ein Ungleichgewicht, das das Publikum beseitigen möchte.

Das auslösende Moment in Szene 3 treibt Ihre Geschichte an und fokussiert sie. Sie könnten tausende Geschichten über ein bestimmtes Thema erzählen. Durch die Wahl des auslösenden Moments schränken Sie das Ziel auf eine einzige Variation der Geschichte für ein ganz spezielles Publikum zu einem ganz bestimmten Zeitpunkt ein.

Akt I, Szene 3

In Szene 3 des ersten Akts beantworten Sie die Frage, die sich die Zuhörer im Stillen stellen: »*Warum* sind wir hier?«

Aber trotz des Sturms, der sich vielleicht am Horizont Ihrer Präsentation zusammenbraut, sehen die Dinge in Szene 4 bereits schon viel optimistischer aus.

Akt I, Szene 4: Gleichgewicht

Niemand mag gerne im Ungleichgewicht verharren. Wenn sich etwas verändert, fühlen wir uns so lange unsicher und unwohl, bis die Situation wieder ins Gleichgewicht gebracht worden ist. Dies gilt auch für die Protagonisten in der Contoso-Geschichte und in jeder anderen Präsentation ebenso.

In Szene 3 haben Sie eine Veränderung beschrieben, die Ihr Publikum betrifft und ein Ungleichgewicht verursacht hat. In Szene 4 will das Publikum sehen, wie die Dinge aussehen, wenn das Gleichgewicht wiederhergestellt ist. Dazu schreiben Sie in die Zeile mit der Beschriftung *Gleichgewicht* den in Abbildung 2.9 zu sehenden Satz: *Contoso kann sein Finanzziel dank eines seetüchtigen Plans erreichen.*

Contoso-Marketingpräsentation von Petra Köhler	
Akt I: Geschichte einführen	
Schauplatz	Die Pharmaindustrie durchquert heutzutage ein Meer an Veränderungen.
Hauptfigur	Jeder hier weiß, wie schwer das Segeln durch raue See ist.
Ungleichgewicht	Marktbedingungen, regulative Vorgaben gefährden die Einführung der Pillen.
Gleichgewicht	Contoso kann sein Finanzziel dank eines seetüchtigen Plans erreichen.
Lösung	

Abbildung 2.9: Akt I, Szene 4 der Drehbuchvorlage

Im Objekt des Satzes »sein Finanzziel« geht es darum, was die Vorstandsmitglieder interessiert, nachdem Sie die Bedrohung in Szene 3 in den Raum gestellt haben. Und Sie lassen sie wissen, dass das, was sie gerne möchten, im Bereich des Möglichen liegt. Der »seetüchtige Plan« gibt einen Hinweis darauf, was für das Wiederherstellen des Gleichgewichts notwendig ist.

Beachten Sie, dass das Motiv des Meeres relativ einfach fortgesetzt werden kann und Ihnen kreative Möglichkeiten zum Ausformulieren Ihrer Sätze gibt. Manchmal stellt sich in einer Präsentation heraus, dass ein Motiv doch nicht so einfach über die Geschichte hinweg verwendbar ist. In einem solchen Fall müssen Sie in Ihrem Drehbuch noch einmal zurückgehen und das Motiv über die Szenen hinweg überdenken.

In den Szenen 1 bis 3 des ersten Akts haben Sie ein Bild von einem Vorstand gezeichnet, der sich durch eine raue See der Veränderungen durchkämpft und dem Herausforderungen und Probleme

> **Akt I, Szene 4**
>
> In Szene 4 des ersten Akts beantworten Sie die Frage, die sich die Zuhörer im Stillen stellen: »*Was soll unserer Meinung nach passieren?*«

drohen. Szene 4 zeigt den Vorstandsmitgliedern eine Vision des sicheren Hafens, den sie in diesem Kontext gerne erreichen möchten. Wenn Ihr Publikum erkennt, wohin es gehen möchte, dann lässt es sich gerne unter Ihrer Führung dorthin geleiten.

In der Drehbuchvorlage sind die beiden Felder für Szene 3 und Szene 4 mit einem dunklen Hintergrund versehen, um hervorzuheben, dass diese beiden Szenen zusammen den emotionalen Motor darstellen, der Ihr Publikum über die gesamte Präsentation hinweg antreibt (siehe auch Abbildung 2.10). Die Szenen 3 und 4 definieren das Problem. Und Sie stehen hier vor Ihrem Publikum, um es darin zu unterstützen, sein Problem zu lösen.

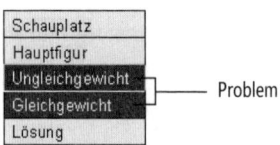

Abbildung 2.10: Das Problem wird in den Szenen 3 und 4 definiert

Szene 3 versetzt Ihr Publikum in den unangenehmen Zustand des Ungleichgewichts, und Szene 4 beschreibt den Zustand des Gleichgewichts, den es erreichen möchte. Damit wird die Energie erzeugt, die Ihre Geschichte in Bewegung setzt und Ihr Publikum neugierig auf Ihren Lösungsvorschlag macht.

Das in den Szenen 3 und 4 definierte Problem dient nicht nur dazu, die Zuhörer in die Präsentation einzubinden. Es hilft Ihnen auch dabei, Informationen zu sondieren und auszuwählen. Es stehen meist viel zu viele Informationen zur Verfügung. Wie sollen Sie entscheiden, welche Informationen verwendet werden sollen und welche nicht? Verwenden Sie nur die Informationen, die Ihr Publikum dabei unterstützen, die Lücke zwischen Szene 3 und Szene 4 zu schließen. Alle anderen Informationen sind für diese Präsentation nicht von Bedeutung. Legen Sie sie für eine andere Geschichte zu einem anderen Zeitpunkt beiseite.

Das Problem, das in den Szenen 3 und 4 gezeigt wird, definiert auch den *Zweck* dieser Präsentation. Wenn Sie also das Problem klar herausarbeiten, wird auch der Zweck Ihrer Präsentation deutlich. Das Problem ist der zentrale Kern Ihrer gesamten Präsentation und formt die einzige Frage, die Ihre Präsentation beantworten will. Es bildet den emotionalen Schwerpunkt, der Ihre Geschichte fokussiert und ihre einzelnen Teile zusammenhält.

Die Definition des Problems ist wahrscheinlich das Schwierigste in Ihrer Präsentation. Sie und Ihr Team werden in der Regel mehrere Entwurfs- und Revisionsrunden durchlaufen, bis die Szenen 3 und 4 »im Kasten sind«. Wenn diese beiden Szenen aber erst einmal stehen, dann ist die Marschrichtung der Präsentation festlegt.

Nachdem Sie in den Szenen 3 und 4 ein klares Problem definiert haben, ist es an der Zeit, Ihr Publikum wissen zu lassen, wie Sie es zu lösen gedenken.

Akt I, Szene 5: Lösung

Beim Schreiben eines Drehbuchs ist der *Wendepunkt* der Punkt, an dem der Film plötzlich eine neue Richtung einschlägt und die Entwicklung des nächsten Teils der Geschichte einläutet. Sie definieren am Ende des ersten Akts den Wendepunkt, indem Sie Bezug auf die Spannung nehmen, die Sie durch das Problem in den Szenen 3 und 4 erzeugt haben. Sie erinnern sich: In Szene 3 haben Sie ein Ungleichgewicht definiert und in Szene 4 gezeigt, wie ein neuer Zustand des Gleichgewichts aussehen könnte. Die fünfte und letzte Szene des ersten Akts sollte eine Lösung für das zuvor definierte Problem vorschlagen (siehe auch Abbildung 2.11).

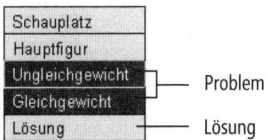

Abbildung 2.11: Die Lösung wird in Szene 5 vorgestellt

Szene 5 ist der Grund, warum Sie der/die Vortragende sind. Sie haben sich die Zeit genommen herauszufinden, wie die Protagonisten, die Vorstandsmitglieder, das Problem lösen können. Geben Sie also in der Drehbuchvorlage in der Zeile mit der Beschriftung *Lösung* folgenden Text ein (siehe auch Abbildung 2.12): *Genehmigen Sie den Marketingplan, um sanft durch die Wellen zu gleiten.*

Contoso-Marketingpräsentation von Petra Köhler	
Akt I: Geschichte einführen	
Schauplatz	Die Pharmaindustrie durchquert heutzutage ein Meer an Veränderungen.
Hauptfigur	Jeder hier weiß, wie schwer das Segeln durch raue See ist.
Ungleichgewicht	Marktbedingungen, regulative Vorgaben gefährden die Einführung der Pillen.
Gleichgewicht	Contoso kann sein Finanzziel dank eines seetüchtigen Plans erreichen.
Lösung	Genehmigen Sie den Marketingplan, um sanft durch die Wellen zu gleiten.

Abbildung 2.12: Akt I, Szene 5 der Drehbuchvorlage

In diesem Beispiel empfehlen Sie also dem Contoso-Vorstand, den Marketingplan zu genehmigen, um dorthin zu gelangen, wo er in Szene 4 gerne sein möchte, und um das Problem zu lösen, das in den Szenen 3 und 4 definiert wurde. Im Kontext des bedrohlichen Meeres sehen die Vorstandsmitglieder ihr finanzielles Ziel am Horizont, und sie werden in der Lage sein, dorthin »sanft über die Wellen zu gleiten«, wenn sie Ihrer Empfehlung folgen und die Marketingstrategie absegnen.

Szene 5 beschreibt also, was der Protagonist tun oder glauben soll, um das Problem zu lösen. Diese Szene ist sehr wichtig, da sie den Wendepunkt der Geschichte darstellt. Hier wird bestimmt,

> **Akt I, Szene 5**
> In Szene 5 des ersten Akts beantworten Sie die Frage, die sich die Zuhörer im Stillen stellen: »*Wie kommen wir dorthin?*«

was als Nächstes passiert, wenn Sie die Handlung im zweiten Akt aufbauen. Wenn Sie in Kapitel 3 den zweiten Akt schreiben, werden Sie Ihre Lösung aus Szene 5 sorgfältig überdenken und prüfen, da Szene 5 das Maß für den Erfolg Ihrer Präsentation darstellt. Wenn das Publikum am Ende der Präsentation Ihre Lösung akzeptiert, waren Sie erfolgreich.

Erster Akt: Der Vorhang schließt sich

Mit den fünf erstellten Szenen haben Sie den Entwurf des ersten Akts abgeschlossen. Werfen Sie noch einmal einen Blick auf Ihre Sätze. Sie mögen einfach erscheinen, aber sie unterstützen Sie bei der Ausführung mehrerer Aufgaben. Sie schneiden die Präsentation genau auf die Anforderungen des Publikums zu und

> **Zur Erinnerung:** Mit den fünf Szenen des ersten Akts legen Sie die Basis für die restliche Präsentation fest. Es ist daher wichtig, Ihr Team in diesem Stadium zu involvieren und so viel Meinungen und Zustimmung wie möglich einzuholen, bevor Sie mit dem zweiten Akt fortfahren.

legen Kriterien fest, mit denen die Informationen, die Sie kommunizieren wollen, begrenzt, d.h. auf den Punkt gebracht werden. Betrachten Sie diese Szenen bei der Fertigstellung des Drehbuchs als Arbeitsentwurf. Unter Umständen werden Sie beim Weiterentwickeln der Präsentation feststellen, dass Sie sie noch einmal überarbeiten müssen.

Falls Sie es bislang noch nicht getan haben, nehmen Sie sich die Zeit und diskutieren Sie die fünf Szenen mit Ihrem Team und allen anderen Beteiligten, die Ihre Präsentation genehmigen müssen. Mit diesen fünf Sätzen legen Sie den Grundstein für das, was als Nächstes in Ihrer Geschichte passiert. Es ist daher wichtig, möglichst viele Personen in diesem frühen Stadium einzubeziehen, um sicherzustellen, dass Sie auf dem richtigen Weg sind.

Es ist durchaus nichts Ungewöhnliches, dass eine Person oder ein Team den ersten Akt mehrmals komplett überarbeitet, bis die Geschichte genau auf das Publikum passt. Vorstand oder Geschäftsleitung können großes Interesse haben, den ersten Akt genau abzustimmen, da mit diesen fünf Sätzen die Unternehmenssichtweise über und das Unternehmensverhältnis zu seinen Kunden definiert werden kann. Diese fünf Statements stellen eine Kommunikationsstrategie dar. Sie sind es wert, dass Sie all die Ressourcen aktivieren, die Sie auch sonst zur Lösung strategischer Aufgaben in Bewegung setzen würden.

Lesen Sie auch die Tipps am Ende dieses Kapitels, wo Sie erfahren, wie Sie Ihre Sätze im ersten Akt definieren und bearbeiten können. Im Folgenden erhalten Sie einige Anregungen, um Ihre Sätze jetzt sofort zu testen und zu verfeinern.

Die fünf Szenen optimieren

Lesen Sie die fünf Sätze laut vor, um sicherzustellen, dass Sie den von Ihnen gewünschten Ton, Fluss und die Klarheit der Sprache getroffen haben. Prüfen Sie, ob Sie in den Szenen die Fragen beantworten, die sich das Publikum stellt: *wo, wann, wer, warum, was* und *wie*. Hier noch einmal die Fragen für die jeweiligen Szenen:

- Szene 1: *Wo* und *wann* findet dies hier statt?
- Szene 2: *Wer* sind wir an diesem Schauplatz?
- Szene 3: *Warum* sind wir hier?
- Szene 4: *Was* soll unserer Meinung nach passieren?
- Szene 5: *Wie* kommen wir dorthin?

Wenn Sie diese Fragen eindeutig beantwortet haben, dann sollten Sie prüfen, wie Akt I auf das Publikum wirkt und bei der Fokussierung auf das eigentliche Thema behilflich ist.

> **Tipp:** Wenn Sie aus dem Stehgreif heraus eine Rede halten müssen, dann versuchen Sie, diese fünf Szenen des ersten Akts als Rahmen für Ihre Rede zu definieren. Das ist der sicherste Weg, alle Fragen Ihres Publikums zu beantworten und es nachhaltig zu beeindrucken.

Emotionen im Publikum ansprechen

Ihre Zuhörer sind nicht nur rational denkende Geschöpfe. Sie haben auch Emotionen. Dies trifft ebenso auf die Vorstandsmitglieder von Contoso zu. Sie vermeiden einen streng rationalen Ansatz in Ihrer Präsentation, wenn Sie die Szenen im ersten Akt dazu nutzen, einen emotionalen Kontakt zu Ihren Zuhörern herzustellen und sie davon zu überzeugen, dass Sie wichtige Informationen für sie haben. Diese emotionale Bindung stellen Sie durch die Einführung und Definition einiger der wichtigsten Elemente einer Geschichte her – Schauplatz, Hauptfigur, Ungleichgewicht, erwünschtes Gleichgewicht und Wendepunkt. Wenn Sie diese Elemente auf Ihr Publikum zuschneiden und in Akt I vorstellen, dann fühlt es sich persönlich von Ihrer Geschichte angesprochen, und Sie können sicher sein, einen optimalen Präsentationsstart zu haben.

> **Zur Erinnerung:** Im ersten Akt stellen Sie eine emotionale Verbindung zu Ihrem Publikum her.

Konzentration auf Ihre Ideen

Wie Sie in den ursprünglichen Contoso-Präsentationsfolien in Kapitel 1 gesehen haben, enthalten PowerPoint-Präsentationen meist eine Fülle an Informationen. Wenn das Informationsvolumen die Aufnahmefähigkeit der Zuhörer übersteigt, schalten diese ab, und Sie werden mit Ihrer Präsentation nicht das gewünschte Ergebnis erzielen. Im ersten Akt Ihres Drehbuchs können Sie Kriterien definieren, die alles, was Sie zu diesem Thema sagen *könnten*, auf das Wichtigste reduzieren, was Sie in der Präsentation sagen *sollten*. Wenn Sie in Kapitel 3 den zweiten Akt schreiben, werden Sie feststellen, dass Sie im ersten Akt Ihre Geschichte so eingeführt haben, dass die Menge an Informationen genau auf das beschränkt wird, was wichtig ist, und die Informationsqualität den von Ihnen gewünschten hohen Standard erreicht.

Der Prozess des Schreibens der Szenen von Akt I, der in diesem Kapitel vorgestellt wurde, definiert die Grundlage für jede beliebige Präsentationsgeschichte und hilft Ihnen dabei, die Emotionen Ihres Publikums anzusprechen und sich auf Ihre Ideen zu konzentrieren. Wenn Sie die Grundlagen erst einmal verstanden haben, steht Ihnen ein breites Spektrum an kreativen Ressourcen, Werkzeugen und Techniken zur Verfügung, mit denen Sie diese Struktur an Ihren eigenen Stil und Ihre eigenen Umstände anpassen können.

Wenn Sie mit Ihren Szenen im ersten Akt zufrieden sind, können Sie Ihre Geschichte im zweiten und dritten Akt weiterentwickeln. Bevor Sie aber mit Kapitel 3 fortfahren, empfehle ich Ihnen, noch einen Blick auf die zehn Tipps im folgenden Abschnitt zu werfen. Dort finden Sie u.U. Anregungen dazu, wie Sie den ersten Akt noch verfeinern können, wenn Sie mit den Grundlagen zufrieden sind.

Zehn Tipps zum Optimieren des ersten Akts

Die Struktur des ersten Akts in der Drehbuchvorlage ist keine strenge Formel. Es ist eine Grundlage mit dem Potenzial für endlose Innovationen und Improvisationen in Abhängigkeit von Ihrer jeweiligen Situation. Genau wie Hollywood mit diesem Erzählmuster eine unendliche Vielzahl von Filmvariationen erstellen kann, so ist es auch für Sie möglich, mit diesem Werkzeug unglaublich viele Präsentationsvariationen zu kreieren. Wenn Sie sich die Grundlagen angeeignet haben, ist genügend Spielraum für Anpassung und Improvisation, um Präsentationen für Ihre Persönlichkeit, für Ihr Publikum und für Ihre Situation maßzuschneidern.

Im Folgenden finden Sie zehn Tipps dazu, wie Sie die grundlegende Struktur des ersten Akts noch verfeinern und optimieren können.

Tipp 1: Inspiration von Drehbuchautoren und -autorinnen

Entzünden Sie Ihre kreative Energie, indem Sie zurück in die Vergangenheit gehen, um die Zukunft Ihrer Präsentationsgeschichten kennen zu lernen. Holen Sie sich Rat bei dem ursprünglichsten Experten für die Erzählstruktur. Beginnen Sie mit dem Klassiker von Aristoteles' *Poetik*. Eine nicht ganz so alte Hollywood-Adaption von Aristoteles' Ideen steht in Form verschiedener ausgezeichneter Bücher über das Schreiben von Drehbüchern zu Ihrer Verfügung, die Sie beim Schreiben der Szenen des ersten Akts unterstützen können. Hierzu gehören u.a. *Story: Die Prinzipien des Drehbuchschreibens* von Robert McKee (Alexander Verlag 2000) und *Drehbuchschreiben für Fernsehen und Film* von Syd Field (Ullstein TB 2003). In diesen Büchern lernen Sie mehr über die Schlüsselelemente des ersten Akts einer jeden Geschichte. Hierzu gehören u.a. Schauplatz, Entwicklung der Charaktere, auslösende Momente und Wendepunkte. Beim Lesen dieser Bücher sollten Sie aber stets daran denken, dass es sich bei einer PowerPoint-Präsentation um eine ganz spezielle Art von Geschichte handelt, in der das Publikum die Rolle des Protagonisten übernimmt und Sie selbst eine Nebenrolle einnehmen. So stellen Sie sicher, dass alle Ihre Geschichten den speziellen Anforderungen Ihrer PowerPoint-Präsentationen entsprechen.

Tipp 2: Zehn Variationsmöglichkeiten einer Geschichte

Nachdem Sie die Grundlagen für die fünf Szenen im ersten Akt kennen gelernt haben, versuchen Sie doch einmal in Ihren Geschichten zu improvisieren. So könnte beispielsweise der Aufbau Ihrer Geschichte es erforderlich machen, die Reihenfolge der Szenen im ersten Akt zu ändern. Sie könnten die Ungleichgewichts- und Gleichgewichtsszenen ganz an den Anfang als Szene 1 und 2 setzen und den Schauplatz, die Hauptfigur und die Lösung dahinter. Oder Sie könnten mit der Lösungsszene beginnen, um das Interesse Ihrer Zuhörer sofort zu erlangen und die anderen Elemente danach einführen. Manchmal ist es vielleicht auch erforderlich, eine Szene auszulassen, wenn für das Publikum eine bestimmte Situation völlig klar ist. Aber es schadet nie, Informationen erneut vorzutragen, auch wenn sie allen klar sind, um für alle Beteiligten denselben Ausgangspunkt zu schaffen.

Auch wenn die klassische Erzählstruktur des ersten Akts die Grundlage für unzählige Variationen einer Geschichte ist, gibt es nur eine eingeschränkte Zahl von Geschichtstypen, mit denen Sie eigene Geschichten aufbauen können. In seinem Buch *Moving Mountains* (Crowell-Collier Press 1989) definiert Henry M. Boettinger ein Dutzend Geschichtstypen, mit denen verschiedene Situationen beschrieben werden, in die Menschen in Unternehmen und Organisationen geraten können. Viele dieser Typen können Ihnen dabei helfen, die Dynamik zwischen Ungleichgewicht und Gleichgewicht zu verfeinern, die Sie im ersten Akt in den Szenen 3 und 4 aufbauen. Die Geschichtstypen werden im Folgenden kurz zusammengefasst.

- **Erzählung mit geschichtlichem Hintergrund:** Wir blicken auf eine Geschichte zurück, auf die wir stolz sein können. Und wir wollen unsere hohen Standards auch bei dieser Situation beibehalten.
- **Krise:** Wir müssen auf die Gefahr reagieren, die uns bedroht.
- **Enttäuschung:** Wir haben unsere Entscheidung auf Grundlage der besten Informationen getroffen, die uns zur Verfügung standen. Jetzt wissen wir, dass die Entscheidung nicht richtig war, und müssen eine andere Lösung suchen.
- **Gelegenheit:** Wir wissen jetzt mehr als zuvor. So ergeben sich für uns neue Möglichkeiten, die wir ergreifen sollten.
- **Scheideweg:** Bisher sind wir mit dem eingeschlagenen Weg gut gefahren. Aber jetzt gibt es eine weitere Möglichkeit und wir müssen uns entscheiden, welchen Weg wir einschlagen wollen.
- **Herausforderung:** Jemand anders hat etwas Herausragendes geleistet – können wir dasselbe auch schaffen?
- **Geständnis:** Auch wenn es den Anschein hat, als ob alles in Ordnung wäre, so haben wir doch ein ernsthaftes Problem, das wir lösen müssen.
- **Abenteuer:** Wir wissen, dass es riskant ist, etwas Neues auszuprobieren. Aber es ist besser, ein Risiko einzugehen, als ständig im alten Fahrwasser zu bleiben.
- **Antwort auf Anweisung:** Wir wurden angewiesen, dies zu tun. Deshalb treffen wir uns hier, um herauszufinden, wie wir es durchführen können.
- **Revolution:** Wir sind auf dem Weg ins Verderben, wenn wir das, was wir tun, nicht radikal anders machen.
- **Evolution:** Wenn wir nicht mit der neuesten Entwicklung Schritt halten, geraten wir ins Hintertreffen.
- **Der große Traum:** »Wenn wir nur unsere Möglichkeiten erkennen, dann können wir sie auch Realität werden lassen.«

Jeder dieser Geschichtstypen kann Sie beim Aufbau des Konflikts im ersten Akt unterstützen.

Tipp 3: Ihr erster Akt im Bühnentest

Beim Film bedeutet ein Bühnentest, dass Schauspieler und Schauspielerinnen vor die Kamera gestellt werden, um zu sehen, wie sie im Film (auf der Bühne) wirken. In einer PowerPoint-Präsentation machen Sie einen Bühnentest mit den Szenen des ersten Akts. Und Ihre ersten Zuhörer sind die Mitarbeiter und Mitarbeiterinnen in Ihrem Team.

Es ist wichtig, andere in diesem Stadium der Präsentation einzubeziehen, um ein frühes Feedback und neue Perspektiven zu erhalten. Wenn Sie an einer kleinen oder informellen Präsentation arbeiten, bitten Sie einen Kollegen/eine Kollegin oder Ihren Chef bzw. Ihre Chefin, einen Blick auf die Szenen des ersten Akts zu werfen. Soll die Präsentation vor einem Team, einer Abteilung oder einem ganzen Unternehmen gehalten werden, vereinbaren Sie ein Meeting mit Ihrem Team und projizieren dann die Sätze an die Wand, damit Ihr Team Kommentare dazu geben kann und Sie sicher sein können, auf dem richtigen Weg zu sein.

Das Erstellen einer Powerpoint-Präsentation kann von Beginn an eine Gruppenaufgabe sein. Da Sie und Ihr Team am Anfang nur mit geschriebenen Sätzen arbeiten, können Sie sich voll auf Ihre Ideen konzentrieren, ohne durch visuelle Elemente in diesem wichtigen Stadium der Geschichtenentwicklung abgelenkt zu werden.

Wenn Sie es erst einmal gelernt haben, einen ersten Akt in einer Gruppe zu erstellen, versuchen Sie, diese Techniken auch auf andere Kommunikationsszenarien über PowerPoint-Präsentationen hinaus anzuwenden. Die Ausarbeitung des ersten Akts einer Präsentation ist ein problemlösendes Gerüst, mit dessen Hilfe eine Gruppe auch Strategien definieren, Marketingslogans entwickeln, Projektpläne erstellen und sonstige schwierige Aufgaben lösen kann. Die gemeinsame Bearbeitung der Szenen des ersten Akts im Team stellt auch eine ausgezeichnete Möglichkeit dar, ein Projekt in Gang zu bringen oder jemanden einzuarbeiten, der neu im Team ist. Wenn sich die Mitglieder Ihres Teams in die fünf Szenen des ersten Akts und die Fragen, die dort beantwortet werden sollen, einarbeiten, erfassen sie die Situation der Aufgabe schnell und effektiv.

Tipp 4: Verschiedene Geschichten, verschiedene Vorlagen

Was Präsentationen anbetrifft, so gilt hier der Slogan »One size fits all« – eine Größe für alle – nicht.

Das Schöne an den Szenen Ihres ersten Akts ist, dass sie so angepasst und abgestimmt sind, dass sie zur Lösung eines ganz speziellen Problems eines ganz bestimmten Publikums dienen. Was passiert aber, wenn Ihr Publikum mehr als ein Problem hat? Und was ist, wenn Sie die Präsentation vor verschiedenen Zuhörern mit unterschiedlichen Problemen halten müssen? Im Contoso-Beispiel müssen Sie den Marketingplan u.U. nicht nur dem Vorstand, sondern auch der Werbeagentur und den Vertriebsleuten präsentieren. Für jeden Vortrag benötigt die Präsentation einen anderen Fokus und folglich eine andere Version des ersten Akts. Wenn Sie Ihre Präsentationen nicht auf Ihr Publikum abstimmen, werden Sie auch keine Verbindung zu ihm aufbauen können.

Sie können sich auf diese unterschiedlichen Situationen vorbereiten und verschiedene Versionen von Akt I erstellen, wobei jede Version auf ein ganz bestimmtes Publikum ausgerichtet ist. Erstellen Sie eine Kopie Ihres aktuellen Drehbuchs mit den fünf Szenen im ersten Akt. Überarbeiten Sie in der Kopie die Szenen 3 und 4, in denen das zentrale Problem für Ihr neues Publikum definiert werden soll. Wenn Sie in diesen beiden Szenen ein neues Problem thematisieren, ist meist auch eine Überarbeitung der Szenen 1 und 2 erforderlich, wenn andere Umstände zum Konflikt geführt haben. Auch Szene 5 kann meist nicht unverändert bleiben, da ein anderes Problem oft auch eine andere Lösung erforderlich macht.

Der Ansatz, mit mehreren Versionen zu arbeiten, bietet sich auch an, wenn Sie mehrere Geschichten zu erzählen haben, nicht nur die, an der Sie gerade arbeiten. Wenn Sie merken, dass sich in Ihrem Kopf eine neue Geschichte formt, öffnen Sie eine neue Drehbuchvorlage und lassen sie geöffnet, während Sie an Ihrem eigentlichen, aktuellen Drehbuch weiterarbeiten. Bei Bedarf können Sie dann einfach Sätze in die neue Vorlage schreiben. Während Sie das zweite Drehbuch parallel zum ersten entwickeln, werden Sie vielleicht feststellen, dass Sie beide Versionen gleichzeitig optimieren und verfeinern können.

Tipp 5: Das Publikum vor Augen

Je besser Sie Ihr Publikum kennen, umso klarer kann Ihre Botschaft sein.

Wenn Sie beginnen, die Szenen des ersten Akts zu schreiben, sollten Sie sich die Zeit nehmen und zusammen mit Ihrem Team versuchen, sich alles, was Sie über Ihre Zuhörer wissen, vor Augen zu halten. Öffnen Sie dazu eine leere PowerPoint-Präsentation, erstellen Sie eine leere Folie und fügen Sie, wenn vorhanden, ein Foto eines Zuhörers ein. Oder geben Sie nur einen bestimmten Namen ein. Wenn Sie vor einem größeren Publikum sprechen, betrachten Sie diese Folie als eine Art durchschnittlicher Zuhörer.

Stellen Sie Ihrem Team folgende Fragen:

- Was wissen wir über diese Person?
- Was wissen wir über diesen Persönlichkeitstyp?
- Wie trifft er oder sie Entscheidungen?
- Was können wir mittels einer Websuche über seine/ihre Art zu denken herausfinden?
- Wie arbeitet er oder sie mit anderen Leuten?
- Wie können wir etwas ausarbeiten, was seinen/ihren Interessen und seinem/ihrem Persönlichkeitstyp entspricht und nicht unseren Interessen und unserem Typ.

Geben Sie die Informationen in die Folie ein, während alle im Team Feedback geben. So stehen die Informationen allen auf einen Blick in einer PowerPoint-Folie zur Verfügung. Hiermit erarbeiten Sie im kollektiven Denken ein Verständnis für Ihr Publikum. Sie denken intensiver über Ihre Zuhörer und Ihr Anliegen nach, was sicherlich zu einer besseren Qualität Ihrer Szenensätze führen wird.

Tipp 6: Welches Problem haben Ihre Zuhörer?

Um das Problem Ihrer Zuhörer präzise definieren zu können, versuchen Sie, sich in ihre Lage zu versetzen.

In den Szenen des ersten Akts identifizieren Sie das Problem Ihres Publikums und arbeiten eine Lösung aus, die Sie vorschlagen. Aber es ist nicht immer einfach, das Problem genau zu definieren, so dass Sie sicher sein können, die richtige Lösung zu erarbeiten. Wenn Sie sich eine genaue Vorstellung von Ihrem Publikum machen (wie in Tipp 5 vorgeschlagen), so kann das u.U. dazu führen, die Denkweise der Zuhörer besser zu verstehen. Sie befinden sich dann in einer besseren Situation, die richtigen Szenen für sie zu schreiben.

Eine andere Technik stellt das Rollenspiel dar. Wenn Sie den Entwurf des ersten Akts durchsehen, bitten Sie ein Mitglied Ihres Teams, die Rolle eines Entscheidungsträgers oder eines repräsentativen Vertreters der Zuhörer zu spielen. Der Mitarbeiter oder die Mitarbeiterin kann als Hilfestellung das Material lesen, das Sie über Ihre Zuhörer gesammelt haben, um die Rolle besser spielen zu können.

Weisen Sie die Person an, in der Überarbeitungsphase hartnäckig und beständig Fragen wie die folgenden zu wiederholen:

- ▶ Was habe ich davon?
- ▶ Warum glauben Sie, dass das wichtig für mich ist?
- ▶ Warum sollte ich mich darum kümmern?

Wenn Sie während der Überarbeitung stets diese kritische Stimme hören, können Sie ausgezeichnet testen, ob Ihre Szenen überzeugend und gut genug sind. Es ist besser, diese Fragen von einem fiktiven Publikum gestellt zu bekommen, als dass sie unerwartet während der Präsentation auftauchen.

Wenn Sie sich über das Problem Ihrer Zuhörer genau im Klaren sind, seien Sie nicht überrascht, wenn Ihre Präsentation sich verdichtet und Ihre Ideen in klare Botschaften münden.

Tipp 7: Strategische Collagen

Wenn Sie eine Präsentation zu halten haben, bei der viel auf dem Spiel steht, ist es wahrscheinlich besonders wichtig, das Publikum vorab zu analysieren. Versuchen Sie, sich in die Zuhörer hineinzuversetzen. Öffnen Sie dazu eine neue PowerPoint-Datei und erstellen Sie sechs leere Folien. Geben Sie auf jeder Seite jeweils eine der im ersten Akt zu klärenden Fragen ein: Wo? Wann? Wer? Was? Warum? Wie?

Fotografieren Sie mit einer digitalen Kamera Objekte, die Ihre Zuhörer täglich sehen, oder die Umgebung, in der sie arbeiten. Nutzen Sie auch alle schriftlichen Daten, die über Ihr Publikum existieren. Suchen Sie in der ClipArt- und Mediengalerie von Microsoft Office nach Bildern, die Sie kostenlos auf Ihren Rechner herunterladen können. Oder suchen Sie in Fotobibliotheken nach Fotos oder Cliparts über die Gebäude, in denen die Zuhörer arbeiten, über Produkte, die sie verwenden, und Orte, die sie häufig besuchen. Mithilfe eines digitalen Scanners können Sie auch Fotos aus Dokumenten einscannen, mit einem Grafiktablett Skizzen erstellen, mit einer Videokamera Videoclips aufnehmen und mit einem Mikrofon Sounds sammeln.

Verteilen Sie diese verschiedenen Multimediaelemente auf den sechs PowerPoint-Folien, und Sie erhalten sechs Collagen. Verändern Sie die Größe der Elemente nach der Wichtigkeit, die sie Ihrer Meinung nach für das Publikum haben. Ist beispielsweise die Mobilität ein wichtiger Faktor, vergrößern Sie das Bild eines schnellen Wagens und verkleinern andere Elemente.

Präsentieren Sie die Folien Ihrem Team und diskutieren Sie, wie es sich anfühlt, wenn Sie sich in Ihr Publikum hineinversetzen. Öffnen Sie danach die Drehbuchvorlage und arbeiten Sie am ersten Akt. Diskutieren Sie anschließend mit Ihrem Team, wie gut die Sätze im ersten Akt zu den erstellten Collagen passen, und überarbeiten Sie die Sätze so, dass sie optimal auf das Publikum zutreffen. Je besser der erste Akt zur Realität der Zuhörer passt, umso besser ist auch Ihre Präsentation.

Tipp 8: Die Geschichten in der Werbung

Überzeugende Beispiele für die Struktur eines ersten Akts sehen Sie tagtäglich. Wenn Sie bewusst danach suchen, entdecken Sie eine unendliche Vielzahl von Ideen für Ihre Präsentationen. Wir sind umgeben davon – ich spreche von der Werbung.

Werbeleute kennen Aristoteles' Thesen und die Methoden, wie Geschichten erzählt werden und das Publikum überzeugt wird, sehr genau, weil jede Werbung eine Geschichte darstellt, in der jemand von etwas überzeugt werden soll. Egal ob auf Reklametafeln, in einer Zeitschrift oder im Fernsehen, Sie sehen stets eine Minigeschichte, die Sie überzeugen möchte.

Jede Werbung hat nur ein Ziel: Sie will Sie davon überzeugen, etwas zu tun – nämlich ein Produkt zu kaufen.

Um Sie davon zu überzeugen, setzen Werbeleute die aktuellsten und ausgeklügeltsten Multimediamöglichkeiten ein. Aber unter all diesem Medienmix liegen die klassischen Erzählelemente, mit denen auch Sie im ersten Akt der Drehbuchvorlage arbeiten – die zu klärenden Fragen »Wo?«, »Wann?«, »Wer?«, »Was?«, »Warum?« und »Wie?«. Und genau wie in PowerPoint-Präsentationen ist in der Werbung der Protagonist in der Regel das Publikum – in diesem Fall Sie selbst, denn Sie sollen davon überzeugt werden, etwas zu kaufen oder etwas zu glauben.

Wenn Sie im Fernsehen eine Waschmittelwerbung sehen, können Sie einen Vergleich zu den Fragen anstellen, die sich Ihr Publikum im ersten Akt stellt:

- *Wo* und *wann* findet dies hier statt? (Ich bin zu Hause und es ist Abend.)
- *Wer* sind wir an diesem Schauplatz? (Ich bin eine Person, die noch etwas fernsieht, bevor sie ins Bett geht.)
- *Warum* sind wir hier? (Ich habe Spagetti auf mein neues T-Shirt gekleckert.)
- *Was* soll passieren? (Ich möchte das T-Shirt morgen wieder anziehen.)
- *Wie* kommen wir dorthin? (Wenn ich das T-Shirt mit dem Waschmittel XY wasche, ist es schnell wieder sauber und ich kann es wieder tragen.)

Meistens gibt es zwischen Ihrem ersten Akt und einer beliebigen Werbung eine 1:1-Entsprechung, da beide denselben Zweck verfolgen: eine emotionale Verbindung herzustellen und zu überzeugen. Und in beiden werden die Grundlagen des Geschichtsaufbaus kreativ interpretiert, um das bestmögliche Ergebnis zu erzielen. Wenn Sie also das nächste Mal eine Werbung sehen, achten Sie einmal auf ihre Struktur. Manchmal werden die Elemente der Geschichte über Fotos, Geräusche oder Bewegung statt mit Worten vermittelt. Aber sie sind alle da.

Je mehr Sie sich mit dem Aufbau einer Geschichte und dem Wunsch zu überzeugen im Werbebereich beschäftigen, umso bewusster wird Ihnen die Wichtigkeit einer guten Geschichte und umso besser werden die Szenen in Ihrem ersten Akt.

Tipp 9: Überzeugung im Bildungsbereich

Menschen, die im Bildungsbereich arbeiten, sitzen im gleichen Boot wie wir, wenn es um die Möglichkeiten und Herausforderungen der Kommunikation geht. Sie stehen vor Publikum, das die Sprache Hollywoods fließend spricht und dieselben hohen Ansprüche an die Kommunikationsmedien im Klassenzimmer oder Seminarraum stellt.

Ein Universitätsprofessor versucht beispielsweise, sein Architekturseminar interessanter und mitreißender zu gestalten. Dazu spricht er mit verschiedenen Architekten und ist überrascht, wie sehr diese mit Veränderungen konfrontiert sind – ökonomische Veränderungen, soziale Veränderungen, demografische Veränderungen und technologische Veränderungen. Er entschließt sich für den klassischen Aufbau der Überzeugung in einer Geschichte und wählt als Schlüsselthema für sein Seminar die Veränderung. Der erste Akt sieht dann folgendermaßen aus:

- *Wo* und *wann* findet dies hier statt? (Unsere Kultur unterliegt heutzutage erdbebengleichen Erschütterungen.)
- *Wer* sind wir an diesem Schauplatz? (Architekten stehen im Epizentrum der ökonomischen, sozialen und technologischen Veränderungen.)
- *Warum* sind wir hier? (Wenn Sie Ihren Abschluss machen und in das Berufsleben eintreten, besteht die größte Gefahr der Instabilität.)
- *Was* soll passieren? (Sie müssen das Grundwissen dieses Berufs erwerben, um Halt zu finden, egal welche Veränderungen über Sie hereinbrechen.)
- *Wie* kommen wir dorthin? (Lernen Sie die Techniken in meinem Seminar, um stets festen Boden unter Ihren Füßen zu haben.)

Die Struktur des ersten Akts mit dem Willen zu überzeugen ist ein eleganter Rahmen für das gesamte Seminar. Die Studenten und Studentinnen können das einzige Thema aufgreifen und ihm über die verschiedenen Ereignisse in der komplexen Geschichte der Architektur folgen. Und aufgrund der dramatischen und überzeugenden Elemente im ersten Akt können sie einen persönlichen Bezug zum Seminar aufbauen.

Es ist nicht immer leicht, die Struktur passend zu definieren. Aber sie macht den feinen Unterschied zwischen einem langweiligen Vortrag und einer mitreißenden Präsentation aus. Wenn Sie unterrichten oder informieren, testen Sie den Ansatz der überzeugenden Geschichtsstruktur. Sie können damit die Dinge sowohl für sich selbst als auch für Ihre Zuhörer interessanter machen.

Tipp 10: Exzellenter Schreibstil

Versuchen Sie, nicht nur Worte aneinander zu reihen. Arbeiten Sie an Ihrem Schreibstil, um klar und verständlich über alle Szenen hinweg zu formulieren. Akt I ist so kurz und doch so elegant. Sie schreiben eine aussagekräftige, präzise Geschichte in nur fünf Sätzen. Entscheidend ist das Motiv. Vielleicht haben Sie ja einen Lieblingsautor oder eine Lieblingsautorin, dessen/deren Motive Anregungen für den ersten Akt geben können.

Die schreibende Zunft, vor allem im Bereich der Dichtung, ist manchmal unglaublich, wenn es darum geht, viel mit wenigen Worten zu sagen. Schlagen Sie eine Gedichtsammlung auf und achten Sie auf Wort, Metapher und Tempo. Oder untersuchen Sie in Zeitungstexten, wie es gelingt, eine komplizierte Geschichte in einem unglaublich kurzen Artikel zu erzählen. Hören Sie Leuten beim Erzählen zu und versuchen Sie, deren direkte und klare Sätze auf die Sätze im ersten Akt zu übertragen. Wenn Sie Leute in Ihrem Team haben, die gut schreiben können, bitten Sie sie um Unterstützung. Unter Umständen kann sich auch die Investition in eine(n) professionelle(n) Texter(in) auszahlen. Der Erfolg der Präsentation hängt von der Sprache ab, die Sie im ersten Akt verwenden. Und sowohl Zeit als auch Ressourcen, die Sie in die Optimierung der Sprache investieren, zahlen sich am Ende auf jeden Fall aus.

Kapitel 3
Entwicklung der Handlung in Akt II und Akt III

In diesem Kapitel werden Sie ...

1. festlegen, was Sie in welcher Reihenfolge sagen wollen.
2. komplexe Ideen auf drei Hauptpunkte reduzieren.
3. Ihre Ideen mit Argumenten untermauern.
4. unnötige Informationen weglassen.
5. das Vertrauen in Ihr Thema stärken.

Vor langer Zeit sagte Aristoteles, dass eine gut aufgebaute Erzählung aus einem Anfang, einem mittleren Teil und einem Ende bestehen sollte. Dies gilt noch heute und auch für PowerPoint-Präsentationen. Das Drehbuch enthält bereits einen guten Anfang – die fünf Szenen im ersten Akt, die Sie in Kapitel 2 geschrieben haben. In diesen fünf Szenen führen Sie die wichtigen Elemente der Geschichte ein. Sie dienen der Orientierung der Zuhörer, stellen eine emotionale Verbindung zu ihnen her und schaffen die dynamische Energie, die die Geschichte vorwärts treibt. In diesem Kapitel bauen Sie auf den ersten Akt auf und entwickeln die Handlung der Geschichte, den mittleren Teil im zweiten und das Ende im dritten Akt.

Akt II und Akt III

Im ersten Akt appellieren Sie hauptsächlich an die Emotionen der Zuhörer. So wird die Geschichte für sie persönlich und wichtig. Akt II spricht die Vernunft an, während Sie die Handlung der Geschichte weiterentwickeln. In Akt III vereinigen sich Emotionen und Vernunft, wenn Sie die Lösung definieren.

Die Vernunft im zweiten Akt ansprechen

Nachdem es Ihnen im ersten Akt gelungen ist, eine emotionale Verbindung zum Publikum herzustellen, ist es im zweiten Akt bereit für den Appell an die Vernunft. Akt II ist die intellektuelle Phase der Geschichte, in der Sie die Gründe dafür liefern, warum die Zuhörer die Lösung akzeptieren sollten, die Sie in Akt I in Aussicht gestellt haben. In diesem Akt findet die eigentliche Handlung, die Aktion statt. Er ist der eigentliche Grund, warum die Zuhörer zu Ihrer Präsentation gekommen sind. Es ist keine »Action« wie in der Filmbranche. Die Aktion besteht aus klaren, ansprechenden Ideen.

In Akt II wollen Sie Ihre Ideen so präsentieren, dass das Publikum sowohl die Ideen als auch Sie verstehen kann. Bei der Vorbereitung ist es vielleicht schwierig zu entscheiden, welche Informationen wichtiger sind und in welcher Reihenfolge sie präsentiert werden sollen, umso gut wie möglich zu überzeugen. Auch hier sind Aristoteles und seine Thesen eine Hilfe. Er beschreibt nicht nur, wie eine Erzählung aufgebaut werden soll, sondern erklärt auch, wie Informationen mithilfe von Vernunft Sinn gegeben werden kann.

In Akt II wenden Sie klassische Techniken der Argumentation an: Sie reduzieren Ihre Ideen auf drei Hauptpunkte und untermauern diese mit einer Reihe von unterstützenden Argumenten. In diesem Prozess werden Ihre Argumente auf eine Art und Weise geprüft, sortiert und priorisiert, die der natürlichen Denkweise entspricht. Darüber hinaus vermittelt dieser Prozess eine dramatische Struktur Ihrer Ideen, die das Interesse des Publikums aufrechterhält. Am Ende des zweiten Akts schreiben Sie eine Szene, mit der die Präsentation in den dritten Akt übergeht.

Emotionen und Vernunft im dritter Akt ansprechen

Akt I spricht die Emotionen, Akt II die Vernunft der Zuhörer an. In Akt III werden die beiden vorangehenden Akte zusammengeführt, um ein ansprechendes Ende der Geschichte zu definieren. Akt III löst die Dynamik auf, die Sie im ersten Akt in Bewegung gesetzt und über den zweiten Akt hinweg aufrechterhalten haben. Das Publikum sieht das Ende auf sich zukommen und wird von Ihrer Geschichte nicht enttäuscht.

Mit Akt III beenden Sie das Drehbuch, die Grundlage für Ihre präzise auf den Punkt gebrachte, mit einer klaren Botschaft versehene und interessante Präsentation übernächste Woche. Die Drehbuchvorlage vermittelt die Struktur, die Sie brauchen, wenn Sie damit anfangen, die Worte in Ihrem Skript in die bildliche Darstellung des Storyboards umzuwandeln. Aber bevor Sie zu diesem Punkt gelangen, entwickeln Sie zunächst einmal die Handlung der Geschichte in Akt II.

Zweiter Akt: Die Handlung aufbauen

Eine kurze Wiederholung: In den Szenen von Akt I haben Sie den Establishing Shot, die Hauptfigur, das Ungleichgewicht und das erwünschte Gleichgewicht definiert. Die abschließende Szene von Akt I, die Lösung, stellt den Wendepunkt der Geschichte dar. In dieser Szene schlagen Sie dem Publikum eine Lösung für sein Problem vor. Akt II beginnt an diesem Punkt.

Die Lösung in den Mittelpunkt stellen

Da Sie den Konflikt des Publikums in Akt I klar in den Raum gestellt haben, ist es jetzt sehr daran interessiert, von Ihnen u hören, wie das Problem gelöst werden kann. Die Abschlussszene von Akt I trifft genau diesen Punkt. Hier sagen Sie den Zuhörern, was sie tun sollen. In der Contoso-Präsentation schlagen Sie in Akt I, Szene 5 folgende Lösung vor: *Genehmigen Sie den Marketingplan, um sanft durch die Wellen zu gleiten.*, wie in Abbildung 3.1 zu sehen ist.

| Lösung | Genehmigen Sie den Marketingplan, um sanft durch die Wellen zu gleiten. |

Abbildung 3.1: Die Lösung aus Szene 5 in Akt I

Da das Publikum nun die empfohlene Lösung kennt, ist es gespannt zu hören, warum dies eine gute Lösung ist. Und genau dies definieren Sie im Folgenden. Wenn Sie sich in Akt II präzise auf die Erklärung der Lösung konzentrieren, reduzieren Sie automatisch die Informationsmenge in Ihrer Präsentation. Sie nehmen nur die Informationen auf, die Ihre Argumentation für die empfohlene Lösung unterstützen, und lassen alles andere außen vor.

Aus drei Detailebenen wählen

Akt II in der Drehbuchvorlage besteht aus drei Spalten mit den Beschriftungen *5-Minuten-Spalte*, *15-Minuten-Spalte* und *45-Minuten-Spalte*, wie in Abbildung 3.2 zu sehen ist. Die Spalten gehen von links nach rechts immer um eine Detailebene in der Lösungsargumentation weiter nach unten. In der 5-Minuten-Spalte werden die drei Hauptargumente dafür definiert, warum das Publikum Ihre Lösung akzeptieren sollte. Sie müssen zumindest diese Spalte mit den drei Argumenten ausfüllen, damit das Drehbuch verwendbar ist. Die 15-Minuten-Spalte bietet schon mehr Platz für Details, nämlich ca. fünf Minuten für jedes Argument aus der ersten Spalte. Die detaillierteste Spalte ist dann die 45-Minuten-Spalte.

Sie können für jede Präsentation wählen, wie viele Spalten Sie ausfüllen wollen. Das hängt von der gewünschten Länge und Detailliertheit der Präsentation ab. Die gesamte Drehbuchvorlage besteht einschließlich der drei Spalten für den zweiten Akt aus 49 Feldern, in die Sie jeweils einen Satz schreiben können. Wenn Sie für den Vortrag einer Aussage ungefähr eine Minute benötigen, dann dauert die Präsentation ca. 45 Minuten. Wenn Sie die dritte Spalte im zweiten Akt nicht ausfüllen, bleiben 22 Felder, d.h., Sie haben – bei ca. 40 Sekunden pro Aussage – Material für eine ca. 15-minütige Präsentation. Wenn Sie die zweite und die dritte Spalte im ersten Akt nicht ausformulieren, ergibt dies zwölf Felder; bei einer Dauer von 25 Sekunden pro Aussage bedeutet das eine Präsentationslänge von ca. fünf Minuten.

> **Siehe auch:** Es empfiehlt sich, Ihre Ideen in Dreiergruppen auszuarbeiten, wie es im Abschnitt »Tipp 1: Die Kraft der Dreiergruppe« weiter hinten in diesem Kapitel beschrieben wird. Sollten Sie aber vier Spalten für Ihre Argumentation benötigen, können Sie mit der erweiterten Vorlage arbeiten, die im Abschnitt »Tipp 2: Platz für eine Vierergruppe schaffen« weiter hinten in diesem Kapitel erläutert wird.

In diesem Kapitel soll in jedes Feld der Contoso-Vorlage ein Satz geschrieben werden, damit der vollständige Entwicklungsprozess gezeigt werden kann.

Lesen Sie noch einmal die vorgeschlagene Lösung von Szene 5 in Akt I und fragen Sie sich, warum das Publikum sie akzeptieren oder wie es sie umsetzen soll.

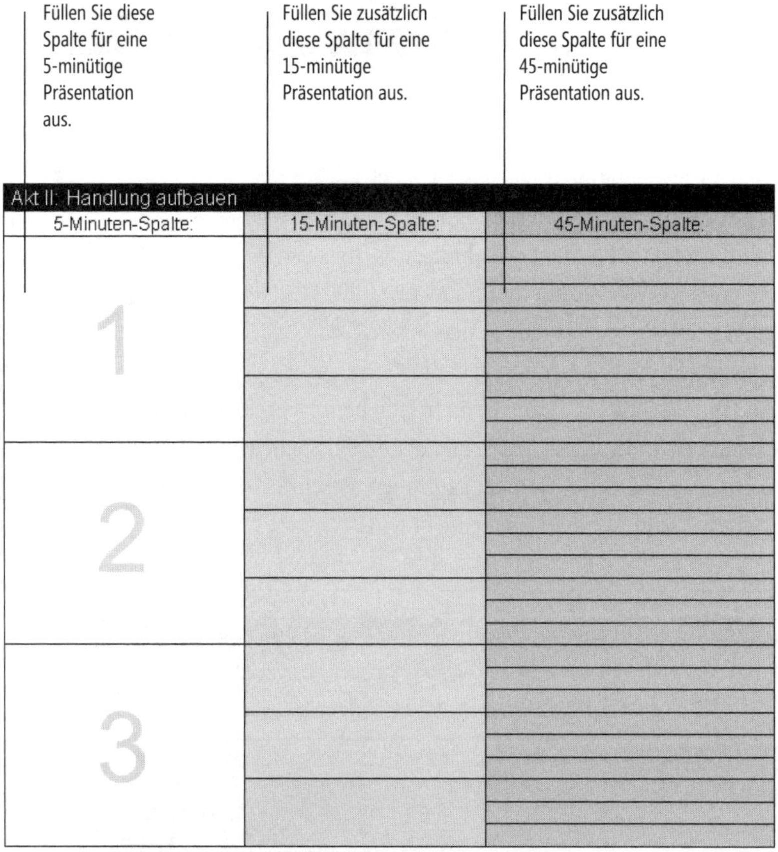

Füllen Sie diese Spalte für eine 5-minütige Präsentation aus.	Füllen Sie zusätzlich diese Spalte für eine 15-minütige Präsentation aus.	Füllen Sie zusätzlich diese Spalte für eine 45-minütige Präsentation aus.

Akt II: Handlung aufbauen		
5-Minuten-Spalte:	15-Minuten-Spalte:	45-Minuten-Spalte:
1		
2		
3		

Abbildung 3.2: In Akt II der Drehbuchvorlage definieren Sie durch Ausfüllen der Spalten die Länge der Präsentation

Drei Hauptargumente definieren

Ihre erste wichtige Aufgabe in Akt II besteht darin, die vielen Gründe, warum das Publikum die von Ihnen empfohlene Lösung akzeptieren soll, auf drei Hauptargumente zu reduzieren bzw. auf die drei Hauptschritte, mit denen die Durchführung der Lösung beschrieben wird.

Wenn Ihre Lösung am Ende des ersten Akts das Publikum auffordert, etwas zu tun, dann will es jetzt wissen, *warum* es das tun soll. Besteht die empfohlene Lösung aus einer Reihe von Schritten, will es wissen, *wie* sie umzusetzen ist. Wählen Sie also zunächst die Frage, die auf die vorgeschlagene Lösung passt, und geben Sie diese Frage rechts neben der Spaltenbeschriftung *5-Minuten-Spalte* ein, wie in Abbildung 3.3 zu sehen ist.

Entwicklung der Handlung in Akt II und Akt III

Lösung	Genehmigen Sie den Marketingplan, um sanft durch die Wellen zu gleiten.	
Akt II: Handlung aufbauen		
5-Minuten-Spalte: Warum?	15-Minuten-Spalte:	45-Minuten-Spalte:

Abbildung 3.3: Die 5-Minuten-Spalte stellt die Frage »Warum?«

In der Contoso-Präsentation fragt sich der Vorstand also, *warum* er den Marketingplan für die Einführung der IQ-Pillen genehmigen soll. Diese Frage werden Sie mit drei Hauptargumenten beantworten. Halten Sie sich beim Schreiben an die drei Grundregeln die in Kapitel 2 im Abschnitt »Die drei Grundregeln beim Schreiben eines Drehbuchs« erläutert werden. Geben Sie in jedes der drei Felder der ersten Spalte ein Argument ein. Beginnen Sie dabei mit dem wichtigsten Argument ganz oben. Beschränken Sie Ihre Sätze, wenn möglich, auf drei Zeilen, wie in Abbildung 3.4 gezeigt wird.

> **Tipp:** Führen Sie mit dem Menübefehl *Extras/Sprache/Silbentrennung* eine manuelle Silbentrennung durch, damit die unregelmäßigen und oft großen Lücken in den Zeilen aufgefüllt werden.

Lösung	Genehmigen Sie den Marketingplan, um sanft durch die Wellen zu gleiten.	
Akt II: Handlung aufbauen		
5-Minuten-Spalte: Warum?	15-Minuten-Spalte:	45-Minuten-Spalte:
Mit 10 Mio. EUR nehmen wir Fahrt bei der Einführung bei Ärzten auf.		
Mit 50 Mio. EUR haben wir freie Fahrt bei der Nachfrage auf dem Consumermarkt.		
Der Plan führt uns sicher durch alle regulativen Vorgaben in den Hafen.		

Abbildung 3.4: Akt II mit ausgefüllter 5-Minuten-Spalte

In diesem Beispiel übernehmen die drei Hauptargumente erneut das Motiv des Meeres, das im ersten Akt eingeführt wurde. Im ersten Argument vertreten Sie die Meinung, dass wir (Contoso) mit 10 Millionen Euro »Fahrt bei der Einführung aufnehmen«, indem zunächst die Nachfrage bei Ärzten erzeugt wird. Im zweiten Argument behaupten Sie, dass wir (Contoso) mit 50 Millionen Euro »freie Fahrt haben« bei der Nachfrage auf dem Consumermarkt. Und last, not least sind Sie im dritten Argument der Meinung, dass der Marketingplan das Unternehmen bei der Vermarktung der IQ-Pillen sicher durch alle regulativen Vorgaben des Marktes »in den Hafen führt«. Durch die Fortsetzung des Motivs im zweiten Akt erhält das Publikum den Eindruck einer in sich schlüssigen und auf das Thema konzentrierten Präsentation, während Sie die weiteren Details herausarbeiten.

Sie werden vielleicht recht schnell zu den drei wichtigsten Argumenten kommen, wenn Sie bereits länger über diese Aufgaben nachgedacht haben. Dann schreiben Sie sie einfach nieder. Unter Umständen dauert es aber, weil Sie verschiedene Ideen noch zu einem zentralen Punkt verbinden oder gegeneinander abwägen müssen. Wenn es Ihnen schwer fällt, Ihre Argumente in Worte zu fassen, bitten Sie jemanden, die Frage in der 5-Minuten-Spalte laut vorzulesen. Formulieren Sie auch die Antwort laut aus und geben Sie sie dann in die Spalte ein. Sollten Sie sich immer noch nicht sicher, wie Sie die Frage des Publikums beantworten möchten, schreiben Sie einen Platzhalter in die erste Spalte. Gut Ding will Weile haben.

> **Siehe auch:** Weitere Anregungen zum Reduzieren der Inhalte auf ihre Kernaussage finden Sie im Abschnitt »Tipp 4: Klarheit mit logischen Bäumen schaffen«, weiter hinten in diesem Kapitel.

Wenn Sie die drei Argumente in die 5-Minuten-Spalte eingegeben haben, testen Sie sie, indem Sie die offenen Passagen im folgenden Satz ergänzen:

> Die drei Hauptgründe dafür, warum *(Hauptfigur aus Akt I einfügen) (Lösung aus Akt I einfügen)* sollte(n), lauten: *(Argument 1 einfügen)*, *(Argument 2 einfügen)* und *(Argument 3 einfügen)*.

Im Fall der Contoso-Präsentation lautet dieser Satz folgendermaßen:

> Die drei Hauptgründe dafür, warum *der Vorstand von Contoso den Marketingplan zur Einführung der IQ-Pillen genehmigen* sollte, lauten: *Mit 10 Mio. EUR nehmen wir Fahrt bei der Einführung bei den Ärzten auf, mit 50 Mio. EUR haben wir freie Fahrt bei der Nachfrage auf dem Consumermarkt* und *der Plan führt uns sicher durch alle regulativen Vorgaben in den Hafen.*

Damit dieser Satz gut klingt, sollten alle Argumente ähnlich aufgebaut sein und einen ähnlichen Informationstyp enthalten.

Beim Testen der Hauptargumente kommen Sie eventuell zu dem Schluss, dass die vorgeschlagene Lösung doch noch nicht genau das ist, was Sie eigentlich wollen. Gehen Sie in diesem Fall zurück zum ersten Akt und überarbeiten Sie die dort vorgeschlagene Lösung oder zumindest die Formulierung der Lösung. Es kann auch sein, dass Sie die drei Hauptargumente noch einmal neu überdenken müssen, damit der Testsatz richtig und überzeugend klingt. Vermutlich werden Sie hier einige Überarbeitungs- und Verfeinerungsdurchgänge durchlaufen, bevor Sie wirklich zufrieden sind und fortfahren können.

> **Der Test für die 5-Minuten-Spalte**
>
> Testen Sie die 5-Minuten-Spalte, indem Sie die offenen Passagen in dem folgenden Satz ergänzen:
>
> Die drei Hauptgründe dafür, warum *(Hauptfigur aus Akt I einfügen) (Lösung aus Akt I einfügen)* sollte(n), lauten: *(Argument 1 einfügen)*, *(Argument 2 einfügen)* und *(Argument 3 einfügen)*.

Wenn Sie die drei Hauptargumente für den zweiten Akt eingegeben haben, können Sie mit der Ausformulierung der drei Szenen beginnen.

Akt II, Szene 1: Das erste Hauptargument ausführen

Die Szenen des zweiten Akts sind anders aufgebaut als die des ersten Akts. Um es mit einer Metapher aus der Gastronomie zu beschreiben: Akt I führt das Publikum in ein Restaurant, lässt es an einem Tisch Platz nehmen, stellt fest, dass es hungrig ist, und nimmt die Bestellung auf. Bei einem Essen im Restaurant laufen diese Vorgänge nacheinander in relativ kurzer Zeit ab. Auf die Drehbuchvorlage übertragen sind dies die fünf kurzen Szenen des ersten Akts. Akt II verwöhnt das Publikum mit einem Dreigängemenü, der Grund dafür, warum es das Restaurant besucht. Menschen, die ein Restaurant besuchen, wollen ihr Essen in Ruhe genießen. Dementsprechend länger sind auch die argumentativen Sätze des zweiten Akts in der Drehbuchvorlage.

	Lösung	Genehmigen Sie den Marketingplan, um sanft durch die Wellen zu gleiten.	
	Akt II: Handlung aufbauen		
	5-Minuten-Spalte: Warum?	15-Minuten-Spalte:	45-Minuten-Spalte:
Akt II, Szene 1	Mit 10 Mio. EUR nehmen wir Fahrt bei der Einführung bei Ärzten auf.		

Abbildung 3.5: Szene 1 in Akt II verläuft horizontal von links nach rechts in der Drehbuchvorlage

Jede Szene im zweiten Akt wird durch eine horizontal angeordnete Zeile mit Feldern in der Drehbuchvorlage dargestellt. Sie beginnt mit einem Argument in der 5-Minuten-Spalte, das sich bei Bedarf nach rechts weiter aufschlüsseln lässt (siehe auch Abbildung 3.5).

Das Hauptargument in der ersten Spalte einer jeden Szene in Akt II stellt also eine einzige zentrale Idee dar, die horizontal über zwei Spalten hinweg ausgearbeitet und verdeutlicht werden kann. Die 15-Minuten-Spalte und die 45-Minuten-Spalte stellen dieselbe Idee in einem jeweils anderen Ausführlichkeitsgrad dar. Die Ausarbeitung der Szenen erfolgt demnach in der Richtung der Ideenentwicklung von links nach rechts und von oben nach unten.

Sie beginnen mit der Ausarbeitung der ersten Szene. Schreiben Sie zunächst in das Feld mit der Beschriftung 15-Minuten-Spalte die Frage (*Warum* oder *Wie*), die sich das Publikum zu den drei Hauptargumenten stellt und beantwortet haben will – in diesem Beispiel »Wie?«. Lesen Sie noch einmal das Argument in der 5-Minuten-Spalte und fragen Sie sich selbst, *wie* das zu machen ist. »Wie nehmen wir mit 10 Mio. EUR Fahrt bei der Einführung bei Ärzten auf?« Auch hier empfiehlt es sich, die drei Antworten in der Reihenfolge ihrer Wichtigkeit von oben nach unten in der 15-Minuten-Spalte zu notieren. Nachdem Sie den ersten Grund oder die erste Maßnahme in das oberste Feld der zweiten Spalte geschrieben haben, sieht die Drehbuchvorlage ähnlich wie in Abbildung 3.6 aus.

Lösung	Genehmigen Sie den Marketingplan, um sanft durch die Wellen zu gleiten.	
Akt II: Handlung aufbauen		
5-Minuten-Spalte: Warum?	15-Minuten-Spalte: Wie?	45-Minuten-Spalte:
Mit 10 Mio. EUR nehmen wir Fahrt bei der Einführung bei Ärzten auf.	5 Mio. EUR für Anzeigen steigern das medizinische Bewusstsein.	

Abbildung 3.6: Szene 1 in Akt II mit einer Aussage in der 15-Minuten-Spalte

Geben Sie die zwei anderen Antworten in die darunter liegenden Felder ein. Diese drei Einträge führen das Hauptargument detaillierter aus und untermauern es. Dies können Forschungsergebnisse, Fallstudien, Finanzanalysen, aber auch Anekdoten sein.

Testen Sie die 15-Minuten-Spalte, indem Sie die offenen Passagen im folgenden Satz ergänzen:

> Die drei Antworten auf die Frage, wie oder warum *(Hauptargument aus der 5-Minuten-Spalte einfügen)*, lauten: *(Antwort 1 aus 15-Minuten-Spalte einfügen)*, *(Antwort 2 aus 15-Minuten-Spalte einfügen)* und *(Antwort 3 aus 15-Minuten-Spalte einfügen)*.

Im Fall der Contoso-Präsentation lautet dieser Satz folgendermaßen:

> Die drei Antworten auf die Frage, wie oder warum *wir mit 10 Mio. EUR Fahrt bei der Einführung bei Ärzten aufnehmen*, lauten: *5 Mio. EUR für Anzeigen steigern das medizinische Bewusstsein*, *3 Mio. EUR für Telefonaktionen erhöhen die Probenrate* und *2 Mio. EUR für Konferenzen stärken die Präsenz*.

Auch hier gilt wie beim Hauptargument, dass dieser Satz nur dann gut klingen kann, wenn alle Argumente ähnlich aufgebaut sind und einen ähnlichen Informationstyp enthalten. Sie können den Klang und den Eindruck des ersten Arguments und seiner drei Detailausführungen auch durch Lesen von links nach rechts prüfen, wie es in Abbildung 3.7 dargestellt ist.

Lösung	Genehmigen Sie den Marketingplan, um sanft durch die Wellen zu gleiten.	
Akt II: Handlung aufbauen		
5-Minuten-Spalte: Warum?	15-Minuten-Spalte: Wie?	45-Minuten-Spalte:
Mit 10 Mio. EUR nehmen wir Fahrt bei der Einführung bei Ärzten auf.	5 Mio. EUR für Anzeigen steigern das medizinische Bewusstsein.	
	3 Mio. EUR für Telefonaktionen erhöhen die Probenrate.	
	2 Mio. EUR für Konferenzen stärken die Präsenz.	

Abbildung 3.7: Prüfen Sie, ob die drei Antworten in der 15-Minuten-Spalte das Hauptargument der 5-Minuten-Spalte unterstützen

Füllen Sie nun die 45-Minuten-Spalte aus. Gehen Sie dabei genauso wie bei der 15-Minuten-Spalte vor. Schreiben Sie zunächst in das Feld mit der Beschriftung *45-Minuten-Spalte* die Frage (*Warum* oder *Wie*), die sich das Publikum zu den drei Hauptargumenten stellt und beantwortet haben will – in diesem Beispiel »Warum?«. Die Frage, die Sie hier eingeben, variiert je nach Thema. Manchmal lautet sie »Warum«, manchmal »Wie« und manchmal ist es eine Kombination aus beiden Fragen. Lesen Sie noch einmal die Antwort in der 15-Minuten-Spalte und fragen Sie sich, *warum* das so ist: »Warum steigern 5 Mio. EUR für Anzeigen das medizinische Bewusstsein?« Schreiben Sie die drei Antworten in der Reihenfolge ihrer Wichtigkeit von oben nach unten in die 45-Minuten-Spalte. Die Länge einer Antwort sollte ca. drei Zeilen betragen, wie auch in den beiden anderen Spalten.

> **Der Test für die 15-Minuten-Spalte**
>
> Testen Sie die 15-Minuten-Spalte, indem Sie die offenen Passagen in dem folgenden Satz ergänzen:
>
> Die drei Antworten auf die Frage, wie oder warum *(Hauptargument aus der 5-Minuten-Spalte einfügen)*, lauten: *(Antwort 1 aus 15-Minuten-Spalte einfügen)*, *(Antwort 2 aus 15-Minuten-Spalte einfügen)* und *(Antwort 3 aus 15-Minuten-Spalte einfügen)*.

Die Antworten, die Sie hier eingeben, sollen die Fakten in der 15-Minuten-Spalte detaillierter ausführen und untermauern. Nach der Eingabe testen Sie die 45-Minuten-Spalte, indem Sie die offenen Passagen in dem folgenden Satz ergänzen:

> Die drei Antworten auf die Frage, wie oder warum *(Antwort aus der 15-Minuten-Spalte einfügen)*, lauten: *(Antwort 1 aus 45-Minuten-Spalte einfügen)*, *(Antwort 2 aus 45-Minuten-Spalte einfügen)* und *(Antwort 3 aus 45-Minuten-Spalte einfügen)*.

Im Fall der Contoso-Präsentation lautet dieser Satz folgendermaßen:

> Die drei Antworten auf die Frage, wie oder warum *5 Mio. EUR für Anzeigen das medizinische Bewusstsein steigern*, lauten: *Wir haben unsere Ziele in der Vergangenheit mit vergleichbaren Ausgaben erreicht*, *Durchschnittswerte aus der Branche bestätigen die zu erwartenden Ergebnisse* und *Zahlen der Werbeagentur bestätigen stabile Reaktionen auf Anzeigen*.

Führen Sie bei Bedarf auch einen visuellen Test durch, indem Sie das Argument und seine drei Detailausführungen von links nach rechts lesen, wie es in Abbildung 3.8 gezeigt wird.

Lösung	Genehmigen Sie den Marketingplan, um sanft durch die Wellen zu gleiten.	
Akt II: Handlung aufbauen		
5-Minuten-Spalte: Warum?	15-Minuten-Spalte: Wie?	45-Minuten-Spalte: Warum?
Mit 10 Mio. EUR nehmen wir Fahrt bei der Einführung bei Ärzten auf.	5 Mio. EUR für Anzeigen steigern das medizinische Bewusstsein.	Wir haben unsere Ziele in der Vergangenheit mit vergleichbaren Ausgaben erreicht.
		Durchschnittswerte aus der Branche bestätigen die zu erwartenden Ergebnisse.
		Zahlen der Werbeagentur bestätigen stabile Reaktionen auf Anzeigen.
	3 Mio. EUR für Telefonaktionen erhöhen die Probenrate.	
	2 Mio. EUR für Konferenzen stärken die Präsenz.	

Abbildung 3.8: Prüfen Sie, ob die drei Fakten in der 45-Minuten-Spalte die Aussage in der 15-Minuten-Spalte unterstützen

Schreiben Sie nun die detaillierte Begründung für die zweite Antwort der 15-Minuten-Spalte in die 45-Minuten-Spalte und arbeiten Sie anschließend die dritte Antwort der 15-Minuten-Spalte in der 45-Minuten-Spalte aus. Damit ist Szene 1 des zweiten Akts abgeschlossen (siehe auch Abbildung 3.9).

Der Test für die 45-Minuten-Spalte

Testen Sie die 45-Minuten-Spalte, indem Sie die offenen Passagen in dem folgenden Satz ergänzen:

Die drei Antworten auf die Frage, wie oder warum *(Antwort aus der 15-Minuten-Spalte einfügen)*, lauten: *(Antwort 1 aus 45-Minuten-Spalte einfügen)*, *(Antwort 2 aus 45-Minuten-Spalte einfügen)* und *(Antwort 3 aus 45-Minuten-Spalte einfügen)*.

Lösung	Genehmigen Sie den Marketingplan, um sanft durch die Wellen zu gleiten.
Akt II: Handlung aufbauen	

5-Minuten-Spalte: Warum?	15-Minuten-Spalte: Wie?	45-Minuten-Spalte: Warum?
Mit 10 Mio. EUR nehmen wir Fahrt bei der Einführung bei Ärzten auf.	5 Mio. EUR für Anzeigen steigern das medizinische Bewusstsein.	Wir haben unsere Ziele in der Vergangenheit mit vergleichbaren Ausgaben erreicht.
		Durchschnittswerte aus der Branche bestätigen die zu erwartenden Ergebnisse.
		Zahlen der Werbeagentur bestätigen stabile Reaktionen auf Anzeigen.
	3 Mio. EUR für Telefonaktionen erhöhen die Probenrate.	Unser aktuelles Programm hat zu einem 20%igen Anstieg bei den Arzneiproben geführt.
		Die Telefonaktionen der Firma XY erzielen ausgezeichnete Ergebnisse.
		Wir können basierend auf dem Vergleich mit ähnlichen Pillen unser Ziel problemlos erreichen.
	2 Mio. EUR für Konferenzen stärken die Präsenz.	Ähnliche Konferenzen haben unsere Präsenz um 24% erhöht.
		Der Zeitplan garantiert, dass wichtige Entscheidungsträger anwesend sind.
		Unser Vertrieb berichtet von guten Erfahrungen bei ähnlichen Aktionen in der Vergangenheit.

Abbildung 3.9: Fertig gestellte Szene 1 von Akt II

Akt II, Szenen 2 und 3: Das zweite und dritte Hauptargument ausführen

Schreiben Sie nun die detaillierte Begründung für das zweite und das dritte Hauptargument aus der 5-Minuten-Spalte in die Felder der 15-Minuten- und 45-Minuten-Spalten. Prüfen Sie auch hier mithilfe der Testsätze auf jeder Detailebene, ob Ihre Argumentation stimmig ist und gut klingt. Überarbeiten Sie Ihre Antworten auf die Fragen des Publikums so lange, bis Sie mit dem Ergebnis zufrieden sind.

Basis für den zweiten Akt der Drehbuchvorlage sind die drei Hauptargumente, mit deren Hilfe das Publikum Ihr Anliegen einfach und schnell verstehen kann. Der Aufbau in Dreiergruppen wird in der Beispielvorlage bei der detaillierteren Ausführung der Hauptargumente kontinuierlich fortgesetzt. Manchmal lässt sich dieser Aufbau aber nicht auf alle Ebenen übertragen. Wenn Sie beispielsweise nur zwei Argumente auf einer Ebene benötigen, dann lassen Sie ein Feld leer. Wenn Sie Platz für vier Argumente brauchen, lesen Sie den Abschnitt »Tipp 2: Platz für eine Vierergruppe schaffen« weiter hinten in diesem Kapitel. Bei mehr als vier Punkten sollten Sie aber überlegen, wie Sie die Anzahl reduzieren können. Entweder überarbeiten Sie dann noch einmal Ihre Ideen oder Sie fassen mehrere Ideen in einem Punkt zusammen.

Nach Abschluss der Szenen im zweiten Akt ist Ihre Vorlage mit Sicherheit bereits länger als eine Bildschirmseite. Im fertig gestellten zweiten Akt der Contoso-Präsentation, der in Abbildung 3.10 zu sehen ist, wurden daher die Aussagen in der 45-Minuten-Spalte verkürzt, damit Sie alle drei Szenen des zweiten Akts auf einer Seite sehen können.

	Lösung	Genehmigen Sie den Marketingplan, um sanft durch die Wellen zu gleiten.	
	Akt II: Handlung aufbauen		
	5-Minuten-Spalte: Warum?	15-Minuten-Spalte: Wie?	45-Minuten-Spalte: Warum?
Akt II, Szene 1	Mit 10 Mio. EUR nehmen wir Fahrt bei der Einführung bei Ärzten auf.	5 Mio. EUR für Anzeigen steigern das medizinische Bewusstsein.	Wir haben unsere Ziele in der … Durchschnittswerte aus der … Zahlen der Werbeagentur be…
		3 Mio. EUR für Telefonaktionen erhöhen die Probenrate.	Unser aktuelles Programm hat … Die Telefonaktionen der Firma … Wir können basierend auf dem …
		2 Mio. EUR für Konferenzen stärken die Präsenz.	Ähnliche Konferenzen haben … Der Zeitplan garantiert, dass … Unser Vertrieb berichtet von …
Akt II, Szene 2	Mit 50 Mio. EUR haben wir freie Fahrt bei der Nachfrage auf dem Consumermarkt.	25 Mio. EUR für Fernsehwerbung erhöhen das Consumerbewusstsein.	Die erste Phase erhöht das … Die zweite Phase bezieht den … In der dritten Phase wird das …
		15 Mio. EUR für Spots und Anzeigen in anderen Medien machen uns bekannter.	Testlauf einer Anzeigenkamp… Mit „intelligenter denken" … Mit „doppelt so klug" erhöht …
		10 Mio. EUR für Sponsoraktionen stärken unsere Präsenz.	Aktionen in Grundschulen … Forschungszentren haben eine … Gymnasien und Hochschulen …
Akt II, Szene 3	Der Plan führt uns sicher durch alle regulativen Vorgaben in den Hafen.	Der Plan berücksichtigt bundesweite, länderspezif. und europäische Regelungen.	Hierzu gehören Werbespots … Die Aktionen auf den Websites … Unsere Datenblätter definieren …
		Der Plan folgt dem Ethik-Kodex medizinischer Vereinigungen.	Alle Anzeigen und Werbespots … Der Bericht des Komitees zeigt … Der Verkauf der IQ-Pillen darf …
		Der Plan entspricht dem bei der Handelskommission üblichen Informationsaustausch.	Alle Informationen auf Papier … Multiple-Choice-Formulare … Tagline fehlt hier noch.

Abbildung 3.10: Der fertige Akt II

Wenn Sie die Szenen des zweiten Akts noch einmal lesen, werden Sie feststellen, dass Sie ein ziemliches Stück Arbeit bei der Untermauerung Ihrer in Akt I vorgeschlagenen Lösung geleistet haben. Mit drei Argumenten legen Sie Ihre Sichtweise der Dinge dar, die Sie dann in zwei Stufen mit Details begründen und belegen.

Bei jedem Argument, das Sie hier einführen, fragt sich das Publikum, *warum* oder *wie* das zu tun ist. Da jede Spalte im zweiten Akt auf eine dieser Fragen ausgerichtet ist, können Sie sie in Ihrer Präsentation sofort beantworten. In der Filmbranche spricht man hier von einer stetigen Dynamik von Aktion und Reaktion. Eine Spalte stellt die Aktion dar und die nächste die dazugehörige Reaktion. Mithilfe dieser dynamischen Struktur prüfen Sie alle möglichen Richtungen Ihrer Geschichte, bevor Sie mit der Vorbereitung des dritten Akts beginnen. Der dynamische Aufbau bewirkt eine natürliche Denk- und Argumentationsweise, die das Publikum sofort verstehen und aufgreifen kann und die die Geschichte interessant und mitreißend macht.

Nach Abschluss der Szenen 2 und 3 wird es Zeit, der Geschichte eine neue Richtung zu geben. Sie entwickeln nun den Wendepunkt, der zu Akt III führt.

Akt II, Szene 4: Den Wendepunkt definieren

In der letzten Szene von Akt I geben Sie der Geschichte eine Richtung, die zu Akt II führt. In der letzten Szene von Akt II tun Sie dasselbe, um zu Akt III überzuleiten. Damit Sie einen besseren Überblick darüber erhalten, was Sie sagen wollen, betrachten Sie noch einmal die Szenen von Akt I (siehe Abbildung 3.11).

Contoso-Marketingpräsentation von Petra Köhler	
Akt I: Geschichte einführen	
Schauplatz	Die Pharmaindustrie durchquert heutzutage ein Meer an Veränderungen.
Hauptfigur	Jeder hier weiß, wie schwer das Segeln durch raue See ist.
Ungleichgewicht	Marktbedingungen, regulative Vorgaben gefährden die Einführung der Pillen.
Gleichgewicht	Contoso kann sein Finanzziel dank eines seetüchtigen Plans erreichen.
Lösung	Genehmigen Sie den Marketingplan, um sanft durch die Wellen zu gleiten.

Abbildung 3.11: Ein Rückblick: Akt I der Drehbuchvorlage

In Szene 4, *Gleichgewicht*, definieren Sie das Ziel, das das Publikum gerne erreichen und mit dem es den Zustand des in Szene 3 vorgestellten *Ungleichgewichts* beheben möchte. Und am Wendepunkt von Akt II hin zu Akt III ist es an der Zeit, Ihr Publikum wieder an diesen Zustand des Gleichgewichts zu erinnern. Am besten stellen Sie dazu eine Frage, die sich auf die gesuchte Balance bezieht, wie in Abbildung 3.12 zusehen ist.

Wendepunkt	Kann Contoso das Ziel seiner Reise erfolgreich erreichen?

Abbildung 3.12: Szene 4 von Akt II

Mit »das Ziel seiner Reise« erinnern Sie Ihr Publikum noch einmal an die Finanzziele, die es gerne im ersten Akt, Szene 4 erreichen möchte. Die Frage impliziert, dass das Problem noch nicht gelöst ist, und erneuert die emotionale Verbindung zum Publikum.

Mit diesem Wendepunkt signalisieren Sie, dass Akt II beendet ist und dass die Geschichte in eine neue Phase tritt, in der alles zusammengeführt und zu einem (hoffentlich) guten Ende gebracht wird.

Dritter Akt: Die Lösung erarbeiten

Eine kurze Rekapitulation der Geschichte bis hierher: In Akt I definieren Sie ein Problem, das das Publikum hat, und schlagen eine Lösung vor. In Akt II erläutern Sie die Gründe dafür, warum Ihre Lösung die richtige ist und wie sie erreicht werden kann, und erinnern in der wichtigen Schlussszene des zweiten Akts Ihr Publikum daran, was es eigentlich will. In Akt III führen Sie alles zusammen und bereiten Ihr Publikum darauf vor, das Problem zu lösen. Denken Sie stets daran, dass das Publikum die Hauptfigur der Geschichte ist. Und nur die Hauptfigur kann das Problem lösen. Das Publikum muss entscheiden, ob es die von Ihnen vorgeschlagene Lösung akzeptiert. Sie bereiten in den Szenen des dritten Akts lediglich die Bühne für die Lösung vor.

Akt III, Szene 1: Krise

Die *Krise* einer Geschichte ist dann, wenn der Siedepunkt erreicht ist und das Geschehen kocht. Diesen Punkt erreichen Sie eigentlich bereits in Akt I. Dort definieren Sie in den Szenen 3 und 4 das zentrale Problem der Präsentation. In diesen beiden Szenen beantworten Sie die zwei wichtigen Fragen: »*Warum* sind wir hier?« und »*Was* soll unserer Meinung nach passieren?« Setzen Sie den Cursor jetzt in das oberste Feld von Akt III, Szene 1 und fassen Sie die Antwort auf die beiden Fragen in einer einzigen Aussage zusammen, wie Abbildung 3.13 zeigt.

Akt III: Lösung erarbeiten	
Krise	Marktbedingungen, regulative Vorgaben gefährden eine erfolgreiche Überfahrt.
Lösung	
Klimax	
Katharsis	

Abbildung 3.13: Szene 1 von Akt III der Drehbuchvorlage

Die Formulierung »Marktbedingungen, regulative Vorgaben« greift den Wortlaut aus Akt I auf und die Worte »erfolgreiche Überfahrt« knüpfen erneut an das Motiv des Meeres an, das sich durch Akt I, Akt II und Akt III zieht. Indem Sie das Kernproblem aus Akt I hier in Akt III, Szene 1 noch einmal definieren, halten Sie Ihrem Publikum die Krise erneut vor Augen.

Danach sollten Sie ihm etwas erzählen, was es bereits weiß.

Akt III, Szene 2: Lösung

Wiederholen Sie in Szene 2 des dritten Akts wortwörtlich die Lösung aus dem ersten Akt, wie in Abbildung 3.14 gezeigt wird.

Akt III: Lösung erarbeiten	
Krise	Marktbedingungen, regulative Vorgaben gefährden eine erfolgreiche Überfahrt.
Lösung	Genehmigen Sie den Marketingplan, um sanft durch die Wellen zu gleiten.
Klimax	
Katharsis	

Abbildung 3.14: Szene 2 von Akt III, die den Wortlaut der fünften Szene von Akt I wiederholt

Damit frischen Sie die Erinnerung des Publikums auf. Hier im dritten Akt hat die Lösung aber ein deutlich schwereres Gewicht, da Sie in den ersten drei Szenen von Akt II genau beschrieben haben, warum es eine gute Lösung ist und wie diese Lösung umgesetzt werden kann. In diesem einen Satz gipfeln alle Argumente, die Sie in Akt II ausgearbeitet haben.

Als Nächstes wird der Höhepunkt der Präsentation, die Klimax, erstellt.

Akt III, Szene 3: Klimax

In der *Klimax* laufen alle Fäden zusammen. Sie kommen dort zu einer Schlussfolgerung, die das bisher Gesagte noch steigert. Sie haben in Ihrer gesamten Geschichte auf diese Klimax zugesteuert. Die Klimax bereitet die Bühne für die endgültige Lösung. Sie reflektiert Stil und Haltung der gesamten Geschichte – egal, ob sie Inspiration, Herausforderung, Vision, Mut, Antrieb, Hoffnung oder sonst etwas zum Thema hat.

Während Sie die Schlussfolgerungen Ihrer Präsentation überzeugend wiedergeben, wird der Inhalt dieser Szene als Folie angezeigt. Schreiben Sie nun die Klimax, wie in Abbildung 3.15 zu sehen, in die Drehbuchvorlage.

Akt III: Lösung erarbeiten	
Krise	Marktbedingungen, regulative Vorgaben gefährden eine erfolgreiche Überfahrt.
Lösung	Genehmigen Sie den Marketingplan, um sanft durch die Wellen zu gleiten.
Klimax	Nehmen Sie mit den IQ-Pillen Kurs auf die gewünschten Finanzergebnisse.
Katharsis	

Abbildung 3.15: Szene 3 von Akt III nimmt das Motiv des Meeres wieder auf

Die Formulierung »Nehmen Sie Kurs« setzt das Präsentationsmotiv fort. Und »mit den IQ-Pillen« sowie »die gewünschten Finanzergebnisse« erinnert noch einmal daran, was das Publikum mithilfe dieser Präsentation erreichen möchte. In dieser Szene können Sie bei Bedarf auch von der ersten Schreibregel (Kapitel 2, Abschnitt »Die drei Grundregeln beim Schreiben eines Drehbuchs«) abweichen und ein Satzfragment schreiben. Hier sollte nur das absolut Notwendige stehen, das ausreicht, Ihre Schlussfolgerung dem Publikum zu vermitteln.

Ist die Klimax definiert, sind Sie bereit für die wichtigste Szene überhaupt: die Katharsis, die Läuterung, die Auflösung der Situation.

Akt III, Szene 4: Katharsis

Auch wenn Sie jetzt Ihre Schlussfolgerung deutlich und klar formuliert haben, ist es für das Publikum noch nicht vorbei. Es steht noch vor der Entscheidung, ob es Ihre empfohlene Lösung annimmt oder nicht. Aber bevor die Zuhörer diese Entscheidung treffen, wollen sie sicherlich noch die Situation diskutieren, sei es in Form eines ungezwungenen Dialogs oder in Form einer formaleren Frage-Antwort-Sitzung.

In Szene 4 von Akt III klären Sie den Kontext für die Diskussion und bieten dem Publikum die Möglichkeit einer Auflösung, einer »Läuterung« seiner Situation. Geben Sie also in das letzte Feld der Drehbuchvorlage die Auflösung ein, wie in Abbildung 3.16 zu sehen ist.

Akt III: Lösung erarbeiten	
Krise	Marktbedingungen, regulative Vorgaben gefährden eine erfolgreiche Überfahrt.
Lösung	Genehmigen Sie den Marketingplan, um sanft durch die Wellen zu gleiten.
Klimax	Nehmen Sie mit den IQ-Pillen Kurs auf die gewünschten Finanzergebnisse.
Katharsis	Die IQ-Pillen – doppelt so klug in der Hälfte der Zeit

Abbildung 3.16: Szene 5 von Akt III mit einem einfachen Slogan

Dieser einfache, aber prägnante Slogan »Die IQ-Pillen – doppelt so klug in der Hälfte der Zeit« bleibt während der Abschlussdiskussion angezeigt. Wie die Aussage in Szene 3 sollte auch dieser Slogan möglichst allgemein gehalten sein und keine Diskussion entfachen. Er sollte unauffällig im Hintergrund stehen und nicht ins Zentrum der Aufmerksamkeit rücken.

Mit Beendigung dieses Akts haben Sie eine Dreiaktgeschichte erstellt. Es ist der Akt, in dem alles miteinander verbunden wird: der Appell an die Emotionen in Akt I, in dem Sie die Ausgangssituation für die Zuhörer darlegen und das Problem beim Namen nennen, mit dem Appell an die Vernunft in Akt II, in dem Sie Ihren Lösungsweg rational darstellen. Jetzt, nachdem Sie alle Elemente elegant zu einem großen Ganzen verbunden haben, sollen Sie Ihr Skript noch einmal laut vorlesen.

Das Drehbuch vortragen

Der offensichtlichste Vorteil der Drehbuchvorlage ist sicherlich der, dass Sie alle Ihre Ideen an einem Ort gebündelt betrachten und den Bezug der Ideen untereinander schnell erkennen können. Drucken Sie die Vorlage am besten aus und lesen Sie sie laut. Klingt alles gut?

Vorher sollten Sie die Vorlage aber für den Ausdruck vorbereiten. Bei einer mehrseitigen Vorlage bietet es sich eventuell an, die Tabelle so zu teilen, dass jede Szene von Akt II auf einer separaten Seite steht. Setzen Sie dazu den Cursor in ein Feld der 5-Minuten-Spalte und wählen Sie den Befehl *Tabelle/Tabelle teilen*, um ab dieser Zeile eine neue Tabelle zu beginnen. Wenn es Ihnen so doch nicht gefällt, wählen Sie den Befehl *Bearbeiten/Rückgängig: Tabelle teilen*. Soll der geteilte Bereich auf eine neue Seite verschoben werden, fügen Sie bei Bedarf mit dem Befehl *Einfügen/Manueller Umbruch* einen Seitenumbruch ein.

Stellen Sie sich dann mit den ausgedruckten Seiten vor ein imaginäres Publikum und lesen Sie das Skript laut vor. Sie können allein oder vor Ihrem Team lesen. Wenn Sie einen Satz der Präsentation vorgelesen haben, lassen Sie die Hände sinken und machen eine kleine Pause. Schauen Sie dann in Richtung Publikum und erläutern Sie ihm den gerade vorgelesenen Satz. Danach lesen Sie den nächsten Punkt des Drehbuchs vor, lassen die Hände erneut sinken und erklären dann nach einer kleinen Pause, was es mit dem Satz auf sich hat.

> **Tipp:** Wenn Sie beim Lesen einen Stift griffbereit halten, können Sie eventuelle Änderungen gleich auf den Ausdruck schreiben und das Drehbuch später am Computer aktualisieren.

Wenn Sie alle Felder der Drehbuchvorlage ausgefüllt haben und zu jedem Feld etwa eine Minute sprechen, halten Sie bei 49 Feldern ungefähr einen 45-minütigen Vortrag. Lesen Sie in der Reihenfolge des Drehbuchs: zuerst Akt I, dann Akt II von links nach rechts und von oben nach unten und abschließend Akt III. Bei Szene 3 von Akt III legen Sie besonderen Wert auf die Ausführung der Klimax, d.h. der Schlussfolgerung. Bevor Sie Szene 4 lesen, machen Sie sich kurz Gedanken über die möglichen Fragen, die das Publikum zum jetzigen Zeitpunkt stellen könnte.

Nachdem Sie das Drehbuch in der ausführlichen Fassung vorgetragen haben, lesen Sie es noch zweimal in verkürzter Form. Lassen Sie zunächst die 45-Minuten-Spalte weg. Es bleiben dann noch 22 Felder. Und wenn Sie für jede Satzinterpretation etwas 40 Sekunden benötigen, sprechen Sie ca. 15 Minuten lang. Sie decken immer noch alle wichtigen Elemente ab und lassen lediglich Details weg.

Und dann lassen Sie auch noch die 15-Minuten-Spalte weg. Bei nur noch zwölf Sätzen dauert der Vortrag ca. fünf Minuten, wenn Sie sich bei jedem Satz ca. 25 Sekunden aufhalten. Bei diesem Vortrag fallen gleich zwei Detailebenen weg. Sollte der Vortrag noch zu lang sein, kürzen Sie ihn auf der jeweiligen Detailebene von unten nach oben, da die wichtigeren Fakten oben stehen.

Anhand dieser drei Vortragstechniken zeigt sich die Kraft und Vielfältigkeit, die in Ihrem Drehbuch stecken. Die Struktur der Geschichte bleibt stets erhalten, unabhängig davon, ob Sie 45, 15 oder 5 Minuten sprechen. Und diese Flexibilität bleibt auch bestehen, wenn Sie das Drehbuch in Kapitel 4 zu einem Storyboard in PowerPoint weiterentwickeln.

> **Zur Erinnerung:** Wenn Sie die Punkte im Drehbuch wie hier empfohlen vorlesen, vermeiden Sie zwei Fehler, die meist bei einem Vortrag vor Publikum gemacht werden. Viele Vortragende sprechen zu einem Stück Papier oder einer Folie. Und viele Vortragende wissen nicht, wohin mit ihren Händen. Wenn Sie einen Satz vorlesen und danach die Hände sinken lassen, denken Sie automatisch daran, sich direkt an Ihre Zuhörer zu wenden. Auch wenn Sie sich vielleicht mit dieser Position der Hände nicht so wohl fühlen, ist es dennoch die beste Lösung. Zur Betonung eines besonders wichtigen Sachverhalts können Sie natürlich eine vorher überlegte Geste mit der Hand oder dem Arm machen. Danach lassen Sie sie bzw. ihn aber wieder sinken.

Das Drehbuch im Team überarbeiten

Wie bereits erwähnt, haben Sie alle Ideen mit dem Drehbuch im Überblick. Dies ist auch für andere eine große Hilfe, da auch sie sofort verstehen können, auf was Sie hinauswollen. In einem kleinen Team können Sie beispielsweise das Drehbuch am Bildschirm zeigen und in der Gruppe Änderungen daran vornehmen. Im Fall einer größeren Gruppe beraumen Sie ein Meeting für die Überarbeitung an und senden vorab eine Kopie des Drehbuchs per E-Mail an alle Beteiligten.

Zu diesem Zeitpunkt ist es absolut erforderlich, dass Sie von allen, die nur irgendwie in die Präsentation involviert sind, ein positives Feedback bekommen, von Mitgliedern des Teams, Mitarbeiter und Mitarbeiterinnen aus anderen Abteilungen – einfach von jeder Person, die etwas zur Präsentation beitragen und daher mit ihrem Inhalt einverstanden sein muss.

> **Wichtig:** Machen Sie zu diesem Zeitpunkt erst weiter, wenn Sie das Drehbuch wirklich komplett beendet und das Okay aller Beteiligten erhalten haben.

Das Drehbuch als Review-Dokument hat den Vorteil, dass Sie zum einen schnell und direkt Änderungen an der Struktur oder an Formulierungen ausführen können und zum anderen die übrigen Beteiligten einbeziehen und einladen, ihre Erfahrungen beizutragen und noch stärker in die Präsentation involviert zu sein. Und um Ihre Vorlage abzusegnen, müssen sich alle Beteiligten auf Ihre Ideen konzentrieren und nicht auf theoretische Entwurfsaufgaben, die nur ablenken würden. Wenn Aufbau und Formulierung des Drehbuchs für gut befunden werden, ist es unwahrscheinlich, dass Sie zu einem späteren Zeitpunkt noch grundlegende Überarbeitungen vornehmen müssen, nachdem Sie bereits so viel Zeit in den Entwurfsprozess gesteckt haben.

Wenn Sie sich mit dem Vorstandsvorsitzenden von Contoso treffen und ihm zeigen, wie Sie in der Marketingpräsentation *erzählen* statt *aufzählen* wollen, vergessen Sie nicht, auch einen Ausdruck des Drehbuchs mitzunehmen. Tragen Sie Ihre Ideen in der Reihenfolge vor, in der Sie sie geprobt haben, und diskutieren Sie die Möglichkeiten, die Sie haben, die Geschichte zu kürzen, falls die Vortragszeit von 45 Minuten auf 15 oder gar 5 Minuten reduziert werden soll. Ist der Vorstandsvorsitzende mit der Richtung des Drehbuchs zufrieden, können Sie beim *Erzählen* statt *Aufzählen* den nächsten Schritt angehen.

Den Vorhang über der Drehbuchvorlage schließen

Die vollendete Drehbuchvorlage leistet enorm viel. Mithilfe der klassischen Dreiaktstruktur vermittelt sie Fokus und Kontinuität. Sie appelliert an die Emotionen und die Vernunft des Publikums. Sie definiert den Konflikt, der das Publikum in Atem hält. Sie präsentiert Ihre Ideen in einer Form und Reihenfolge, mit der das Publikum bei der Sache bleiben und sich auch später noch an die vermittelten Informationen erinnern kann.

Bevor Sie den nächsten wichtigen Schritt im Präsentationsansatz »Erzählen statt aufzählen« in Angriff nehmen – das Umwandeln Ihres Drehbuchs in ein Storyboard –, lesen Sie die folgenden zehn Tipps, mit denen Sie Ihre Vorlage eventuell noch verfeinern können.

Zehn Tipps zum Optimieren der Drehbuchvorlage

Mit dieser Drehbuchvorlage können Sie sicher sein, eine kompakte, fokussierte und interessante Geschichte in Händen zu halten, die Sie in Ihrer nächsten Präsentation erzählen können. Und wenn Sie mit der geschaffenen Basis zufrieden sind, finden Sie im Folgenden noch zehn Tipps, wie Sie das Konzept der Drehbuchvorlage weiter verfeinern und optimieren können.

Tipp 1: Die Kraft der Dreiergruppe

So sehr Sie vielleicht auch versucht sind, Ihre PowerPoint-Folien mit möglichst vielen Informationen zu füllen, sollten Sie stets bedenken, dass die Aufnahmekapazität des Publikums begrenzt ist. Die Zuhörer können aber Informationen einfacher verarbeiten, wenn sie in Dreiergruppen präsentiert werden. Wissenschaftliche Untersuchungen haben ergeben, dass Menschen drei bis vier Dinge gleichzeitig im Kurzzeitgedächtnis behalten können. (Lesen Sie hierzu auch den englischsprachigen Artikel *The Science of Making Your PowerPoint Memorable: Q& A with Nelson Cowan* unter www.sociablemedia.com.)

Mit der Drehbuchvorlage können Sie Ihre Ideen auf verschiedene Art und Weise in Dreiergruppen organisieren. Die gesamte Geschichte besteht aus drei Akten. Akt II besteht aus drei Hauptargumenten in der 5-Minuten-Spalte. Für jedes Hauptargument gibt es drei unterstützende Punkte in der 15-Minuten-Spalte. Und für jeden unterstützenden Punkt gibt es wiederum drei Fakten in der 45-Minuten-Spalte. Es wird nicht immer leicht sein, Ihre Ideen und Argumente auf Dreiergruppen zu reduzieren. Die Mühe zahlt sich aber aus. Das Publikum wird interessierter zuhören und Ihren Vortrag besser verstehen und länger im Gedächtnis behalten.

Tipp 2: Platz für eine Vierergruppe schaffen

Auch wenn die Dreiergruppe in der Praxis dominiert, kann es durchaus passieren, dass Sie in einer Spalte vier Punkte benötigen. Sie müssen in diesem Fall aber nicht zusätzliche Felder in die Drehbuchvorlage einfügen. Besuchen Sie einfach die Website *www.microsoft.com/germany/mspress/begleitdateien* und führen Sie dort einen kostenlosen Download der Datei *Drehbuchvorlage_vier_Zeilen* durch. (Zum grundsätzlichen Vorgehen beim Herunterladen der zu diesem Buch verfügbaren Dateien siehe Seite 40, oben) In dieser Drehbuchvorlage sind bereits im zweiten Akt vier Zeile enthalten. Wenn Sie auf einer Ebene nicht alle Punkte ausformulieren möchten, dann lassen Sie – wie auch bei der bisher verwendeten Drehbuchvorlage – einfach das eine oder andere Feld leer. Der Nachteil bei einer Drehbuchvorlage mit einem vierteiligen zweiten Akt ist der Anstieg der Anzahl der Felder von 49 auf 94. Damit ändert sich die Größe und Komplexität der Drehbuchvorlage enorm. Bedenken Sie, dass Sie mit mehr Punkten mehr formulieren müssen und Ihr Publikum mehr Informationen verarbeiten muss. Um lange und komplizierte Präsentationen zu vermeiden, sollten Sie bei den Dreiergruppen bleiben – wann immer nur möglich.

Tipp 3: Variationen zu einem Thema

Die Drehbuchvorlage, die in diesem Kapitel beschrieben wurde, stellt einen grundsätzlichen Aufbau dar, den Sie individuell an Ihre Anforderungen anpassen können, wenn Sie sich erst einmal mit dieser Arbeitsweise vertraut gemacht haben. So werden Sie vielleicht einmal in einer der Spaltenbeschriftungen in Akt II die Frage »Was?« stellen, wenn sie besser in den Kontext passt als die dort üblicheren Fragen »Warum?« und »Wie?«. Wenn Sie sich durch die Grundlagen des zweiten Akts in der Drehbuchvorlage durchgearbeitet haben, wird es Ihnen sicherlich nicht schwer fallen, so zu improvisieren, dass die Vorlage optimal auf Ihre aktuelle Präsentation passt.

Tipp 4: Klarheit mit logischen Bäumen schaffen

Der Aufbau des zweiten Akts der Drehbuchvorlage entspricht einem klassischen Verfahren, dem *logischen Baum*, auch *Baumdiagramm* genannt. Ein Baumdiagramm zeigt die Beziehungen zwischen den Ebenen eines Themas in einer Hierarchie. Heutzutage findet man logische Bäume vielfach in Form von Organigrammen. Mithilfe der Baumstruktur können Sie ein Thema auf seine wesentlichen Aussagen reduzieren und diese in einer Hierarchie darstellen. Auch Akt II der Drehbuchvorlage basiert auf einem logischen Baum. Um ihn erkennen zu können, müssen Sie die Vorlage allerdings um 90 Grad im Uhrzeigersinn drehen und die Lösung ganz oben auf den Baum setzen, wie es in Abbildung 3.17 zu sehen ist.

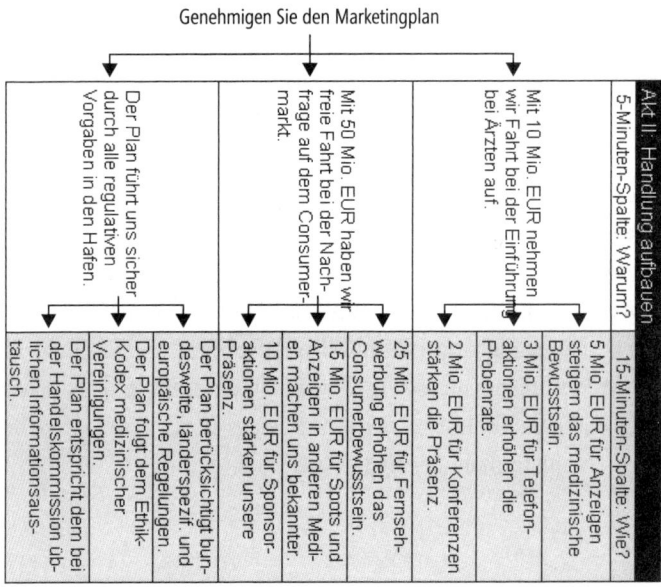

Abbildung 3.17: Der gedrehte Akt II der Drehbuchvorlage zeigt seine Baumstruktur

Das Konzept der logischen grafischen Darstellung wird in vielen Büchern ausführlich behandelt. So liefern Marya W. Holcombe und Judith K. Stein im vierten Kapitel ihres Buches *Presentations for Decision Makers* (Dritte Auflage, Wiley 1996) eine gute Einführung in die logische Struktur von Präsentationen. Die Autorin Barbara Minto widmet einer ausgefeilten, durchdachten und verständlichen Anwendung dieses Verfahrens mit *Das Prinzip der Pyramide* ein komplettes Buch (Neuauflage: Pearson Studium, Herbst 2005).

In diesen Werken wird erklärt, wie Sie ähnliche Ideen und Aspekte gruppieren und sich aus den Details auf der untersten Ebene der Hierarchie Hauptpunkte ganz oben in der Hierarchie erarbeiten. Wenn Sie dieses Konzept beim Arbeiten mit der Drehbuchvorlage berücksichtigen, schaffen Sie klare Gedanken, die logisch aufeinander aufbauen und sofort verständlich und nachvollziehbar sind.

Tipp 5: Struktur im Brainstorming formen

Die Argumente aus dem zweiten Akt müssen von irgendwoher kommen. Wenn Ihnen die Ideen nicht »zufliegen«, kann ein Brainstorming sehr hilfreich sein. Es gibt eine Vielzahl ausgezeichneter Bücher und Internetressourcen, z.B. *www.innovationtools.com* oder *www.methode.de/dm/mu/dm01.htm*, die Sie beim Brainstorming unterstützen können, sowohl Sie allein als auch Sie und Ihr Team. Unabhängig davon, wie Sie das Brainstorming durchführen, ist es wichtig, dass Sie die Beziehung zwischen den Ergebnissen des Brainstormings und dem Prozess der Präsentationsentwicklung in Akt II verstehen.

Brainstorming ist die Kunst der Kreativitäts- und Ideenfindung zu einem bestimmten Zweck. Alle dürfen und sollen sogar dabei ihren Gedanken und ihrer Fantasie freien Lauf lassen, Kritik an den Ideen ist während des Brainstormings nicht am Platz und Quantität geht vor Qualität. *Präsentationsentwicklung* ist dagegen die Kunst der Auswahl- und Prioritätenvergabe von Ideen. Hier sind Kritik, Auslese, Priorität, Verstand und Qualität gefragt.

Nach einem Brainstorming hilft Ihnen die Drehbuchvorlage, die Ideen auszuwählen, die am besten den Kern der Präsentation unterstützen. Wenn Sie mit dem Ausarbeiten des zweten Akts beginnen, halten Sie alle Brainstorming-Ergebnisse bereit – Listen, Notizzettel, Diagramme oder sonstiges. Dann beginnen Sie mit dem Schreiben der Szenen des zweiten Akts, so wie in diesem Kapitel beschrieben.

Manchmal müssen Sie mitten in der Arbeit erneut ein Brainstorming durchführen, wenn Sie bei einem Satz nicht weiterkommen oder wenn der Aufbau des zweiten Akts nicht funktioniert. Aber sobald Sie erneut für frische, kreative Ideen gesorgt haben, können Sie wieder zum eigentlichen Ausformulieren der Szenen zurückkehren und die Ideen auswählen, die den Fokus der Präsentation unterstützen.

Brainstorming und Drehbuchentwicklung sind zwei verschiedene, aber sich ergänzende Techniken. Wenn Sie zwischen beiden Verfahren hin- und herwechseln, erzielen Sie die besten Ergebnisse – die geeignete Auswahl der kreativsten Ideen, die zur Ausarbeitung Ihrer ganz speziellen Geschichte beitragen.

Tipp 6: Die Talente des Teams nutzen

Es ist zu empfehlen, die Punkte für den zweiten Akt im Team zu erarbeiten. Schließen Sie einen Projektor an Ihren Rechner an und projizieren Sie die Werkzeuge an die Wand, mit deren Hilfe Sie und Ihr Team die Sätze für Akt II entwickeln. Am einfachsten ist es, die Drehbuchvorlage an die Wand zu projizieren und die Sätze während der Überarbeitung gleich zu aktualisieren. Oder bauen Sie eigene Tabellen oder Baumdiagramme (siehe auch Abschnitt »Tipp 4: Klarheit mit logischen Bäumen schaffen« weiter vorn in diesem Kapitel) mit Microsoft Office Visio, Microsoft Office OneNote oder mit der Organigrammfunktion von PowerPoint.

Wenn Sie keinen Projektor zur Verfügung haben oder lieber handschriftlich arbeiten, nehmen Sie ein Blatt Papier, ein Flipchart oder eine Tafel und zeichnen darauf Ihre Baumdiagramme. Oder schreiben Sie die Argumente für den zweiten Akt auf kleine selbstklebende Notizzettel, kleben Sie sie an die Wand und bauen Sie so einen logischen Baum. Experimentieren Sie mit einer Vielzahl von Techniken und Werkzeugen, bis Sie wissen, wie Sie und Ihr Team am besten Ideen herausarbeiten und priorisieren. Abschließend kehren Sie zu Ihrem Word-Dokument zurück und vollenden bzw. überarbeiten Ihre Sätze in der Drehbuchvorlage.

Beim Erstellen des Drehbuchs verlassen Sie sich am besten auf die Talente Ihres Teams. Wenn alle das beitragen, was sie am besten können, erhalten Sie eine bestmögliche Präsentation.

Tipp 7: Der Schnelldurchlauf

Wenn Geschäftsleute nach Investoren mit Geld für ihr Unternehmen suchen, müssen sie in der Lage sein, ihre Geschäftsidee in kürzester Zeit so anschaulich wie möglich darzustellen. Auch wenn Sie für Ihre Präsentation nicht auf der Suche nach Investoren sind, müssen Sie dennoch ebenso in der Lage sein, Ihre Präsentation »im Schnelldurchlauf« zu halten, wenn Ihre Chefin Sie anruft und sich entschuldigt, dass sie nicht an der Präsentation teilnehmen kann, aber auf die Schnelle wissen möchte, was Sie dort zu sagen gedenken.

Wenn Sie die Drehbuchvorlage fertig ausgefüllt haben, wissen Sie ganz genau, was Sie in der Präsentation alles sagen werden. Um die Vorlage auf die Schnelle zu vermitteln, fassen Sie zunächst Akt I zusammen. Anschließend beschreiben Sie kurz die Hauptargumente in der 5-Minuten-Spalte von Akt II. Damit haben Sie den Kontext und die wichtigsten Fakten der Präsentation abgehandelt. Wenn Ihre Chefin zum einen oder anderen Punkt noch mehr wissen will, greifen Sie einfach auf die Fakten in der 15-Minuten-Spalte und in der 45-Minuten-Spalte zurück.

Dieses praktische Verfahren kann nicht nur für mündliche Zusammenfassungen eingesetzt werden. Wenn Sie beispielsweise die Marketingplanbeschreibung für Ihre Rede niederschreiben müssen, dann steht Ihnen die Gliederung dazu bereits in Form von Akt I und der 5-Minuten-Spalte von Akt II der Drehbuchvorlage zur Verfügung. Wenn Sie anderen die Gliederung Ihrer Rede vorab zukommen lassen wollen, übernehmen Sie die Struktur der mündlichen Zusammenfassung und versenden sie per E-Mail. Wie Sie sehen, unterstützt Sie die Drehbuchvorlage in vielen Bereichen bei der effektiven Kommunikation mit anderen.

Tipp 8: Gliederungskonventionen

Wenn Sie das Gefühl haben, dass Sie die Szenen von Akt II besser in linearer Form und nicht mit der Drehbuchvorlage schreiben können, dann sollten Sie dies auch tun. Bei der linearen Form führen Sie dieselben Schritte aus und folgen denselben Prinzipien wie beim Drehbuchansatz, mit dem Unterschied, dass Sie sich an die Konventionen einer klassischen Gliederungsstruktur mit Einzügen etc. halten, anstatt in Felder zu schreiben. So sieht Akt II des Contoso-Drehbuchs in Form einer Gliederung aus:

Genehmigen Sie den Marketingplan, um sanft durch die Wellen zu gleiten. (*Warum?*)

1. Mit 10 Mio. EUR nehmen wir Fahrt bei der Einführung bei Ärzten auf. (*Wie?*)
    a) 5 Mio. EUR für Anzeigen steigern das medizinische Bewusstsein. (*Warum?*)
        i Wir haben unsere Ziele in der Vergangenheit mit vergleichbaren Ausgaben erreicht.
        ii Durchschnittswerte aus der Branche bestätigen die zu erwartenden Ergebnisse.
        iii Zahlen der Werbeagentur bestätigen stabile Reaktionen auf Anzeigen.
    b) 3 Mio. EUR für Telefonaktionen erhöhen die Probenrate. (*Warum?*)
        i Unser aktuelles Programm hat zu einem 20%igen Anstieg bei den Arzneiproben geführt.
        ii Die Telefonaktionen der Firma XY erzielen ausgezeichnete Ergebnisse.
        iii Wir können basierend auf dem Vergleich mit ähnlichen Pillen unser Ziel problemlos erreichen.
    c) 2 Mio. EUR für Konferenzen stärken die Präsenz. (*Warum?*)
        i Ähnliche Konferenzen haben unsere Präsenz um 24% erhöht.
        ii Der Zeitplan garantiert, dass wichtige Entscheidungsträger anwesend sind.
        iii Unser Vertrieb berichtet von guten Erfahrungen bei ähnlichen Aktionen in der Vergangenheit.

2. Mit 50 Mio. EUR haben wir freie Fahrt bei der Nachfrage auf dem Consumermarkt. (*Wie?*)
- ▶ Unterstützende Argumente

3. Der Plan führt uns sicher durch alle regulativen Vorgaben in den Hafen. (*Wie?*)
- ▶ Unterstützende Argument

Ganz oben in der Gliederung steht als Titel die Lösung aus Szene 5 im ersten Akt. Die erste Ebene der Gliederung (1, 2, 3) entspricht den Argumenten der 5-Minuten-Spalte von Akt II, die zweite Ebene (a, b, c) den Antworten der 15-Minuten-Spalte und die dritte Ebene (i, ii, iii) den Fakten der 45-Minuten-Spalte. Diese Gliederung entspricht genau der Drehbuchvorlage, arbeitet aber strikt linear. Suchen Sie sich das Verfahren aus, mit dem Sie besser arbeiten können.

Tipp 9: Vom »Groben« zum »Feinen«

Versuchen Sie stets, klar strukturiert von oben nach unten zu denken. Vielleicht erscheint es Ihnen logischer, zunächst die Details zu präsentieren und dann zu einer Lösung zu kommen. Die Drehbuchvorlage geht genau anders herum vor. Sie schlägt zunächst eine Lösung vor und liefert dann die Argumente dafür. Wenn Sie in einer Präsentation zuerst alle detaillierten Fakten vortragen, hat das Publikum mehr Schwierigkeiten, sie zu behalten, da es nicht genau weiß, auf was Sie hinauswollen. Wenn Sie die mögliche Lösung vorwegnehmen, ist der Kontext klar vorgegeben und die Zuhörer können den Argumenten besser folgen.

Auch Akt II ist nach diesem Prinzip aufgebaut. Sie stellen ein Hauptargument in den Raum und arbeiten es detailliert in den Feldern der rechts daneben angeordneten Spalten aus. Sie gehen vom »Groben« zum »Feinen«.

Wenn Sie lernen, die Lösung vorwegzunehmen und anschließend zu begründen, können die Zuhörer Ihre Botschaft viel besser verstehen und länger behalten – eine gelungene Präsentation.

Tipp 10: Der unsichtbare Aufbau der Geschichte

Wenn der Aufbau der Geschichte im Hintergrund bleibt, wird die Geschichte klarer. In einem Film wird auch nie ein Schauspieler sagen, dass Sie jetzt den Anfang, den mittleren Teil oder das Ende sehen. Die meisten Filmdrehbücher verwenden den klassischen Dreiaktaufbau, wie auch die Drehbuchvorlage. Das Publikum bevorzugt unbewusst oder nicht, dass die klassischen Elemente im Film enthalten sind, die Struktur des Films aber im Verborgenen bleibt. Da auch Ihre Geschichte auf dem klassischen System aufbaut, müssen Sie dem Publikum nicht mitteilen, in welcher Phase der Geschichte es sich gerade befindet. Der Aufbau Ihrer Geschichte ist vollständig in die Drehbuchvorlage eingearbeitet, so dass das Publikum den Aufbau ganz von selbst versteht.

Kapitel 4
Vorbereitung und Planung des Storyboards

In diesem Kapitel werden Sie ...

1. das Drehbuch in ein Storyboard umwandeln.
2. Navigationshilfen in das Storyboard einfügen.
3. grafische Elemente der Präsentation planen.
4. den Vortrag ausformulieren.
5. Akte und Szenen überprüfen.

Wenn Sie Microsoft Office PowerPoint starten, sehen Sie einen »leeren« Bildschirm ohne Daten. Dies kann frustrierend sein, wenn Sie nicht wissen, wo und wie Sie beginnen sollen. Sie werden diese Erfahrung nicht machen müssen, weil Sie mit Ihrer Drehbuchvorlage bereits eine vollständige, in sich geschlossene Geschichte als Grundlage für Ihre Folien aufgebaut haben. Dieses Drehbuch übertragen Sie nun in PowerPoint. Dort wandeln Sie es in ein Storyboard um, mit dem Sie die gesprochenen Worte und die grafische Darstellung planen.

Das Storyboard

Als Filmregisseur/-regisseurin würden Sie jetzt einen Storyboard-Illustrator, eine Storyboard-Grafikerin engagieren, der/die ausgewählte Szenen des Skripts skizziert. So erhalten alle im Produktionsteam einen Eindruck davon, wie der Film wirklich aussehen wird. Erst dann kann das Team damit beginnen, das Drehbuch in gesprochene Worte und in grafische Elemente und Bilder umzuwandeln. Ein Storyboard ist ein wichtiges, kraftvolles Element, mit dem Sie mehrere Phasen einer Geschichte in einer einzigen Ansicht betrachten und so die Beziehung zwischen den einzelnen Phasen in der Erzählung erkennen können. Ohne dieses Verfahren wäre es nicht möglich zu sehen, wie sich die Teile der Geschichte zu einem großen Ganzen zusammenfügen.

Sie brauchen weder einen Storyboard-Illustrator noch müssen Sie selbst etwas skizzieren, um das Storyboard für Ihr Drehbuch zu erstellen. Sie wenden aber die grundlegenden Filmtechniken zur Erstellung eines Storyboards an, um das große Ganze der Geschichte nicht aus den Augen zu verlieren. Damit verschiebt sich Ihre Betrachtungsweise der PowerPoint-Präsentation – weg von einzelnen, isolierten Folien hin zu fortlaufenden, miteinander in Beziehung stehenden Bildern auf einem Filmstreifen. Wenn Sie eine neue PowerPoint-Präsentation so aufbauen, dient Ihnen das Storyboard nicht nur zur Planung des Gesprochenen und der grafischen Elemente, sondern auch der Präsentation der Wörter und Bilder mithilfe eines einzigen Mediendokuments, das über Projektor, Papier und Browser kommuniziert.

Zunächst bereiten Sie das Storyboard vor, indem Sie das Drehbuch aus Microsoft Word heraus an Microsoft PowerPoint senden.

Das Drehbuch in PowerPoint übertragen

Beim Erstellen des Drehbuchs haben Sie die Informationen auch gleichzeitig für den Einsatz in PowerPoint vorbereitet. Dieselben klaren Sätze, die jeden Akt und jede Szene des Drehbuchs kurz und prägnant beschreiben, kommunizieren Ihre Botschaft dann im Titelbereich der einzelnen PowerPoint-Folien klar und zusammenhängend an das Publikum, wie in Abbildung 4.1 zu sehen ist.

Entscheidend an der ganzen Sache ist, dass Sie Sätze schreiben, die Sie sowohl in der Drehbuchvorlage als auch in den PowerPoint-Folien verwenden. Und nur so ist es möglich, zu *erzählen* statt *aufzuzählen*. Nachdem Sie das Drehbuch in das Storyboard einbetten, können Sie sicher sein, dass alles, was Sie in der Präsentation sagen und zeigen, haargenau die Struktur und Reihenfolge Ihrer Geschichte widerspiegelt.

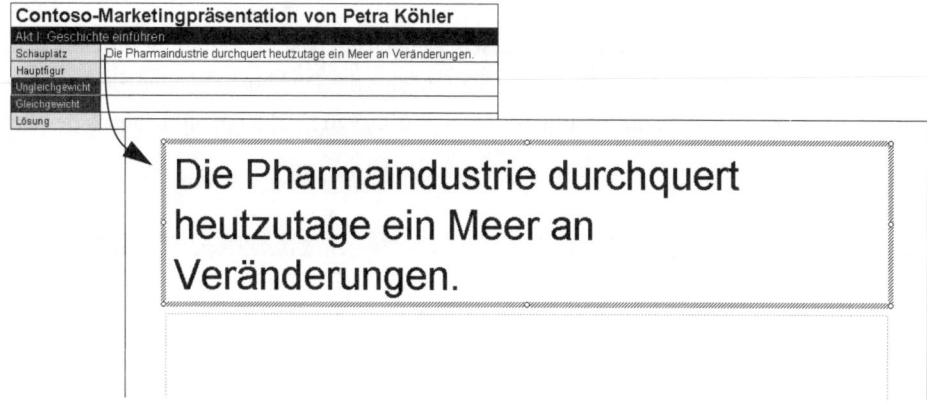

Abbildung 4.1: So wird eine Aussage im Drehbuch in den Titelbereich einer PowerPoint-Folie übernommen

In der ursprünglichen Contoso-Präsentation stehen, wie in den meisten anderen PowerPoint-Präsentationen auch, im Titel meist nur Kategorientitel.

Dann gibt es auch kein Entrinnen, was die Aufzählungspunkte anbetrifft, da jeder Titel dann lediglich die Überschrift für eine Liste an Aufzählungen darstellt. Wenn Sie nur einen Kategorientitel in den Titelbereich einer Folie schreiben, ohne anschließend aufzuzählen, dann sagt dieser Titel nicht viel aus und Sie haben Probleme, ihn grafisch darzustellen. Wenn Sie dagegen eine Aussage aus dem Drehbuch in den Titelbereich der Folie setzen, dann hat die Überschrift eine Aussage, die das Publikum sofort nachvollziehen kann und die die Art der grafischen Darstellung impliziert.

Am besten lassen sich diese Überschriften mit *Headlines* oder *Schlagzeilen* in Zeitungen vergleichen. Genau wie Schlagzeilen in einer Zeitung beschreiben die Folientitel einen Sachverhalt in einfacher, klarer und direkter Sprache im Konversationsstil auf stark begrenztem Raum.

Wenn Sie mit der Erstellung der Präsentation beginnen und alle Sätze des Drehbuchs in eine PowerPoint-Datei übertragen, werden Sie nie mit einem leeren Bildschirm konfrontiert. Stattdessen beginnen Sie mit einer Reihe von PowerPoint-Folien, die alle bereits mit einer aussagekräftigen Schlagzeile versehen sind.

Von Word in PowerPoint

Die Übertragung des Drehbuchs aus Word in PowerPoint wird mit einem nicht so bekannten Befehl schnell und einfach durchgeführt.

Bevor Sie aber damit beginnen, müssen Sie noch ein paar Vorbereitungsarbeiten in der Drehbuchdatei erledigen. Speichern Sie zunächst das Drehbuch. Wählen Sie dann den Befehl *Bearbeiten/Alles markieren*, um den gesamten Text zu markieren, und danach den Befehl *Bearbeiten/Kopieren*.

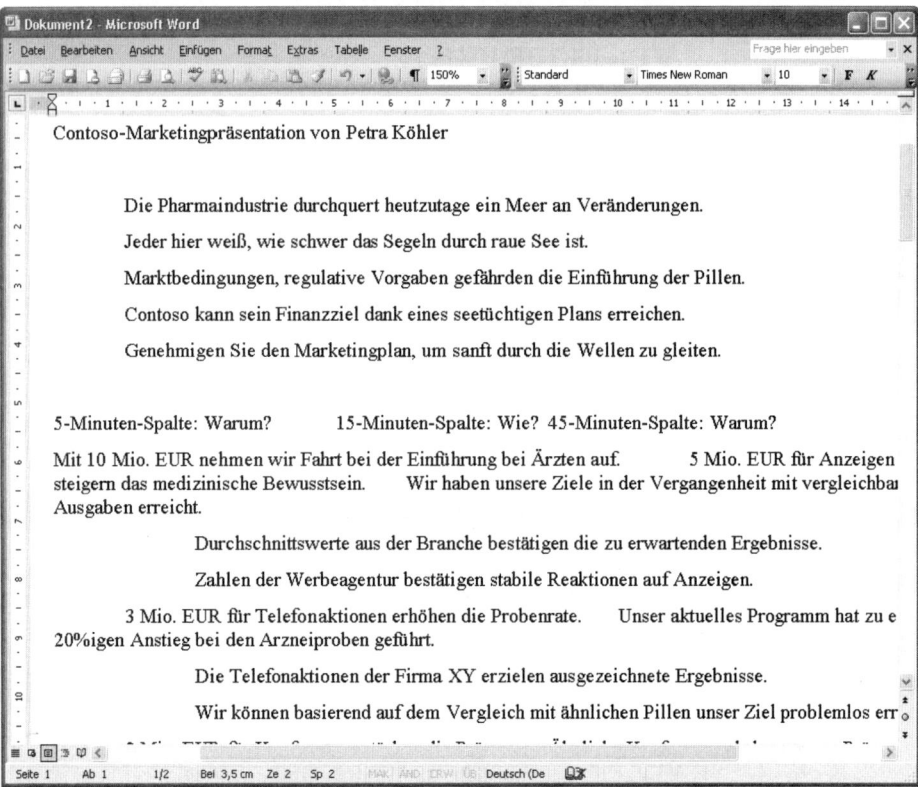

Abbildung 4.2: Der unformatierte Drehbuchtext in einem neuen Word-Dokument

Erstellen Sie ein neues Word-Dokument, setzen Sie den Cursor in das Dokument und wählen Sie im Menü *Bearbeiten* den Befehl *Inhalte einfügen*. Klicken Sie im Dialogfeld *Inhalte einfügen* im Listenfeld *Als* auf den Eintrag *Unformatierten Text* und danach auf *OK*. Das Ergebnis sollte ähnlich wie in Abbildung 4.2 aussehen.

Löschen Sie die erste Zeile mit dem Titel und dem Autorennamen sowie die Zeile mit den Spaltenbeschriftungen. Anschließend löschen Sie alle überflüssigen Leerzeichen, Absatzzeichen, Tabulatoren etc. und bearbeiten die Zeilenumbrüche so, dass als Endergebnis pro Zeile ein Satz da steht (siehe Abbildung 4.3).

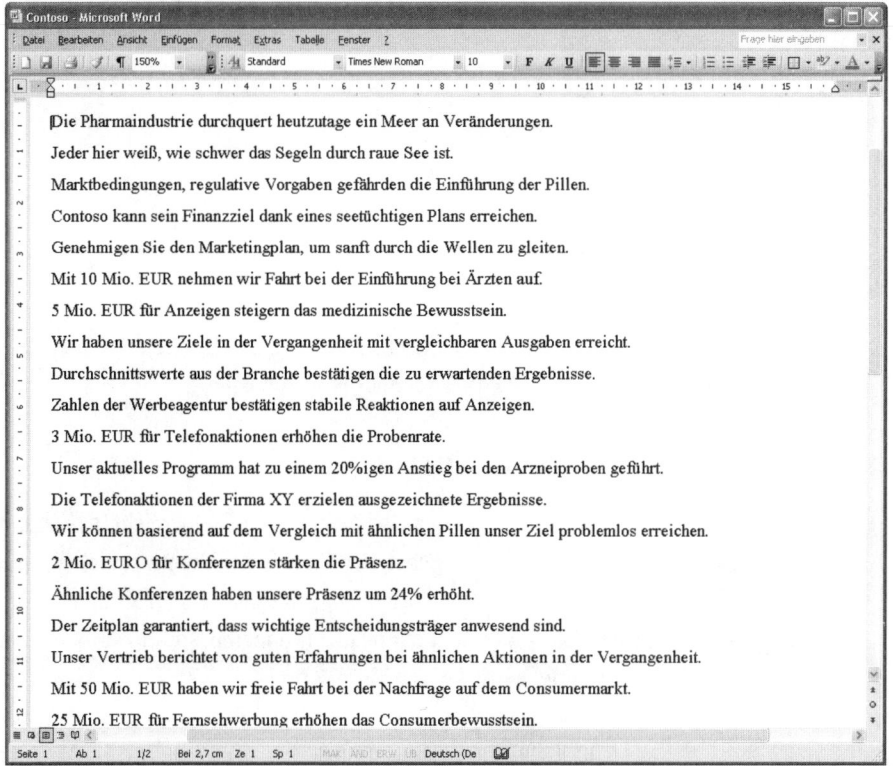

Abbildung 4.3: Das bearbeitete Word-Dokument: jeder Satz steht in einer separaten Zeile

Wählen Sie nun den Befehl *Datei/Senden an/Microsoft PowerPoint*. Daraufhin wird PowerPoint geöffnet, wo für jeden Satz des Drehbuchs eine separate Folie angelegt und der Satz in den Titelbereich der Folie eingefügt wird, wie in Abbildung 4.4 zu sehen ist. Wählen Sie im Menü *Datei* den Befehl *Speichern*, geben Sie einen Namen ein und speichern Sie die neue PowerPoint-Datei auf Ihrem Rechner. Wie Sie in Abbildung 4.4 sehen können, passen nicht alle Sätze optimal in den Titelbereich. Darum kümmern Sie sich als Nächstes.

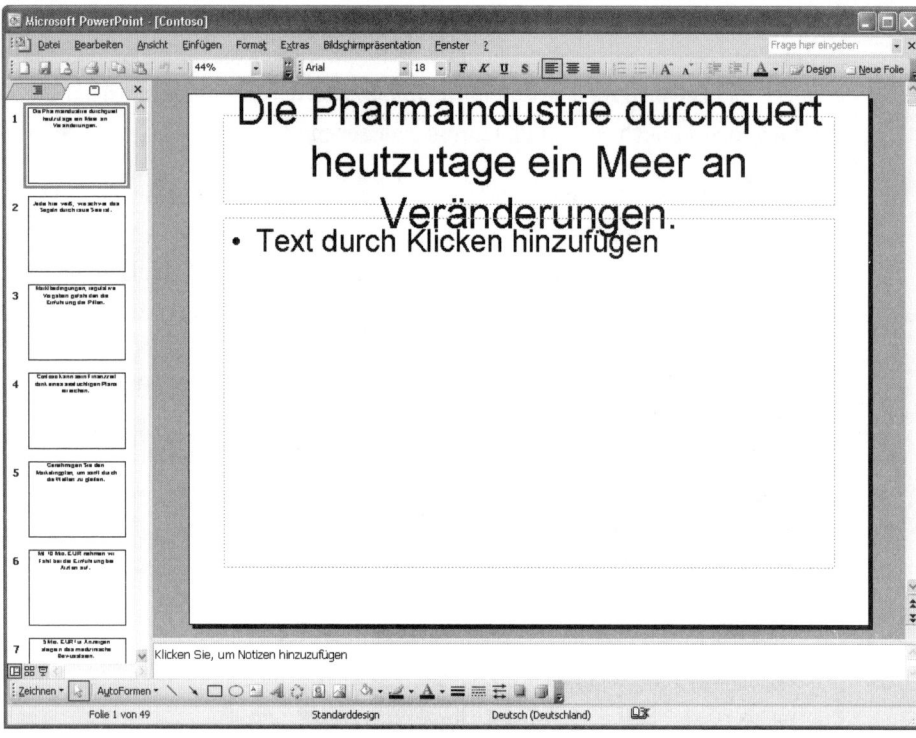

Abbildung 4.4: Die neue PowerPoint-Datei mit der ersten Folie

Folienmaster einrichten

Wie in Abbildung 4.4 zu sehen ist, passt der Titel nicht in den Titelbereich. Dies wird bei allen Folien der Fall sein, da Sie sich beim Schreiben der Sätze in der Drehbuchvorlage an eine bestimmte Länge gehalten haben. In der Ansicht *Folienmaster* können Sie einen so genannten Folienmaster erstellen, dessen Format dann auf alle anderen, sowohl vorhandenen als auch neuen, Folien angewendet wird.

So erstellen Sie einen Folienmaster:

1. Wählen Sie den Befehl *Ansicht/Master/Folienmaster*. Klicken Sie oben in der Folie im Titelbereich auf den Platzhalter *Titelmasterformat durch Klicken bearbeiten*.
2. Definieren Sie die Schriftart- und -größe. Klicken Sie dazu in der Formatsymbolleiste auf den Dropdownpfeil rechts neben dem Feld *Schriftart* und wählen Sie den Eintrag *Arial*. Klicken Sie dann auf den Dropdownpfeil rechts neben dem Feld *Schriftgrad* und wählen Sie den Eintrag *36*.

3. Legen Sie Optionen für den Titel fest. Achten Sie zunächst darauf, dass der Titelbereich immer noch markiert ist. Wählen Sie den Befehl *Format/Platzhalter* und klicken Sie im Dialogfeld *AutoForm formatieren* auf die Registerkarte *Textfeld*. Das Kontrollkästchen *Text in AutoForm umbrechen* muss aktiviert (d.h. mit einem Häkchen versehen) sein. Wählen Sie im Dropdown-Listenfeld *Textankerpunkt* den Eintrag *Oben*. Bestätigen Sie die Einstellungen durch Klicken auf *OK*.

4. Klicken Sie in der Formatsymbolleiste auf die Schaltfläche *Linksbündig*.

5. Klicken Sie auf der unteren Titelumrandung auf den mittleren Punkt, halten Sie die Maustaste gedrückt und ziehen Sie die Umrandung so weit nach unten, dass in den Titelbereich noch eine dritte Zeile passt.

6. Löschen Sie unten auf dem Folienmaster die Felder für Datum/Uhrzeit, Fußzeile und Seitennummer.

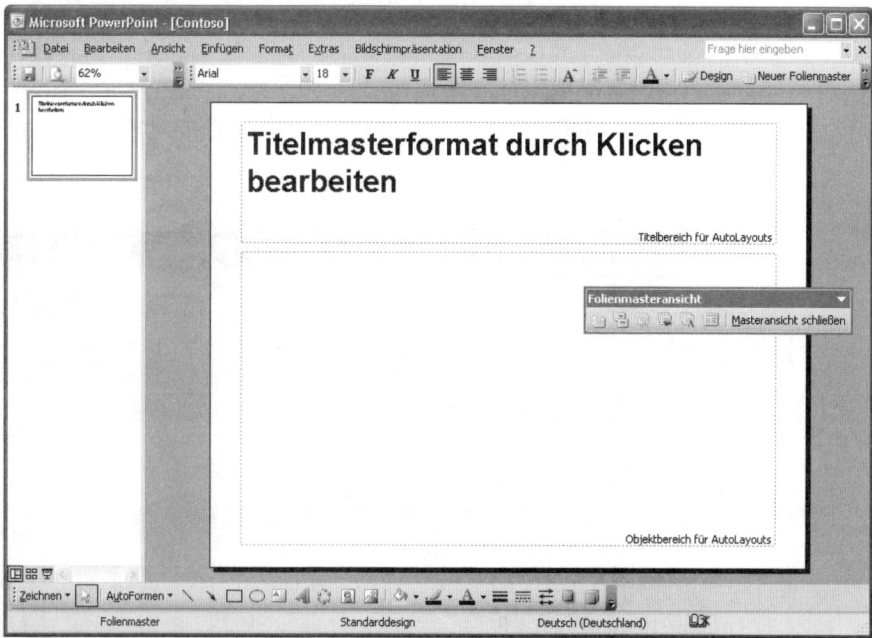

Abbildung 4.5: Der fertig gestellte Folienmaster mit allen neuen Formatierungen

7. Bereiten Sie den Objektbereich vor. Klicken Sie dazu auf den Platzhalter *Objektbereich*. Ziehen Sie den mittleren Punkt der oberen Umrandung so weit nach unten, dass sich die beiden Bereiche nicht mehr überschneiden. Ziehen Sie anschließend die untere Umrandung so weit nach unten, bis der untere Rand in etwas so schmal ist wie der obere Rand. Löschen Sie den gesamten Text im Objektbereich und klicken Sie, während der Objektbereich noch immer markiert ist, in der Formatsymbolleiste auf die Schaltfläche *Auf-*

zählungszeichen, um das Aufzählungsformat zu deaktivieren. Ihr Bildschirm sollte nun ähnlich wie in Abbildung 4.5 aussehen.

8. Klicken Sie in der Symbolleiste *Folienmasteransicht* auf die Schaltfläche *Masteransicht schließen*, um zur vorherigen Ansicht Ihrer Folien zurückzuschalten.

Dieser Folienmaster mit seinen geänderten Formaten dient als Basis für eine saubere und einheitliche Darstellung aller Folien in einer Form, die den in Anhang A beschriebenen, auf wissenschaftlichen Untersuchungen beruhenden Designprinzipien entspricht.

Wenn Sie den Folienmaster zu einem späteren Zeitpunkt ändern, achten Sie darauf, dass sein Hintergrund stets weiß bleibt. Und wenn Sie den Titelbereich des Folienmasters bearbeiten, denken Sie daran, dass Sie eine Schriftart und -größe wählen, die in der Ansicht *Foliensortierung* noch gut lesbar ist. Ansonsten können Sie die Folien nicht als Basis für Ihr Storyboard verwenden. Und bevor Sie Änderungen am Folienmaster vornehmen, sollten Sie den Abschnitt »Tipp 7: Die Storyboardvorlage anpassen« weiter hinten in diesem Kapitel lesen.

> **Tipp:** Wenn Sie die Platzhalter auf der Folienmaster präziser bearbeiten und ausrichten möchten, wählen Sie im Menü *Ansicht* den Befehl *Raster und Führungslinien* und legen im daraufhin angezeigten Dialogfeld die erforderlichen Einstellungen fest.

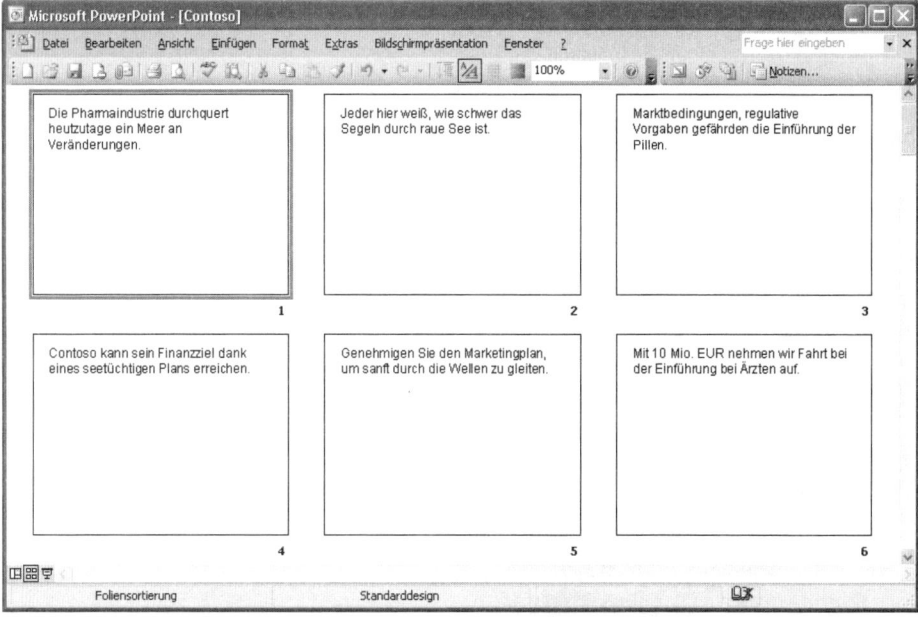

Abbildung 4.6: Die Ansicht *Foliensortierung*, in der alle Headlines deutlich lesbar sind

Wählen Sie nun im Menü *Ansicht* den Befehl *Foliensortierung*, um einen ersten Entwurf Ihres PowerPoint-Storyboards zu betrachten. In dieser Ansicht werden verkleinerte Versionen Ihrer Folien angezeigt, damit Sie einen besseren Überblick über die Folien haben (siehe Abbildung 4.6). Und bereits in diesem frühen Stadium des Storyboards beantwortet die PowerPoint-Datei die erste Analysefrage aus Kapitel 1 mit Ja. Diese Frage lautet: »Kann ich den Fokus der Präsentation erkennen, wenn ich lediglich die Folienüberschriften lese?«

Sollten die Folien sehr klein sein, klicken Sie in der Standardsymbolleiste auf den Dropdownpfeil rechts neben dem Feld *Zoom* und wählen dort *100%* aus.

Folienlayout ändern

Da Sie *erzählen* statt *aufzählen* wollen, sind Sie nicht mehr auf Aufzählungszeichen angewiesen. Das heißt, Sie können für die Folien ein anderes Layout wählen, das die bildliche Darstellung unterstützt. In den Kapiteln 5 und 6 werden Sie grafische Elemente in die Folien einfügen.

Um das Folienlayout für alle Folien in einem Schritt zu ändern, wählen Sie in der Ansicht *Foliensortierung* den Befehl *Bearbeiten/Alles markieren* und anschließend den Befehl *Format/Folienlayout*. Der Aufgabenbereich *Folienlayout* wird daraufhin am rechten Bildschirm eingeblendet. Wählen Sie dort unter *Inhaltslayout* das Layout *Titel und Inhalt*, wie in Abbildung 4.7 zu sehen ist.

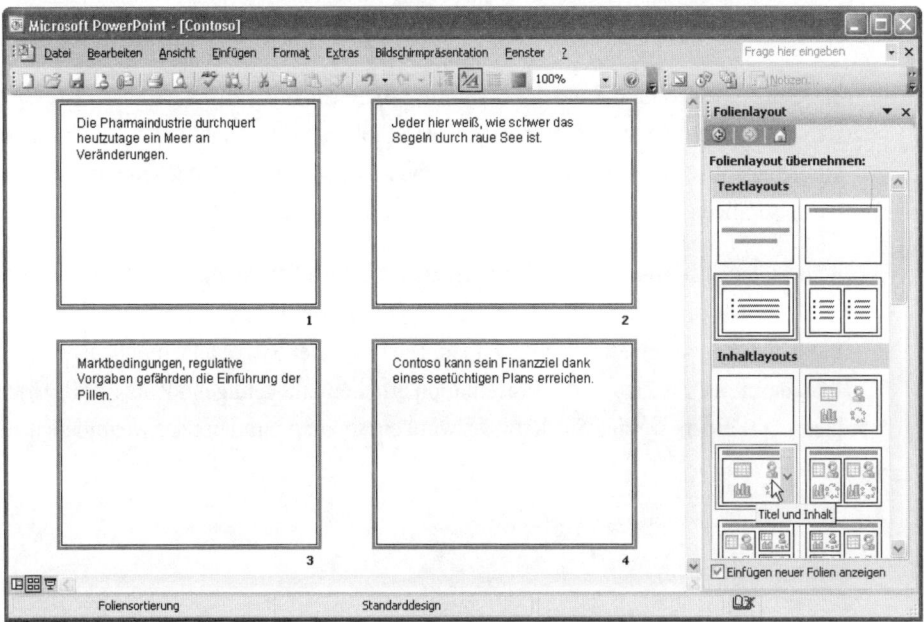

Abbildung 4.7: Ein einheitliches Layout für alle Folien festlegen

Jetzt haben Sie ganz »offiziell« die Grenze zwischen Erzählen und Aufzählen überschritten. Noch bevor Sie auch nur ein einziges grafisches Element eingefügt haben, haben Sie die PowerPoint-Präsentation mit einer kraftvollen Geschichte gefüllt, jede Folie mit einer aussagekräftigen Headline versehen und ein einheitliches Folienlayout zugewiesen, das im Hauptbereich für grafische Elemente anstelle von Aufzählungen konzipiert ist.

Beim Durchsehen der Folientitel in der Ansicht *Foliensortierung* werden Sie eventuell feststellen, dass die eine oder andere Überschrift nicht in den Titelbereich passt. Im Folgenden lernen Sie daher die Grundlagen der Titelbearbeitung kennen, damit Sie diese und andere Probleme beheben können.

Titel bearbeiten

In PowerPoint gibt es zwei Möglichkeiten, Titel zu bearbeiten. Zum einen können Sie zur Normalansicht (*Ansicht/Normal*) wechseln und dort mit der Bearbeitung beginnen. Zum anderen können Sie die Präsentation im Gliederungsformat anzeigen (siehe Abbildung 4.8). In der Normalansicht gibt es im linken Bereich des Bildschirms zwei Registerkarten: *Gliederung* und *Folien*. Wenn Sie auf die Registerkarte *Gliederung* klicken, werden im linken Bildschirmbereich die Headlines angezeigt, denen eine Nummerierung und ein kleines Foliensymbol vorangestellt sind. Klicken Sie hier auf den Text, den Sie bearbeiten möchten. Während Sie auf der Registerkarte *Gliederung* Änderungen am Text vornehmen, wird der Folientitel rechts daneben automatisch aktualisiert.

Sie können den rechten Rand des Gliederungsbereichs mit gedrückter Maustaste nach rechts ziehen, um mehr Platz für die Anzeigen der Headlines zu schaffen. In der Gliederungsanzeige können Sie Ihre Aussagen schnell und einfach als Liste von oben nach unten lesen. Drucken Sie diese Gliederung beispielsweise aus, um sie als Vortragsnotizen zu verwenden.

Blättern Sie durch die Gliederung und suchen Sie nach Sätzen, die zu lang sind. Bearbeiten Sie diese, wie hier beschrieben. Manchmal genügt es, ein Wort zu löschen. Manchmal ist es nötig, den Satz komplett neu aufzubauen. Die Länge der Sätze sollte möglichst einheitlich sein, damit die Konsistenz der Präsentation erhalten und genügend Platz für die Grafiken bleibt. Außerdem werden Sie damit gezwungen, so knapp und präzise wie möglich zu formulieren.

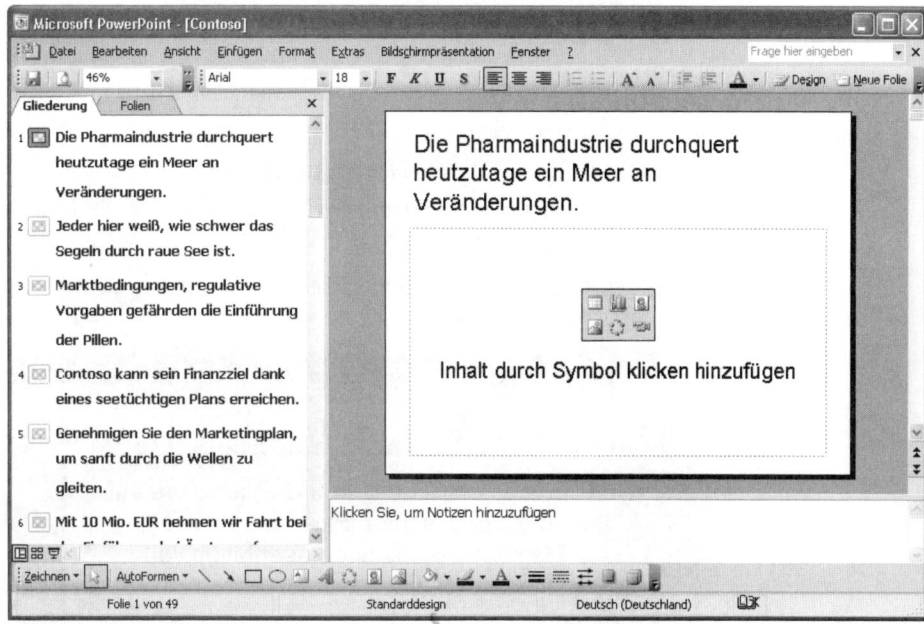

Abbildung 4.8: Einen Titel auf der Registerkarte *Gliederung* bearbeiten

Storyboard vorbereiten

Wählen Sie den Befehl *Ansicht/Foliensortierung*, um zur Darstellung mehrerer Folien am Bildschirm zurückzuschalten. Im Folgenden fügen Sie noch ein paar weitere Folien zur Abrundung der Geschichte und zur einfacheren Verwaltung der Folien ein.

Titel und Abspann einfügen

Jeder Film beginnt mit seinem Titel. Und genau so sollte es auch bei einer PowerPoint-Präsentation sein. Suchen Sie in der Ansicht *Foliensortierung* die Folie mit dem Satz für Szene 3 von Akt III. Das ist die vorletzte Folie des Storyboards. Auf dieser Folie wird der emotionale Motor zusammengefasst, der die Geschichte vorwärts treibt. Im Contoso-Beispiel ist dies die Headline *Nehmen Sie mit den IQ-Pillen Kurs auf die gewünschten Finanzergebnisse*. Aus dieser Headline lässt sich ein interessanter Titel für die Geschichte machen, besonders dann, wenn das Publikum vorab nicht allzu viel über die Präsentation weiß. Um einen Folientitel aus dieser Folie zu erstellen, markieren Sie die Folie, drücken [Strg]+[D] und ziehen dann das Duplikat mit gedrückter Maustaste vor die erste Folie der Präsentation, so dass diese neue Folie an erster Stelle steht.

Doppelklicken Sie auf die neue Folie, um zur Normalansicht zu wechseln. Ersetzen Sie den Punkt am Ende der Headline durch einen Doppelpunkt und geben Sie anschließend den eigentlichen Titel aus der Drehbuchvorlage ein. Der vollständige neue Titel im Contoso-Beispiel lautet dann *Nehmen Sie mit den IQ-Pillen Kurs auf die gewünschten Finanzergebnisse: Contoso-Marketingpräsentation von Petra Köhler*, wie in Abbildung 4.9 zu sehen ist. Da der Titel der Titelfolie deutlich länger ist als der der übrigen Folien, passen Sie die Umrandung des Titel- und des Objektbereichs wie im Abschnitt »Folienmaster einrichten« weiter vorn in diesem Kapitel beschrieben an. Das ist nun die Textbasis für die Titelfolie der Präsentation.

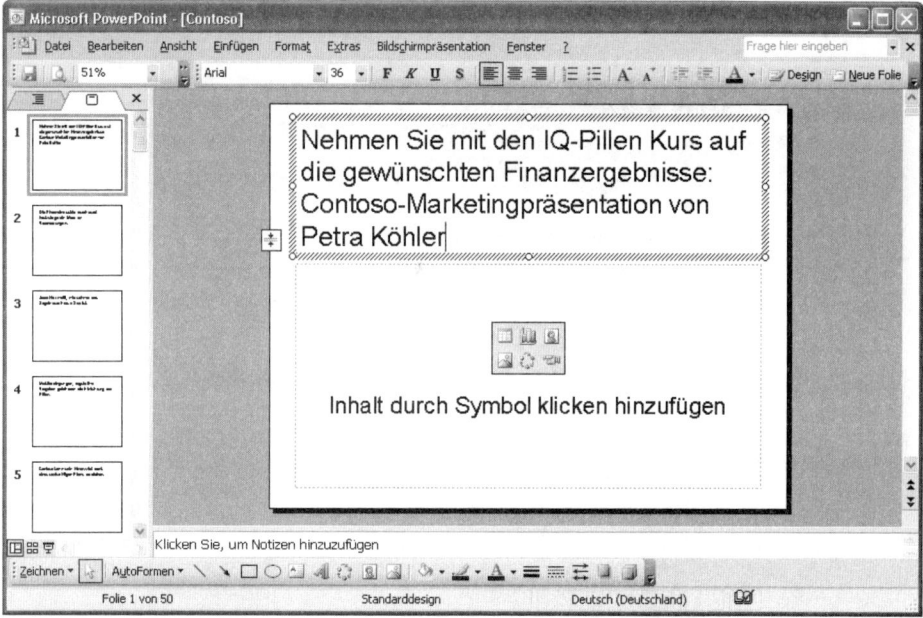

Abbildung 4.9: Die Titelfolie der Präsentation

Wechseln Sie zurück zur Ansicht *Foliensortierung* und setzen Sie den Cursor hinter die letzte Folie der Präsentation. Wählen Sie im Menü *Einfügen* den Befehl *Neue Folie*, um eine leere Folie für den Abspann einzufügen. Doppelklicken Sie auf die neue Folie, um in die Normalansicht zu wechseln. Machen Sie sich im Titelbereich Notizen zur grafischen Umsetzung, die erst später erfolgt. Hier sollte eine Grafik eingefügt werden, die beim Publikum auch nach der Präsentation noch lange im Gedächtnis haften bleibt. Der Abspann könnte beispielsweise den Firmennamen, eine Websiteadresse, Ihre Kontaktdaten oder ein einfaches Bild, das das Thema der Präsentation visualisiert, enthalten. Das grafische Design für diese Folie erstellen Sie in Kapitel 6.

Navigationshilfen einfügen

Wenn Sie in der Ansicht *Foliensortierung* einen Blick auf Ihre Folien werfen, fällt es schwer, zwischen den Akten und Szenen des Storyboards zu unterscheiden. Das Einfügen von Navigationselementen kann hier helfen. Es handelt sich dabei um »versteckte« Platzhalterfolien, mit denen die Elemente und Ebenen des Storyboards kenntlich gemacht werden. Sie sehen zwar beim Arbeiten mit dem Storyboard diese Folien, sie werden aber

> **Tipp:** Wenn Sie die Navigationshilfen nicht selbst erstellen möchten, können Sie stattdessen unter *www.microsoft.com/germany/ mspress/begleitdateien* einen kostenlosen Download der Datei *Navigationshilfen* durchführen (siehe zum grundsätzlichen Vorgehen beim Downloaden der zu diesem Buch verfügbaren Dateien Seite 40, oben). Diese Datei enthält alle für diese Präsentation wichtigen Navigationshilfen.

nicht angezeigt, wenn Sie die Präsentation ablaufen lassen. Mit den Navigationshilfen haben Sie den Aufbau der gesamten Präsentation stets vor Augen. Und so können Sie die Sachverhalte Ihrem Publikum auch klar und strukturiert vortragen.

Bevor Sie also mit dem Storyboard arbeiten, bauen Sie eine Reihe versteckter Navigationshilfen ein, mit denen Sie die Folien optimal verwalten können.

So erstellen Sie versteckte Navigationshilfen:

1. Setzen Sie den Cursor in der Ansicht *Foliensortierung* rechts neben die letzte Folie, den Abspann, und wählen Sie dann den Befehl *Einfügen/Neue Folie*, um eine neue, leere Folie einzufügen.

2. Doppelklicken Sie auf die neue Folie, um zur Normalansicht zu wechseln, und wählen Sie den Befehl *Format/Folienlayout* und im dann angezeigten Aufgabenbereich *Folienlayout* das leere Inhaltslayout.

3. Geben Sie Text ein und formatieren Sie ihn. Klicken Sie dazu in der Symbolleiste *Zeichnen* auf die Schaltfläche *Textfeld* und ziehen Sie dann mit gedrückter Maustaste in der Mitte der Folie von ganz links nach ganz rechts, um das Textfeld zu erstellen. Geben Sie in das Textfeld *Akt II, Szene 3* ein und markieren Sie dann das Feld, indem Sie auf seine Umrandung klicken. Klicken Sie in der Formatsymbolleiste auf die Schaltfläche *Zentriert* und legen Sie anschließend im Feld *Schriftgrad* die Größe 88 fest. Klicken Sie dann auf den Dropdownpfeil der Schaltfläche *Schriftfarbe* und wählen Sie die Farbe Weiß aus. Danach sehen Sie die Schrift erst einmal nicht mehr.

4. Wählen Sie den Befehl *Format/Hintergrund*, wählen Sie im Dialogfeld *Hintergrund* im Dropdown-Listenfeld für Farben die Farbe Schwarz als Hintergrundfarbe aus und klicken Sie dann auf *Übernehmen*. Ihr Bildschirm sollte nun so wie in Abbildung 4.10 aussehen. Mit dem schwarzen Hintergrund können Sie diese Folie problemlos von den anderen weißen Folien im Storyboard unterscheiden. Und da Sie als Schriftfarbe in Schritt 3 die Farbe Weiß gewählt haben, ist der eingegebene Text sichtbar.

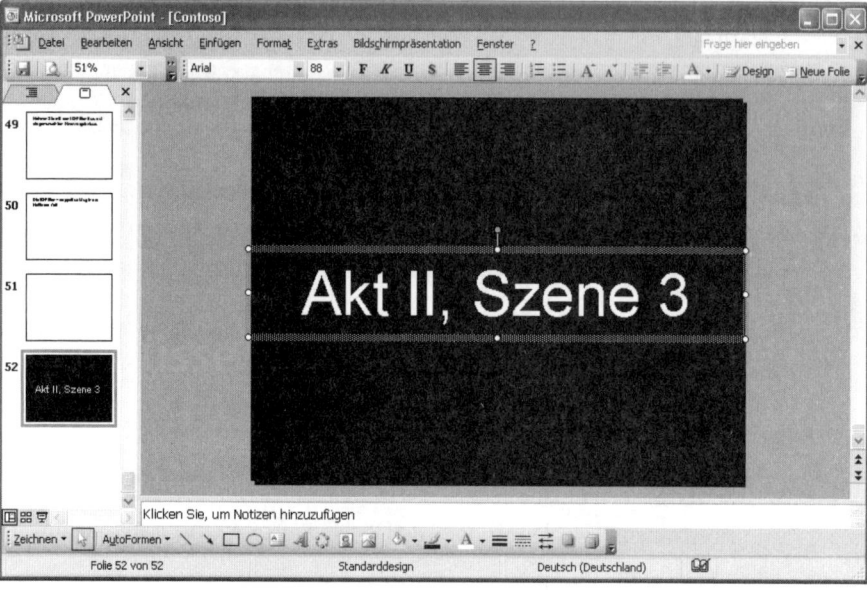

Abbildung 4.10: Eine formatierte Navigationshilfe

5. Wählen Sie im Menü *Ansicht* den Befehl *Foliensortierung*, um zur Ansicht *Foliensortierung* zu wechseln, und markieren Sie die gerade erstellte Folie. Drücken Sie viermal [Strg]+[D], um vier Duplikate dieser Folie zu erstellen. Doppelklicken Sie auf das erste dieser fünf neuen Folien, um sie in der Normalansicht anzuzeigen, und ändern Sie den Text in *Akt I*. Zeigen Sie nacheinander die vier Folien in der Normalansicht an und ändern Sie deren Text so, dass die fünf neuen Folien folgende Texte enthalten:

- Akt I
- Akt II, Szene 1
- Akt II, Szene 2
- Akt II, Szene 3
- Akt III

6. Blenden Sie die neuen Folien aus. Wechseln Sie dazu mit dem Befehl *Ansicht/Foliensortierung* zurück in die Foliensortierung, markieren Sie die erste Navigationshilfe, halten Sie die ⌂-Taste gedrückt und klicken Sie auf die fünfte und letzte Navigationshilfe. Jetzt sind alle fünf Navigationshilfen markiert. Klicken Sie mit der rechten Maustaste auf eine der markierten Folien und wählen Sie im Kontextmenü den Befehl *Folie ausblenden*, wie in Abbildung 4.11 zu sehen ist. Die Navigationselemente sind nun versteckt, d.h., sie werden nicht angezeigt, wenn Sie mit dem Befehl *Ansicht/Bildschirmpräsentation* die Präsentation am Bildschirm starten. Sollen die Navigationselemente nicht gedruckt werden, deaktivieren Sie im Dialogfeld *Drucken* das Kontrollkästchen *Ausgeblendete Folien drucken*.

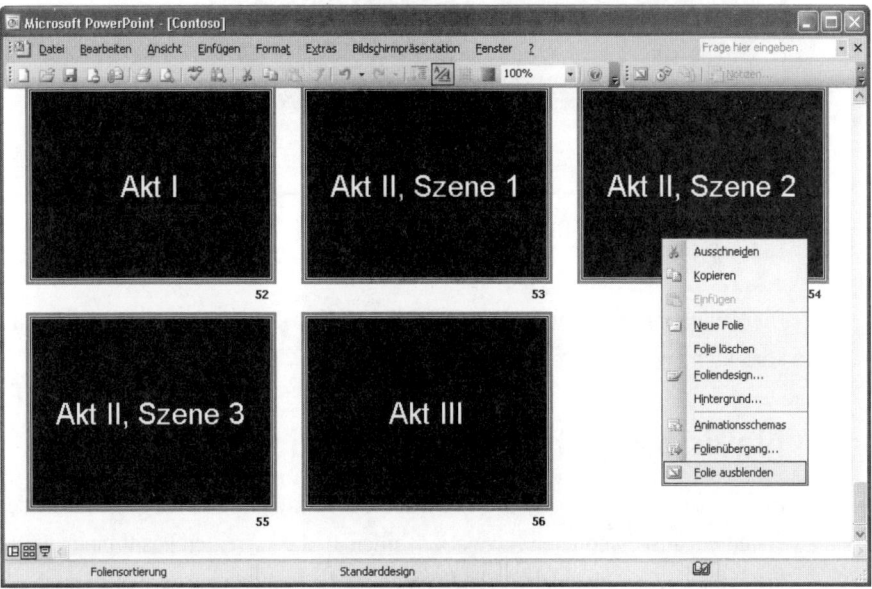

Abbildung 4.11: Die Navigationshilfen ausblenden

Ausgeblendeten Folien werden mit einer speziellen Darstellung der Foliennummerierung gekennzeichnet, wie Sie in Abbildung 4.12 erkennen können. Setzen Sie eine ausgeblendete Folie niemals an den Anfang einer Präsentation, da sie dann angezeigt wird.

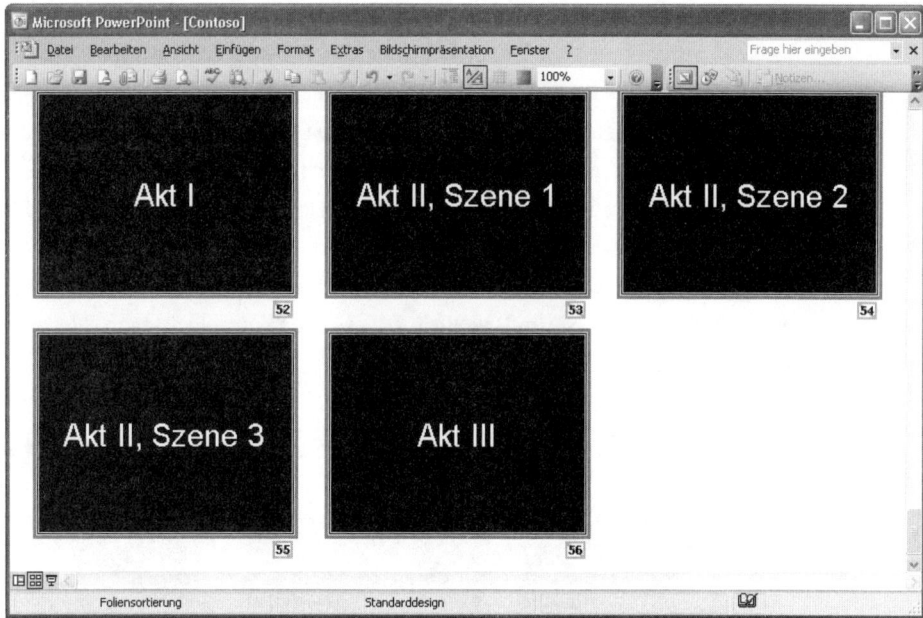

Abbildung 4.12: Ausgeblendete Folien erkennen Sie an der speziellen Darstellung ihrer Nummerierung

Die Navigationselemente sind nun fertig gestellt. Sie müssen sie lediglich noch an die korrekten Positionen verschieben.

Navigationshilfen positionieren

In der Ansicht *Foliensortierung* können Sie die Akte und Szenen gut überblicken, um die erstellten, ausgeblendeten Navigationshilfen an die korrekten Positionen zu verschieben. Prüfen Sie beim Verschieben gleich noch, ob die Reihenfolge der Folien auch wirklich so ist, wie Sie sie mit der Drehbuchvorlage geprobt haben.

So positionieren Sie die Navigationshilfen neu:

1. Klicken Sie auf die Navigationshilfe für Akt I und ziehen Sie sie links neben die zweite Folie.
2. Prüfen Sie anhand der Headlines der Folien 3 bis 7 (die fünf Szenen des ersten Akts), ob ihre Reihenfolge der der Drehbuchvorlage entspricht, und ziehen Sie dann die ausgeblendete Folie für Akt II, Szene 1 links neben die Folie mit dem ersten Hauptargument der 5-Minuten-Spalte in der Drehbuchvorlage, wie in Abbildung 4.13 zu sehen ist.

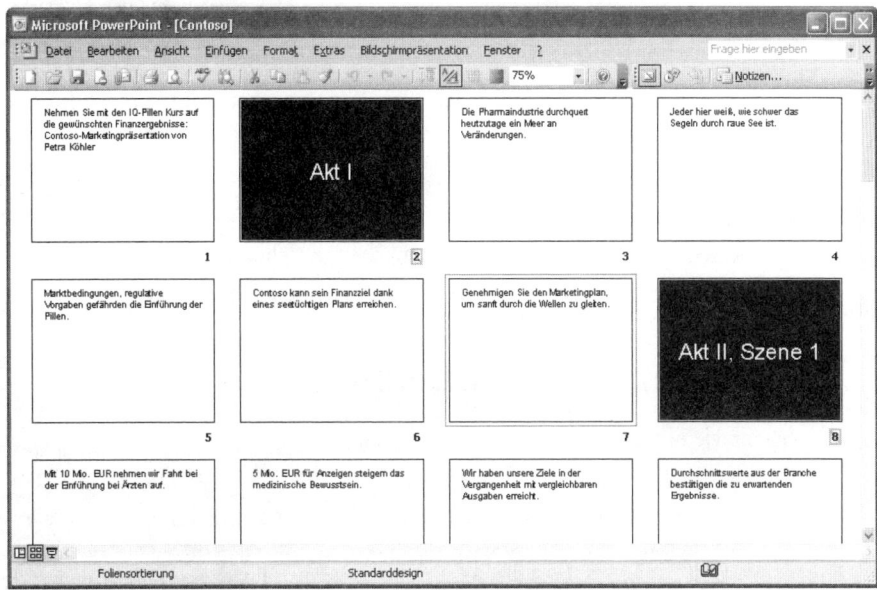

Abbildung 4.13: Die Navigationshilfen richtig platzieren

3. Prüfen Sie auch die nächsten Folien auf ihre korrekte Reihenfolge und fügen Sie dann die ausgeblendete Folie für Akt II, Szene 2 links neben die Folie mit dem zweiten Hauptargument der 5-Minuten-Spalte in der Drehbuchvorlage.

4. Prüfen Sie die Reihenfolge der folgenden Folien und ziehen Sie die ausgeblendete Folie für Akt II, Szene 3 links neben die Folie mit dem dritten Hauptargument der 5-Minuten-Spalte in der Drehbuchvorlage.

5. Prüfen Sie die Reihenfolge der Folien und ziehen Sie dann die ausgeblendete Folie für Akt III links neben die Folie mit der ersten Szene des dritten Akts in der Drehbuchvorlage.

Selbstverständlich können Sie weitere Navigationshilfen erstellen und einfügen, mit denen Sie Anfang und Ende der Folien der 15-Minuten- und der 45-Minuten-Spalten kennzeichnen. Diese zusätzliche Ebenenmarkierung ist vor allem dann hilfreich, wenn die Vortragszeit gekürzt wird und Sie schnell die Anzahl der gezeigten Folien reduzieren müssen, ohne die Integrität der Geschichte zu gefährden. Mehr hierzu finden Sie im Abschnitt »Tipp 2: In der Zeit variieren« weiter hinten in diesem Kapitel.

Nachdem Sie alle Navigationshilfen positioniert haben, können Sie in der Ansicht *Foliensortierung* auf einen Blick die Hauptteile Ihrer Präsentation erkennen. Das Storyboard unterstützt Sie aber nicht nur bei der Anzeige und der Verwaltung der Folien in der Foliensortierung. Es hilft Ihnen auch beim Betrachten und Organisieren Ihres gesprochenen Vortrags in einer nicht so häufig verwendeten Ansicht. Lesen Sie dazu den nächsten Abschnitt.

Ihre Rede vorbereiten

Keine PowerPoint-Folie steht für sich allein. Sie steht immer im Kontext Ihrer gesprochenen Worte. Für eine in sich schlüssige Präsentation müssen Sie nicht nur die Folien, sondern auch Ihre eigentliche Rede planen – die Worte, die Sie zu jeder Folie sagen möchten. Hierfür arbeiten Sie in der nicht so häufig verwendeten Ansicht *Notizenseite*. Bevor Sie sich mit den Möglichkeiten dieser Ansicht vertraut machen, erstellen Sie zunächst einen Notizenmaster (ähnlich dem weiter vorn in diesem Kapitel erstellten Folienmaster).

Notizenmaster vorbereiten

Genau wie mit dem Folienmaster ein einheitliches Format für die Folien definiert wird, können Sie mit dem Notizenmaster eine einheitliche Darstellung Ihrer Notizenseiten definieren. Mithilfe einheitlicher Notizenseiten können Sie Ihre Folien und das, was Sie zu den Folien sagen möchte, effektiv planen.

So erstellen Sie einen Notizenmaster für die Folien des Storyboards:

> **Tipp:** Wenn Sie den Notizenmaster nicht selbst definieren möchten, können Sie stattdessen unter *www.microsoft.com/germany/mspress/begleitdateien* einen kostenlosen Download der Datei *Storyboardvorlage* durchführen und den dort enthaltenen Notizenmaster übernehmen. (Zum grundsätzlichen Vorgehen beim Herunterladen der zu diesem Buch verfügbaren Dateien siehe Seite 40, oben. In Anhang B wird beschrieben, wie Sie mit der Storyboardvorlage arbeiten.)

1. Wählen Sie den Befehl *Ansicht/Master/Notizenmaster*.
2. Definieren Sie das Titelmasterformat. Markieren Sie dazu den Folienplatzhalter im oberen Bereich der Seite. Wählen Sie den Befehl *Format/Platzhalter* und klicken Sie dann im Dialogfeld *Platzhalter formatieren* auf die Registerkarte *Größe*. Aktivieren Sie dort das Kontrollkästchen *Ansichtsverhältnis sperren* und ändern Sie unter *Größe ändern und drehen* die *Breite* auf *15,24*. Klicken Sie abschließend auf *OK*. Die *Höhe* wird automatisch auf *11,43* angepasst, wie Abbildung 4.14 zeigt.
3. Definieren Sie das Format für den Notizentextkörper. Markieren Sie dazu den Notizentextkörperbereich im unteren Bereich der Seite. Wählen Sie den Befehl *Format/Platzhalter* und klicken Sie dann im Dialogfeld *AutoForm formatieren* auf die Registerkarte *Größe*.

> **Hinweis:** Wenn Sie Ihr Firmenlogo in den Notizenmaster einfügen, wird es in allen gedruckten Materialien enthalten sein. In den Folien ist es nicht enthalten, damit es nicht von deren Inhalt ablenkt oder die grafischen Designmöglichkeiten drastisch einschränkt (siehe auch Anhang A).

Aktivieren Sie dort das Kontrollkästchen *Ansichtsverhältnis sperren* und stellen Sie sicher, dass unter *Größe ändern und drehen* die *Breite* auf *15,24* und die *Höhe* auf *11,43* gesetzt sind. Klicken Sie abschließend auf *OK*. Schriftart und Schriftgröße können Sie bei Bedarf später ändern.

Abbildung 4.14: Einstellungen für das Titelmasterformat

4. Fügen Sie bei Bedarf Ihr Firmenlogo in den Folienmaster ein und löschen Sie die Platzhalter für Fußzeile, Kopfzeile und Datum/Uhrzeit.

5. Ziehen Sie den Folienplatzhalter im oberen Bereich der Seite weiter nach oben, bis sich die Linien der beiden Bereiche nicht mehr überschneiden. Wenn Sie den Bereich ganz präzise positionieren wollen, wählen Sie den Befehl *Ansicht/Raster und Führungslinien* und legen im Dialogfeld *Raster und Linien* die gewünschten Einstellungen fest.

6. Richten Sie beide Bereiche aus. Klicken Sie dazu mit gedrückter ⇧-Taste auf den Notizentextkörper, um beide Bereiche zu markieren. Klicken Sie in der Symbolleiste *Zeichnen* auf die Schaltfläche *Zeichnen* und wählen Sie dann den Befehl *Ausrichten und verteilen/Horizontal zentrieren*.

7. Legen Sie eine Linienoption für den Folienplatzhalter fest. Markieren Sie dazu lediglich den Folienplatzhalter im oberen Bereich der Seite. Wählen Sie den Befehl *Format/Platzhalter*, klicken Sie auf die Registerkarte *Farben und Linien* und wählen Sie im Bereich *Linie* im Dropdown-Listenfeld *Farbe* den Eintrag *Keine Linie* (siehe auch Abbildung 4.15). Bestätigen Sie abschließend mit *OK*.

Vorbereitung und Planung des Storyboards

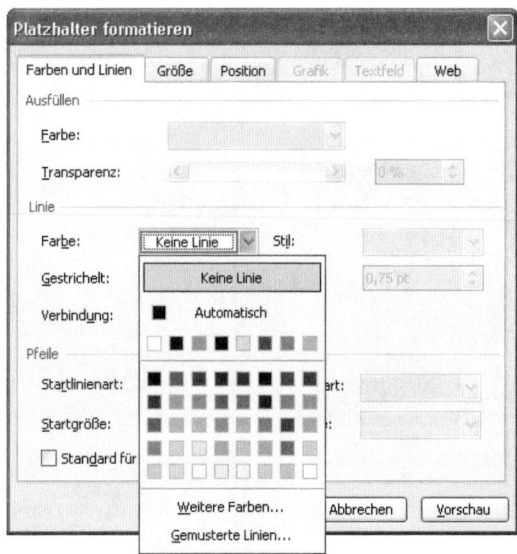

Abbildung 4.15: Linie um die Platzhalter entfernen

Ihr Bildschirm sollte nun ungefähr so wie in Abbildung 4.16 aussehen. Dort ist der Folienplatzhalter markiert.

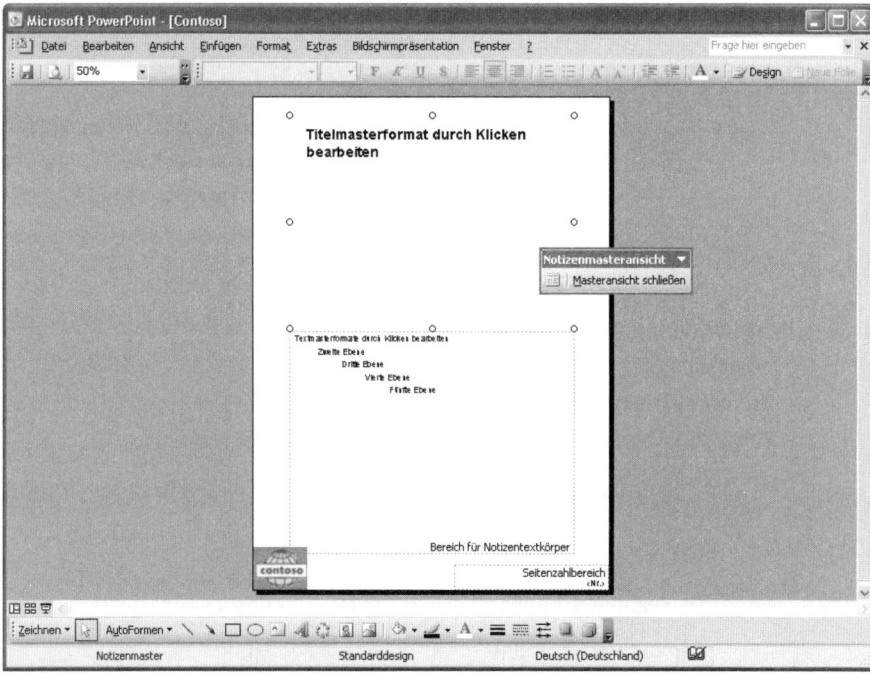

Abbildung 4.16: Der formatierte Notizenmaster

8. Klicken Sie in der Symbolleiste *Notizenmasteransicht* auf die Schaltfläche *Masteransicht schließen*, um zur vorherigen Ansicht zurückzuschalten.

Im nächsten Abschnitt erstellen Sie eine Notizenseite für eine Folie der Contoso-Präsentation.

Notizenseiten schreiben

Markieren Sie im Storyboard Folie 3, in der der Schauplatz der Drehbuchvorlage beschrieben wird, und wählen Sie dann im Menü *Ansicht* den Befehl *Notizenseite*. Daraufhin wird die Notizenseite für die Folie angezeigt (siehe Abbildung 4.17). In der oberen Hälfte der Seite steht der Inhalt, der auf der Folie während der Präsentation zu sehen ist, in diesem Fall die Headline des Titelbereichs der Folie. In den Kapiteln 5 und 6 werden Sie die Headlines noch mit grafischen Elementen unterstützen.

Das Textfeld im unteren Bereich der Seite ist mit der darüber angezeigten Folie verknüpft und wird während der Präsentation nicht angezeigt. Sie können hier beliebig Text eingeben, wie in jedem anderen Textfeld auch.

Nutzen Sie die Vorteile dieser Ansicht. Lesen Sie die Folienheadline in der oberen Hälfte der Seite und schreiben Sie im unteren Textfeld das auf, was Sie in Ihrem Vortrag zu dieser Folie sagen wollen, wie in der vergrößerten Darstellung in Abbildung 4.18 zu sehen ist.

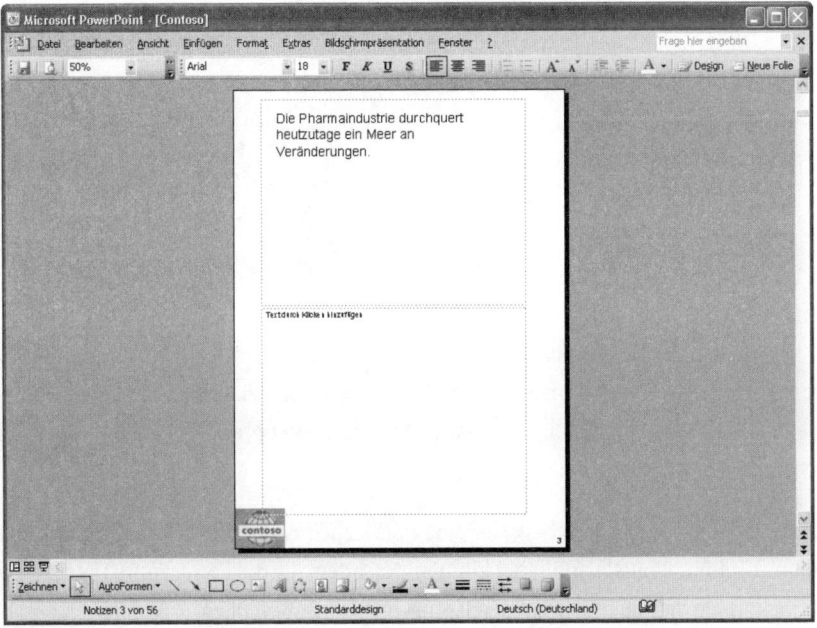

Abbildung 4.17: Die Notizenseite ohne Notizen

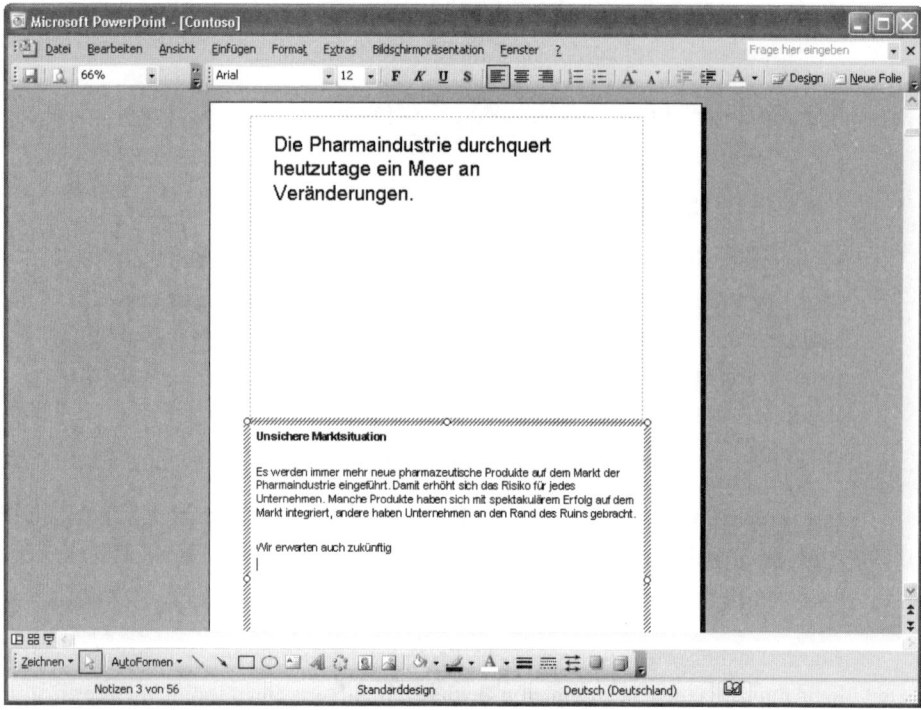

Abbildung 4.18: Die Notizenseite mit Notizen

Formulieren Sie das, was Sie sagen möchten, in vollständigen Sätzen und in Absätzen aus. So können sich Ihre Ideen entfalten und Sie gewinnen mehr Vertrauen in das Thema. Sie bauen eine Verbindung zu jeder Headline auf. So fällt es Ihnen leichter, wie selbstverständlich etwas zu jeder Folie zu sagen. Während der Präsentation erkennt das Publikum anhand der Headline auf einen Blick, was Sie sagen wollen. Sie selbst haben dann die Chance, auf der Basis des ausformulierten Textes zu improvisieren. Ihr Vortrag wird entspannt sein, da Sie das Thema genau kennen. Wenn Sie Text zu jeder Folie ausformulieren, können Sie damit ein optimales Handout erstellen (siehe auch Kapitel 5 und 6).

Zur Erinnerung: Schreiben Sie das, was Sie vorhaben, zu einer Folie zu sagen, in den Notizenbereich der Ansicht *Notizenseite*. So haben Sie einen guten Überblick darüber, was Sie sagen möchten. Es ist sogar möglich, in der Ansicht *Foliensortierung* Text zu schreiben, wie im Abschnitt »Tipp 9: In der Ansicht *Foliensortierung* schreiben« weiter hinten in diesem Kapitel erklärt wird.

Wenn Sie unter Zeitdruck stehen, schreiben Sie sich Stichpunkte auf, die Sie dann zu einem späteren Zeitpunkt ausformulieren können. Nachdem Sie die PowerPoint-Datei vorbereitet haben, können Sie eigentlich mit dem »Storyboarding« beginnen. Zuvor lernen Sie aber noch ein paar Grundregeln kennen, die es dabei zu beachten gibt.

Die drei Grundregeln für ein gutes Storyboard

Ihr PowerPoint-Storyboard ist von der Idee des Storyboards der Filmbranche inspiriert. Es ist aber ein vielseitigeres und leistungsstärkeres Werkzeug als sein Namensvetter aus Hollywood. Das, was Sie bisher geschaffen haben, ist die Grundlage für ein vollständiges, integriertes und in sich schlüssiges Mediendokument, in dem sowohl das gesprochene Wort als auch die grafische Darstellung optimal organisiert sind. Damit Sie auch wissen, was Ihr Dokument alles kann, werfen Sie noch einmal in den drei Ansichten zur Storyboard-Erstellung – *Foliensortierung*, *Notizenseite* und *Normal* – einen Blick darauf.

In der Ansicht *Foliensortierung* haben Sie die ganze Geschichte in Form von verkleinerten Folien im Überblick, die nahtlos ineinander übergehen. In der Ansicht *Notizenseite* können Sie eine beliebige Folie betrachten und das ausformulieren, was Sie in Ihrem Vortrag zu dieser Folie sagen möchten. Und in der Ansicht *Normal* können Sie jede Folie des Storyboards mit grafischen Elementen versehen. Diese drei Ansichten bilden zusammen das PowerPoint-Storyboard, das Sie für Ihre Livepräsentation entwerfen und produzieren.

Beim Arbeiten mit dem Storyboard sollten Sie drei Grundregeln beachten, die Sie und Ihr Publikum dabei unterstützen, das große Ganze nicht aus den Augen zu verlieren.

1. Regel: Verlieren Sie die Geschichte nicht aus den Augen

Denken Sie beim Arbeiten mit dem Storyboard stets daran, dass sich alles um Ihre Geschichte dreht. Wenn Sie sich an den Ansatz »Erzählen statt aufzählen« halten, wird Ihnen dies auch gelingen. Nachdem Sie die Sätze der Drehbuchvorlage in PowerPoint übernommen haben, stellt jede PowerPoint-Folie ein Element dieser Geschichte dar, die sich nun vor Ihnen im Storyboard entfaltet. Nach dem Einfügen der Navigationshilfen sind die Hauptteile der Geschichte auf einen Blick ersichtlich und Sie sehen den Anfang, den mittleren Teil und das Ende der Geschichte klar und deutlich.

Betrachten Sie beim Überarbeiten der Präsentation immer mal wieder in der Ansicht *Foliensortierung* das große Ganze Ihrer Geschichte. Dadurch verhindern Sie, dass Sie sich allzu sehr auf einzelne Folien konzentrieren. Stattdessen konzentrieren Sie sich darauf, was folienübergreifend passiert. Bleiben Sie in Ihrer Präsentation bei Ihrer einzigartigen Geschichte und Sie werden kompetent und selbstbewusst über Ihr Thema sprechen können. Prüfen Sie also immer wieder in der Ansicht *Foliensortierung*, was in jedem Akt und in jeder Szene passiert und wie einzelne Folien sich auf die Geschichte als Ganzes auswirken.

Achten Sie darauf, dass Ihre Geschichte »in der Spur bleibt«. Wenn Sie beispielsweise Angst haben, dass das Publikum den Zweck der Präsentation, so wie Sie ihn in Akt I vorgestellt haben, vergessen könnte, dann fügen Sie überall im Storyboard Folien ein, die die Erinnerung auffrischen. Details hierzu finden Sie im Abschnitt »Tipp 1: Den Zweck der Präsentation in Erinnerung bringen« weiter hinten in diesem Kapitel.

> **Tipp:** Wenn Sie die Größe der Folien in der Ansicht *Foliensortierung* ändern möchten, klicken Sie in der Standardsymbolleiste auf den Dropdownpfeil rechts neben dem Feld *Zoom* und wählen dann die gewünschte Darstellungsgröße aus.

Mit welchen Techniken Sie auch arbeiten, denken Sie daran, stets zum großen Ganzen der Geschichte zurückzukehren, um zu prüfen, wie Sie das Publikum am besten beim Verstehen der Geschichte unterstützen können.

2. Regel: Halten Sie ein gleichmäßiges Tempo

Wenn Sie das Drehbuch aus Word in PowerPoint übernehmen, teilen Sie die Geschichte gleichmäßig auf Folien auf, die in der durch die Vorlage definierten Reihenfolge die Geschichte erzählen. Denken Sie daran, die Folien des Storyboards als einzelne Bilder in einem Filmstreifen zu betrachten. Dieser Filmstreifen stellt die Geschichte in der Drehbuchvorlage dar. Da jedes Bild im Filmstreifen eine ähnliche Menge an Informationen enthält, verläuft Ihre Präsentation in einem gleichmäßigen Tempo, wenn Sie für jede Folie dieselbe Zeit aufwenden.

Wenn Sie die drei Spalten in Akt II der Drehbuchvorlage vollständig ausgefüllt haben, haben Sie eine Storyboard mit 49 Folien für eine ca. 45-Minuten-Präsentation, in der Sie für jede Folie ungefähr eine Minute Zeit haben. Wenn Sie nur die ersten beiden Spalten in Akt II der Drehbuchvorlage ausgefüllt haben, haben Sie 22 Folien, was bei ca. 40 Sekunden pro Folie zu einem Vortrag von 15 Minuten führt. Bei nur einer ausgefüllten Spalte in Akt II der Drehbuchvorlage haben Sie zwölf Folien. Wenn Sie zu jeder Folie ungefähr 25 Sekunden sprechen, dauert Ihr Vortrag fünf Minuten. Ganz egal, wie lang Ihr Vortrag ist, wenn Sie mit gleichmäßigem Tempo vorgehen, ist gewährleistet, dass sich die Anzeige auf dem Bildschirm in regelmäßigen Abständen ändert. Auf diese Weise langweilt sich Ihr Publikum nicht, weil es nicht ständig auf dieselbe Folie starren muss. Es hat andererseits aber auch ausreichend Zeit, die angebotenen Informationshäppchen gut zu verdauen, bevor es mit der nächsten Folie weitergeht.

Das gleichmäßige Tempo kann auch mit dem Rhythmus in der Musik verglichen werden. Ihr Ziel ist es, einen gleichmäßigen Takt über die ganze Geschichte hinweg zu setzen. Denken Sie beim Bearbeiten des Storyboards darüber nach, wie Sie die Übergänge zwischen den Folien noch fließender gestalten können. Wenn Sie beispielsweise mit einem Motiv arbeiten, versuchen Sie, das Thema in den Headlines in regelmäßigen Abständen zu wiederholen.

> **Drei Grundregeln für ein gutes Storyboard**
>
> In Anlehnung an die Storyboards der Filmbranche hilft Ihnen ein PowerPoint-Storyboard dabei, die Worte, die Sie sprechen, und die Bilder, die Sie zeigen, zu organisieren. Folgen Sie dabei den drei Grundregeln, um ein in sich schlüssiges Storyboard zu erhalten:
>
> 1 Behalten Sie die Geschichte im Auge.
>
> 2 Halten Sie ein gleichmäßiges Tempo.
>
> 3 Kennzeichnen Sie Akte und Szenen.

3. Regel: Kennzeichnen Sie Akte und Szenen

Ein großer Vorteil der Drehbuchvorlage von »Erzählen statt aufzählen« ist die Tatsache, dass Sie in diesem Word-Dokument die einzelnen Akte und Szenen sofort erkennen und sehen, wie sie miteinander in Verbindung stehen. Besonders für Akt II stellt die Drehbuchvorlage ein ausgezeichnetes Verwaltungswerkzeug dar, da es eine visuelle Hierarchie Ihrer Argumente zeigt. In jeder Spalte sind die Argumente in absteigender Wichtigkeit von oben nach unten und mit zusätzlichen Details von links nach rechts angeordnet.

Wenn Sie die Drehbuchvorlage in das Storyboard umwandeln, verlieren Sie die visuelle Darstellung der Hierarchie von Akt II. Jede Folie in der Ansicht *Foliensortierung* scheint dieselbe Wichtigkeit zu haben. Eine Folie folgt der anderen in scheinbar der gleichen Reihenfolge. Durch das Einfügen von ausgeblendeten Navigationshilfen für die drei Akte und die drei Szenen von Akt II haben Sie etwas von der Organisationskraft der Drehbuchvorlage wiedergewonnen. Da aber immer noch viele untergeordnete Folien in einer linearen Folge in der Ansicht *Foliensortierung* stehen, können Sie leicht den Überblick darüber verlieren, welchen Bezug diese untergeordneten Folien zum jeweiligen Hauptargument von Akt II haben.

Durch Hinzufügen weiterer ausgeblendeter Steuerelemente (siehe auch Abschnitt »Tipp 2: In der Zeit variieren« weiter hinten in diesem Kapitel) können Sie die Folien der 15-Minuten-Spalte von denen der 45-Minuten-Spalte unterscheiden. Diese Navigationshilfen sind jedoch für das Publikum nicht sichtbar. Deshalb sollten Sie mit weiteren Storyboard-Techniken die Konzentration des Publikums auf die drei Hauptargumente von Akt II unterstützen.

Wenn Sie in den Kapiteln 5 und 6 beispielsweise Grafiken in die Folien einfügen, können Sie die einzelnen Szenen durch Verwendung ähnlicher Bilder oder Animationsverfahren über zusammengehörige Folien hinweg kennzeichnen. Achten Sie auch auf den Wortlaut der Headlines und überlegen Sie, wie Sie sie eventuell durch eine andere Formulierung noch deutlicher als zusammengehörend kennzeichnen können. Bei der Ausformulierung der Geschichte in der Ansicht *Notizenseite* können Sie die Szenen und Akte durch einheitliche Themen kenntlich machen, die Sie später in Ihrem Vortrag erläutern.

Welche Techniken Sie auch anwenden, schalten Sie immer wieder einmal zur Ansicht *Foliensortierung* und prüfen Sie dort, ob Szenen und Akte deutlich zu erkennen sind.

Mit diesen drei Grundregeln werden Verfahren und Techniken eingeführt, die Sie beim Überarbeiten des Storyboards in diesem Kapitel und beim Einfügen von grafischen Elementen im folgenden Kapitel nach Belieben ausprobieren können. Jetzt aber, da Ihr Storyboard steht, sollten Sie noch einmal eine Probe durchführen.

Die Headlines proben

Bevor Sie die Folien in den Kapiteln 5 und 6 mit grafischen Elementen versehen, empfiehlt es sich, die Präsentation nur mit den Headlines zu proben.

Es ist dabei egal, ob Sie für sich allein oder vor Ihrem Team proben. Zunächst suchen Sie sich einen Ort für die Probe, z.B. an Ihrem Schreibtisch oder im Konferenzraum. In Kapitel 3 im Abschnitt »Das Drehbuch vortragen« werden zwei Probleme angesprochen, mit denen fast jede(r) Vortragende konfrontiert ist – zum einen die Gefahr, zu einem Blatt Papier oder einer Folie statt zu den Zuhörern zu sprechen, und zum anderen beim Sprechen nicht zu wissen, wohin mit den Händen. Versuchen Sie auch weiterhin, die dort vorgestellten Lösungsvorschläge zu beachten. Zusätzlich sollten Sie jetzt aber auch darauf achten, wie Sie mit Ihrem Vortragsmedium (Rechner, Projektor etc.) harmonieren.

Stehen Sie auf und stellen Sie sich vor Ihr imaginäres Publikum. Wenn Sie mit einer Fernsteuerung arbeiten, halten Sie sie in der nicht dominanten Hand, so dass Sie unauffällig von einer Folie zur nächsten schalten können. Klicken Sie im Menü *Ansicht* auf den Befehl *Bildschirmpräsentation*, um die Präsentation zu starten. Wenden Sie sich dem Publikum zu und werfen Sie dabei noch einen kurzen Blick auf die Headline der ersten Folie. Erinnern Sie sich, was Sie in der Ansicht *Notizenseite* dazu geschrieben haben, und sprechen Sie dann. Wenn Sie alles, was Sie zur aktuellen Folie sagen wollten, gesagt haben, schalten Sie unauffällig zur nächsten Folie weiter und leiten mit Ihren Worten zum nächsten Thema oder Aspekt über.

Versuchen Sie mit natürlicher Gestik, auf wichtige Fakten aufmerksam zu machen. Achten Sie darauf, dass Sie nicht vom Projektorlicht geblendet werden oder versehentlich einen Teil des projizierten Bildes verdecken. Ziel soll es sein, dass Sie sich möglichst natürlich mit Körper und Stimme Ihrem Publikum zuwenden. Die Folien dienen dabei der Untermauerung Ihrer Aussagen und sollten keinesfalls von ihnen ablenken.

Wenn Sie nur mit den Headlines proben, gewinnen Sie mehr Vertrauen in das Thema und vergewissern sich, dass Sie mit Tempo und Fluss der Argumente zufrieden sind. Im Team bietet es sich bei einer solchen Probe an, die Geschichte, den Aufbau und die Reihenfolge der Präsentation in Folienform noch einmal auf den Prüfstand zu stellen, bevor Sie mit dem Design der Präsentation beginnen.

Tipp: Es ist in einer Präsentation unheimlich störend, wenn Sie immer wieder zur Tastatur zurückgehen müssen, um zur nächsten Folie zu schalten. Das Publikum wird abgelenkt und der Fluss Ihrer Präsentation wird unterbrochen. Es vermittelt den Eindruck, dass der Computer Sie beherrscht und nicht anders herum. Schaffen Sie hier Abhilfe, indem Sie mit einer kleinen Fernbedienung unauffällig zur nächsten Folie schalten. Viele dieser Geräte sind speziell für PowerPoint-Präsentationen entwickelt und werden über den USB-Anschluss mit Ihrem Rechner verbunden. Die Installation einer Software ist nicht erforderlich. Mit einfacheren Modellen können Sie lediglich die nächste bzw. die vorherige Folie anzeigen. Andere Modelle verfügen über einen Laserzeiger oder über die Möglichkeit, den Bildschirm während der Präsentation vorübergehend zu deaktivieren.

Zehn Tipps zum Optimieren des Storyboards

Das Storyboard stellt ein vielseitiges Werkzeug dar, mit dem Sie sowohl das Gesprochene als auch die während der Präsentation projizierten grafischen Elemente vorbereiten und planen können. Wenn Sie das grundlegende Gerüst aufgebaut haben, können Sie mithilfe der zehn folgenden Tipps das Storyboard verfeinern.

Tipp 1: Den Zweck der Präsentation in Erinnerung bringen

Sorgen Sie dafür, dass der Sinn und Zweck Ihrer Präsentation dem Publikum stets vor Augen steht. Duplizieren Sie dafür beispielsweise eine Schlüsselfolie im Storyboard und zeigen Sie diese immer wieder an.

Wählen Sie im Menü *Ansicht* den Befehl *Foliensortierung* und blättern Sie zu Szene 3 und 4 von Akt I. Sie erinnern sich: Durch die Gegenüberstellung des Ungleichgewichts in Szene 3 und des erwünschten Gleichgewichts in Szene 4 wird das zentrale Problem definiert, für das

Sie in der Präsentation eine Lösung vorschlagen und das die Energie erzeugt, die die Präsentation vorwärts treibt. Blättern Sie in den Folien weiter zu Akt II. Beim Durchsehen der Folien können Sie möglicherweise erkennen, wo das Publikum u.U. den in Akt I definierten Sinn und Zweck aus den Augen verlieren könnte.

Sie brauchen eine Folie, die dem Publikum den Sinn und Zweck der Präsentation, nämlich die Lösung seines Problems, beständig vor Augen hält. Blättern Sie dazu weiter zu Szene 1 von Akt III (die Krise). Das ist die Szene, in der Sie das zentrale Problem aus den Szenen 3 und 4 von Akt I noch einmal zusammenfassen. Markieren Sie diese Folie und drücken Sie zweimal [Strg]+[D], um zwei Kopien dieser Folie zu erstellen. Ziehen Sie eine Kopie links neben die Navigationshilfe *Akt II, Szene 2* und die andere links neben die Navigationshilfe *Akt II, Szene 3*.

Wenn Sie dann während der Präsentation alle Folien für Szene 1 von Akt II gezeigt haben, erinnert die duplizierte Folie das Publikum an den Sinn und Zweck der Präsentation und erneuert die emotionale Verbindung zu ihm. Wenn Sie alle Folien für Szene 2 von Akt II gezeigt haben, dient die zweite Kopie demselben Zweck. Aber nicht nur das Publikum wird an das zentrale Problem erinnert. Die duplizierten Folien erinnern auch Sie daran, das zentrale Thema der Präsentation während des Vortrags nicht zu vergessen.

Tipp 2: In der Zeit variieren

In Kapitel 3 wurde im Abschnitt »Das Drehbuch vortragen« gezeigt, wie Sie beim Proben der Drehbuchvorlage die Geschichte problemlos kürzen können, ohne der Integrität der Geschichte zu schaden. Durch Weglassen der 45-Minuten-Spalte der Drehbuchvorlage halten Sie einen 15 Minuten langen Vortrag, durch Weglassen der 45- und der 15-Minuten-Spalte einen fünf Minuten langen Vortrag. Dasselbe Prinzip können Sie auch auf das Storyboard anwenden, indem Sie weitere Navigationshilfen einfügen und die nicht benötigten Folien ausblenden.

So fügen Sie weitere Navigationshilfen ein:

1. Fügen Sie in der Ansicht *Foliensortierung* eine neue Folie ein und formatieren Sie sie ähnlich wie im Abschnitt »Navigationshilfen einfügen« in den Schritten 1 bis 4 weiter vorn in diesem Kapitel beschrieben. Geben Sie aber stattdessen als Text *45 Minuten* ein und wählen Sie keinen schwarzen, sondern einen grauen Hintergrund. Legen Sie bei Bedarf weitere Formate fest (siehe auch den Abschnitt »Tipp 10: Navigationshilfen individuell anpassen« weiter hinten in diesem Kapitel).

2. Wählen Sie den Befehl *Ansicht/Foliensortierung*, markieren Sie die neue Folie und drücken Sie dann achtmal [Strg]+[D], um acht Duplikate zu erstellen.

3. Blenden Sie die neuen Folien aus. Klicken Sie dazu auf die erste neu eingefügte Folie und dann mit gedrückter ⇧-Taste auf das letzte Duplikat, um alle neun neuen Folien zu markieren. Klicken Sie anschließend mit der rechten Maustaste auf eine der markierten Folien und wählen Sie dann im Kontextmenü den Befehl *Folie ausblenden*.

4. Positionieren Sie die neuen Navigationshilfen an den Anfang einer jeden 45-Minuten-Spalte, wie in Abbildung 4.19 zu sehen ist. Prüfen Sie anschließend, dass alle Navigationshilfen korrekt positioniert sind.

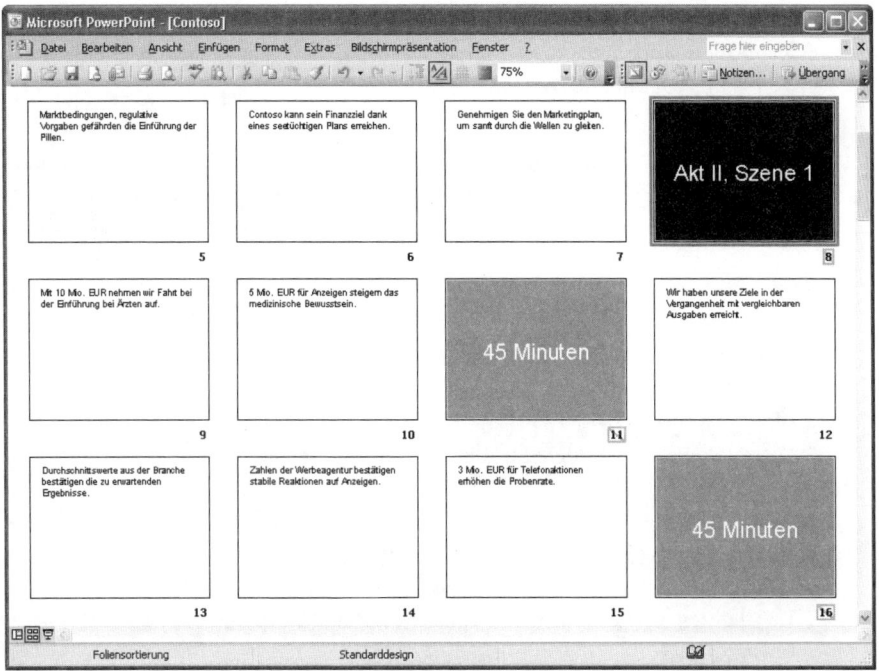

Abbildung 4.19: Zwei der neun neuen 45-Minuten-Navigationshilfen an den korrekten Positionen

Nun können Sie die Präsentationsdauer für das Storyboard verkürzen, indem Sie alle Folien der 45-Minuten-Spalte ausblenden. Wenn Sie 45 Minuten lang sprechen wollen, lassen Sie alles unverändert.

So bereiten Sie eine 15-Minuten-Präsentation vor:

1. Reduzieren Sie die Größendarstellung der Folien in der Ansicht *Foliensortierung*, indem Sie in der Standardsymbolleiste auf den Dropdownpfeil rechts neben dem Feld *Zoom* klicken und dann den Eintrag *33%* wählen.

2. Markieren Sie alle Folien der 45-Minuten-Spalte. Klicken Sie dazu mit gedrückter Strg-Taste auf die erste Folie rechts neben der ersten 45-Minuten-Navigationshilfe und anschließend auf die beiden darauf folgenden Folien. Wiederholen Sie dies bei weiterhin gedrückter Strg-Taste für alle anderen Folien der 45-Minuten-Spalte.

3. Wenn alle Folien der 45-Minuten-Spalte markiert sind, klicken Sie mit der rechten Maustaste auf eine dieser Folien und wählen dann im Kontextmenü den Befehl *Folie ausblenden*. Nun werden im zweiten Akt nur noch die Folien der 5-Minuten- und der 15-Minuten-Spalte angezeigt, deren Vortragsdauer je nach Zeit pro Folie ca. 15 Minuten beträgt.

Hinweis: Erstellen Sie bei Bedarf noch Navigationshilfen für die 15-Minuten-Spalte. Führen Sie dazu die Schritte 1 bis 4 zum Erstellen neuer Navigationshilfen wie oben beschrieben durch. Geben Sie aber als Text *15 Minuten* ein und wählen Sie eine andere Hintergrundfarbe als Schwarz oder Grau. Positionieren Sie dann die neuen Navigationshilfen links neben den einzelnen Folien der 15-Minuten-Spalte.

Analog dazu können Sie die Präsentation systematisch und schnell auf einen 5-Minuten-Vortrag reduzieren, indem Sie die Folien für die 15-Minuten- und für die 45-Minuten-Spalte ausblenden.

So bereiten Sie eine fünfminütige Präsentation vor:

1. Führen Sie die beiden ersten Schritte zur Erstellung einer 15-Minuten-Präsentation durch.

2. Markieren Sie nicht nur in jeder Szene des zweiten Akts die drei Folien der 45-Minuten-Spalte, sondern zusätzlich auch noch die drei jeweils vorangestellten Folien der 15-Minuten-Spalte. Klicken Sie danach mit der rechten Maustaste auf eine der Folien und wählen Sie dann im Kontextmenü den Befehl *Folie ausblenden*.

   Bevor Sie die Präsentation halten, prüfen Sie noch einmal genau, welche Folien Sie ausgeblendet haben, damit der Stand des Storyboards auch wirklich der gewünschten Präsentationslänge entspricht.

Tipp: Eine ausgeblendete Folie erkennen Sie an der speziellen Darstellung ihrer Nummerierung. Das Nummerierungssymbol ist grau umrandet und in Grau durchgestrichen. Um eine ausgeblendete Folie wieder einzublenden, markieren Sie sie, klicken mit der rechten Maustaste darauf und wählen dann im Kontextmenü erneut den Befehl *Folie ausblenden*. Und denken Sie daran, dass ausgeblendete Folien während der Präsentation nicht angezeigt werden. Sie können sie aber drucken, wenn im Dialogfeld *Drucken* das Kontrollkästchen *Ausgeblendete Folien drucken* aktiviert ist.

Sie können also durch Ein- und Ausblenden von Folien die Länge der Präsentation variieren, ohne die Integrität der Geschichte zu gefährden.

Tipp 3: Storyboard auf Papier

Wenn Sie das Storyboard drucken, haben Sie unterschiedliche Möglichkeiten, Ihre Geschichte zu betrachten und zu organisieren. Um das Storyboard auf Papier zu bringen, wählen Sie zunächst im Menü *Datei* den Befehl *Drucken*. Im Dialogfeld *Drucken* können Sie dann im Dropdown-Listenfeld *Drucken* wählen, was Sie zu Papier bringen möchten:

▶ Wählen Sie im Dropdown-Listenfeld *Drucken* den Eintrag *Folien*, um eine Kopie einer jeden Folie zu drucken. Diese Ausdrucke können Sie anschließend für Proben an die Wand heften oder in einer Mappe abheften und bei Bedarf durchblättern, wenn Sie Ideen für bestimmte Folien brauchen.

▶ Wählen Sie im Dropdown-Listenfeld *Drucken* den Eintrag *Handzettel* und daneben im Dropdown-Listenfeld *Folien pro Seite* die Anzahl der pro Seite zu druckenden Folien (1 bis 9). So haben Sie stets mehrere Folien pro Seite im Überblick und können den Fluss der Folien besser bearbeiten oder grafische Elemente über mehrere Folien hinweg abstimmen.

▶ Wählen Sie im Dropdown-Listenfeld *Drucken* den Eintrag *Notizenseiten*, um die in der gleichnamigen Ansicht erstellten Notizen zu drucken. Heften Sie die Notizen ab und zeichnen Sie während der Überarbeitung bei Bedarf grafische Elemente in den Folienbereich ein oder machen Sie sich im Notizenbereich weitere Notizen, die später noch eingefügt werden sollen.

Unabhängig davon, welches Format Sie für den Ausdruck wählen, sollten Sie darauf achten, dass die Headlines klar und deutlich zu lesen sind. Wenn Sie Änderungen auf dem Papier vornehmen, sollten Sie nicht vergessen, diese später in das PowerPoint-Storyboard zu übertragen.

Tipp 4: Verschachtelte Storyboards

Wenn Sie sich bis zum Schluss nicht entscheiden können, welches von zwei Storyboards Sie in Ihrer Präsentation verwenden möchten, dann blättern Sie noch einmal zurück zum Abschnitt »Tipp 4: Verschiedene Geschichten, verschiedene Vorlagen« in Kapitel 2. Dort wird die Möglichkeit untersucht, zwei miteinander in Verbindung stehende Drehbuchvorlagen zu entwickeln. Beide Geschichten beziehen sich wahrscheinlich auf das gleiche Thema. Die erste Szene von Akt I sollte dann identisch sein, da in dieser Szene die Ausgangssituation geklärt wird, über die sich alle einig sein sollten. Verwenden Sie dann diese Folie am Anfang, unabhängig davon, für welche Geschichte Sie sich im Anschluss daran entscheiden.

Erstellen Sie für jede Geschichte eine eigene PowerPoint-Datei und kopieren Sie alle Folien der zweiten Präsentation rechts neben die letzte Folie der ersten Präsentation. Damit erstellen Sie ein »verschachteltes« Storyboard, in dem die zweite Geschichte in derselben Datei abgelegt ist wie die erste. Notieren Sie sich die Nummer der Folie, mit der Szene 2 von Akt I der zweiten Geschichte beginnt.

Wenn Sie dann Szene 1 von Akt I präsentieren, lassen Sie das Publikum entscheiden, welche Variante es hören will. Stellen Sie ihm also eine Frage, mit deren Beantwortung klar wird, welche Präsentation Sie halten werden. Wenn Sie bei der ersten Geschichte bleiben, tragen Sie die im Anschluss an Szene 1 des ersten Akts stehenden Folien vor. Wenn sich das Publikum für die zweite Variante entscheidet, geben Sie die Nummer der Folie für Szene 2 in Akt I der zweiten Geschichte ein und drücken dann ⏎, um mit der zweiten Geschichte fortzufahren. Nachteil dieses Verfahrens ist, dass Sie u.U. mehr als 100 Folien in einer einzigen PowerPoint-Datei verwalten müssen. Wägen Sie die Vorteile der flexiblen Geschichte gegen die Nachteile der erschwerten Folienverwaltung ab und entscheiden Sie von Fall zu Fall.

Tipp 5: Storyboard für den Designer vorbereiten

Wenn Sie mit einem Grafiker oder einer Grafikerin zusammenarbeiten, um in den Kapiteln 5 und 6 das Storyboard mit grafischen Elementen auszustatten, dann zeigen Sie ihm/ihr die fertig gestellte Drehbuchvorlage und das in diesem Kapitel formatierte Storyboard. Die Drehbuchvorlage zeigt die Geschichte sowie die Art und Weise, wie alle Bereiche der Geschichte zusammenarbeiten. Das Storyboard zeigt die Reihenfolge der Darstellung sowie die Art und Weise, wie Sie die Botschaft in der Präsentation beständig erneuern möchten. Nachdem der Grafiker/die Grafikerin so nicht mühevoll selbst herausfinden muss, was Sie in welcher Reihenfolge sagen möchten, wird der Prozess des grafischen Designs deutlich beschleunigt und es werden Missverständnisse vermieden. Stattdessen kann sich der Grafiker bzw. die Grafikerin ganz auf seinen/ihren eigentlichen Job konzentrieren – nämlich Ihre Geschichte grafisch zu interpretieren.

Tipp 6: Comic-Einflüsse

Auch wenn es seltsam klingt, können Sie doch viel über das Erstellen von Storyboards lernen, wenn Sie sich mit Comics beschäftigen. Eines der besten Bücher, das die Synthese von Bild und Sprache beschreibt, ist sicherlich *Comics richtig lesen* von Scott McCloud (Carlsen 2001). Das Buch ist als Comic geschrieben. Es beginnt mit einer Reise durch die Geschichte visueller Kommunikation und endet mit einer Zusammenfassung dazu, wie Sie Ihre Ideen in einer Abfolge von Bildern und Text definieren und anderen verfügbar machen können. Das ist genau das, was Sie mit Ihren PowerPoint-Präsentationen erreichen möchten, auch wenn der Autor PowerPoint in seinem Buch überhaupt nicht erwähnt. Auf der Website *www.sociable-*

media.com können Sie auch den englischsprachigen Artikel *Understanding PowerPoint: Q& A with Scott McCloud* lesen.

Tipp 7: Die Storyboardvorlage anpassen

Die meisten herkömmlichen PowerPoint-Vorlagen sind darauf ausgerichtet, Aufzählungen in Folien zu unterstützen. Hierzu gehören in der Regel ein vordefinierter, einheitlicher Hintergrund für alle Folien, ein Standardfolienlayout mit Text unter jedem Folientitel sowie ein Logo auf dem Folienmaster. Der Präsentationsansatz »Erzählen statt aufzählen« arbeitet nicht mit Aufzählungen. Daher erstellen Sie die Folien für eine auf ihm basierende Präsentation in einer ganz anderen Art und Weise.

Das Definieren des Folien- und des Notizenmasters, das weiter vorn in diesem Kapitel beschrieben wurde, basiert auf wissenschaftlichen Prinzipien, die in Anhang A erläutert werden. So ist gewährleistet, dass Sie beim Einfügen von grafischen Elementen in den Kapiteln 5 und 6 nach einem Designansatz vorgehen, der Ihr Publikum optimal beim Verstehen der Präsentation unterstützt. Zu den wichtigsten Bestandteilen des Präsentationsansatzes »Erzählen statt aufzählen« gehören ein leerer Hintergrund, ein Folienlayout mit einem grafischen Element unter dem Titel und ein optionales Logo auf dem Notizenmaster.

Damit Sie den Folien- und den Notizenmaster nicht immer neu definieren müssen, wenn Sie eine Drehbuchvorlage aus Word in PowerPoint übernehmen, können Sie die Storyboardvorlage von »Erzählen statt aufzählen« unter *www.microsoft.com/germany/mspress/begleitdateien* herunterladen. (Zum allgemeinen Vorgehen beim Herunterladen der zu diesem Buch verfügbaren Dateien siehe Kapitel 2, Abschnitt »Die Drehbuchvorlage von 'Erzählen statt aufzählen'«; in Anhang B wird beschrieben, wie Sie mit der Storyboardvorlage arbeiten.) Wenn Sie mit dem Präsentationsansatz »Erzählen statt aufzählen« arbeiten, sollten Sie keine herkömmliche PowerPoint-Vorlage verwenden. Das passt nicht zusammen, da Sie mit einer Vorlage, die auf Aufzählen basiert, keine Geschichte erzählen können.

Die Storyboardvorlage von »Erzählen statt aufzählen« enthält alle Formatierungen im Folien- und im Notizenmaster, die Sie in diesem Kapitel definiert haben. Sie können die Storyboardvorlage im *Vorlagen*-Ordner von PowerPoint speichern, so dass Sie neue Präsentationen gleich auf dieser Vorlage aufbauen können (siehe hierzu Anhang B, Abschnitt »Die Storyboardvorlage als Entwurfsvorlage für neue Präsentationen verwenden«).

Selbstverständlich können Sie die Storyboardvorlage an Ihre Anforderungen anpassen. Sie wählen z.B. ein anderes Folienlayout. Oder Sie entscheiden sich für eine andere Schrift, Schriftgröße und Schriftfarbe im Titelbereich des Folienmasters oder im Notizenbereich des Notizenmasters. Sie können Kopf-, Fußzeile und Seitennummer im Notizenmaster definieren. Ganz wie es Ihnen gefällt. Vergessen Sie aber dabei nie, dass Sie eine Geschichte erzählen und keine Punkte aufzählen möchten. Sie sollten bei Änderungen stets einen Blick in Anhang A werfen, um sicherzustellen, dass Ihre Änderungen sich an die dort beschriebenen Prinzipien halten, die den Präsentationsansatz »Erzählen statt aufzählen« so leistungsstark machen.

Tipp 8: Notizen auf der Notizenseite

Wenn Sie den Notizenmaster so wie im Abschnitt »Notizenmaster vorbereiten« weiter vorn in diesem Kapitel beschrieben formatiert haben, wird der Platz im Notizenmaster gleichmäßig auf den Bereich für den Folieninhalt und den Notizenbereich verteilt. Der Folieninhalt wird während der Präsentation angezeigt, im Notizenbereich formulieren Sie das aus, was Sie während der Präsentation zur Folie sagen möchten.

Wenn Sie in den Kapiteln 5 und 6 grafische Elemente in die Folien einfügen, können Sie über diese Ansicht einen vielseitigen Ausdruck für das Publikum erstellen. Da Sie in Schritt 7 im Abschnitt »Notizenmaster vorbereiten« weiter vorn in diesem Kapitel die Umrandung für beide Bereiche entfernt haben und beide Bereiche einen weißen Hintergrund haben, fasst die Headline der Folie im oberen Bereich der Seite die gesamte gedruckte Seite zusammen. Wenn Sie die Notizenseiten vor dem Ausdruck am Bildschirm prüfen möchten, wählen Sie im Menü *Datei* den Befehl *Seitenansicht* und dann in der Seitenansichtsymbolleiste im Dropdown-Listenfeld *Druckbereich* den Eintrag *Notizenseiten*. Durch Klicken auf die Schaltfläche *Schließen* schalten Sie zur vorherigen Ansicht zurück.

Um die Notizenseite noch übersichtlicher zu gestalten, fügen Sie im Notizenbereich einen Untertitel ein, wie in Abbildung 4.18 zu sehen ist. Lesen Sie in der Ansicht *Notizenseite* die Headline der Folie und überlegen Sie, wie Sie im Notizenbereich die Headline mit einem Untertitel noch etwas deutlicher machen können. Formatieren Sie den Untertitel fett und drücken Sie dann ⏎, um in einer neuen Zeile mit den eigentlichen Notizen zu beginnen. Im Contoso-Beispiel in Abbildung 4.18 wird die Folienheadline *Die Pharmaindustrie durchquert heutzutage ein Meer an Veränderungen* durch den Untertitel des Notizenbereichs *Unsichere Marktsituation* unterstützt. Der Untertitel präzisiert die Aussage und leitet von der Headline in den ausführlichen Text über.

Tipp 9: In der Ansicht *Foliensortierung* schreiben

Wenn Sie gerade in der Ansicht *Foliensortierung* arbeiten und Text in den Notizenbereich schreiben möchten, ohne zur Ansicht *Notizenseite* wechseln zu müssen, können Sie dies mithilfe der eher selten genutzten Funktion der Vortragsnotizen erledigen. Wählen Sie in der Ansicht *Foliensortierung* im Menü *Ansicht* den Befehl *Symbolleisten* und stellen Sie sicher, dass im Untermenü die Symbolleiste *Foliensortierung* mit einem Häkchen versehen ist. Markieren Sie eine Folie und klicken Sie dann in der Symbolleiste *Foliensortierung* auf die Schaltfläche *Notizen*. Geben Sie im daraufhin angezeigten Dialogfeld *Vortragsnotizen* den gewünschten Text ein. Wenn Sie auf *Schließen* klicken, wird der Text im Notizenbereich der Ansichten *Normal* und *Notizenseite* dieser Folie übernommen.

Mit dieser hilfreichen Funktion können Sie also in der Ansicht *Foliensortierung* bleiben und dennoch Ihre Folien mit Notizen versehen.

Tipp 10: Navigationshilfen individuell anpassen

Im Abschnitt »Navigationshilfen einfügen« weiter vorn in diesem Kapitel wurde beschrieben, wie Sie Navigationshilfen für Ihr Storyboard erstellen und einfügen. Da diese Navigationshilfen während der Präsentation für das Publikum nicht sichtbar sind, können Sie sie vollständig an Ihre eigenen Vorstellungen anpassen. Die Orientierung im Storyboard sollte bestmöglich gewährleistet sein. Sie können beispielsweise für den Hintergrund der Navigationshilfen die Farbe Rot definieren, damit sie sofort ins Auge springen. Oder Sie versehen die Navigationshilfen mit dem Firmenlogo oder einem anderen grafischen Element.

Wenn Sie mit dem Entwurf der Navigationshilfen fertig sind, ist es empfehlenswert, das Layout in ein permanentes Bild umzuwandeln, damit nicht Teile davon nachträglich versehentlich geändert werden.

So wandeln Sie das Layout in ein unveränderbares, grafisches Element um:

1. Setzen Sie den Cursor in der Ansicht *Foliensortierung* rechts neben die letzte Folie und wählen Sie dann den Befehl *Einfügen/Neue Folie*, um eine neue, leere Folie einzufügen.

2. Doppelklicken Sie auf die neue Folie, um zur Normalansicht zu wechseln, und wählen Sie dann den Befehl *Format/Folienlayout* und im daraufhin angezeigten Aufgabenbereich *Folienlayout* das leere Inhaltslayout.

3. Klicken Sie in der Symbolleiste *Zeichnen* auf die Schaltfläche *Rechteck* und ziehen Sie mit gedrückter Maustaste ein Rechteck über die gesamte Folie. Klicken Sie auf den Dropdownpfeil der Schaltfläche *Füllfarbe* und wählen Sie dann eine Farbe für den Hintergrund aus.

4. Geben Sie Text ein und formatieren Sie ihn. Klicken Sie dazu in der Symbolleiste *Zeichnen* auf die Schaltfläche *Textfeld* und ziehen Sie mit gedrückter Maustaste in der Mitte der Folie von ganz links nach ganz rechts, um das Textfeld zu erstellen. Geben Sie den Text ein und legen Sie über die betreffenden Felder in der Formatsymbolleiste eine Schriftgröße und eine Schriftfarbe fest, die zum Hintergrund passt und gut lesbar ist.

5. Dupliziern Sie die Folie bei Bedarf und blenden Sie die neuen Folien aus. Wechseln Sie dazu mit dem Befehl *Ansicht/Foliensortierung* zurück zur Foliensortierung, markieren Sie die Navigationshilfen, klicken Sie mit der rechten Maustaste darauf und wählen Sie dann im Kontextmenü den Befehl *Folie ausblenden*.

6. Markieren Sie eine der neuen Folien, wechseln Sie zur Normalansicht und wählen Sie dann den Befehl *Bearbeiten/Alles markieren*. Klicken Sie in der Standardsymbolleiste auf die Schaltfläche *Ausschneiden*. Wählen Sie den Befehl *Bearbeiten/Inhalte einfügen* und im gleichnamigen Dialogfeld im Listenfeld *Als* den Eintrag *Bild (PNG)* oder ein anderes grafisches Format. Bestätigen Sie durch Klicken auf die Schaltfläche *OK*. Damit werden alle Elemente auf der Folie in ein einziges, nicht veränderbares grafisches Elemente im gewählten Format umgewandelt. Eventuell muss das Bild noch auf der Folie zentriert werden. Wiederholen Sie diesen Schritt bei Bedarf für alle weiteren Duplikate.

Wenn Sie die Grundlagen erst einmal verstanden haben, können Sie auch hier ganz nach Belieben improvisieren.

Kapitel 5
Gestaltung des Storyboards

In diesem Kapitel werden Sie ...

1. das Storyboard durch visuelle Elemente veranschaulichen.
2. die drei Grundregeln der Gestaltung kennen lernen.
3. folienfüllende Fotos und Clipart-Grafiken zu den Folien hinzufügen.
4. ausgewählte Wörter der Headlines animieren.
5. Techniken mischen und aufeinander abstimmen.

Ein Bild sagt mehr als tausend Worte – so heißt es, aber wo kriegen Sie das Bild her, wenn Sie nicht gerade Illustrator/Illustratorin von Beruf sind? Worte visuell darzustellen ist eine Aufgabe, von der man sich leicht überfordert fühlt, besonders wenn man daran gewöhnt ist, Microsoft Office PowerPoint-Folien überwiegend auf Aufzählungspunkten aufzubauen. Zum Glück ist Ihre Aufgabe durch den Ansatz »Erzählen statt aufzählen« schon viel leichter geworden, als Sie vielleicht denken.

Das Schwierigste an der Arbeit von Designern und Designerinnen ist meist nicht die eigentliche grafische Ausgestaltung, sondern die vorangehende Planung. Bevor sie sich ins kreative Schaffen stürzen können, müssen sie sich erst einmal eine ganze Reihe von Fragen stellen, z.B.: Was ist der Zweck der Präsentation? Welche narrative Struktur eignet sich dafür? Was ist am wichtigsten? Was ist ein guter Anfang?

Diese und andere Fragen haben Sie bereits beantwortet. In den Kapiteln 2 und 3 haben Sie das Drehbuch verfasst, das als Grundlage Ihrer Präsentation dient: Zweck und Erzählstruktur wurden definiert und die Prioritäten und Abfolge der Informationen festgelegt. In Kapitel 4 haben Sie das Drehbuch dann in PowerPoint übertragen und durch Hinzufügen der Textelemente ein Storyboard erarbeitet. In den Kapiteln 5 und 6 ist es nun an der Zeit, grafische Elemente in das Storyboard einzufügen und so auf der bereits erarbeiteten Grundlage eine ansprechende visuelle Struktur aufzubauen. Anhand der Ausführungen zur grafischen Gestaltung in diesem Kapitel können Sie die visuellen Kräfte Ihrer Geschichte nach und nach freisetzen.

Die drei Grundregeln der Gestaltung

PowerPoint ist ein benutzerfreundliches und mächtiges mediales Werkzeug, mit dem beeindruckende Ergebnisse erzielt werden können. Aber wie die meisten PowerPoint-Anwender haben Sie wahrscheinlich kein Grafikdesignstudium hinter sich. Und in den meisten Fällen – so auch bei der Contoso-Präsentation – stehen Sie unter Termindruck und haben keine Zeit, extra einen Kurs für Design zu absolvieren. Glücklicherweise sind mit Ihrem neuen PowerPoint-Storyboard wirkungsvolle Ergebnisse auch ohne spezielle Designausbildung möglich. In diesem Kapitel werden einige grundlegende Gestaltungstechniken vorgestellt, die Sie noch heute in Ihren PowerPoint-Präsentationen einsetzen können.

Drei Gestaltungsgrundregeln

Eine PowerPoint-Datei bietet weit mehr als nur Folien; sie hilft Ihnen auch, gesprochenes Wort, Interaktion, Handzettel usw. zu koordinieren. Befolgen Sie die drei Grundregeln, um das Ereignis auch wirklich als Ganzes zu gestalten:

1 Ausgangspunkt der Gestaltung ist die Überschrift.
2 Die Folien sollen unterstützend mitwirken.
3 Testen Sie drei Arten der grafischen Umsetzung.

Wenn Sie eine Präsentation entwerfen, versuchen Sie, ein lebendiges Ganzes aus projizierten Medien, gesprochenem Wort, Interaktion, gedruckten Handzetteln usw. zu schaffen. Eine so komplexe Umgebung im Griff zu behalten kann schwierig sein. Um nicht aus der Bahn zu geraten, ist es daher wichtig, sich an einige Grundregeln zu halten.

1. Regel: Ausgangspunkt der Gestaltung ist die Überschrift

Das Wichtigste beim Entwurf einer PowerPoint-Präsentation ist, immer daran zu denken, dass Sie nicht nur Folien gestalten, sondern ein ganzes Erlebnis komponieren. Allzu leicht verzettelt man sich in Einzelheiten wie Schriftarten, grafischen Elementen und Animationen auf den Folien, vergisst dabei das gesprochene Wort und übersieht so, dass eine Präsentation die Möglichkeit bietet, dem Publikum eine Botschaft durch ein »Gesamterlebnis« zu übermitteln.

Um sicherzustellen, dass sowohl das auf dem Bildschirm bzw. der Projektionswand Gezeigte als auch das Gesprochene angemessen berücksichtigt werden, sollten Sie Ihre PowerPoint-Präsentationen immer in der Ansicht *Notizenseite* beginnen (siehe Abbildung 5.1).

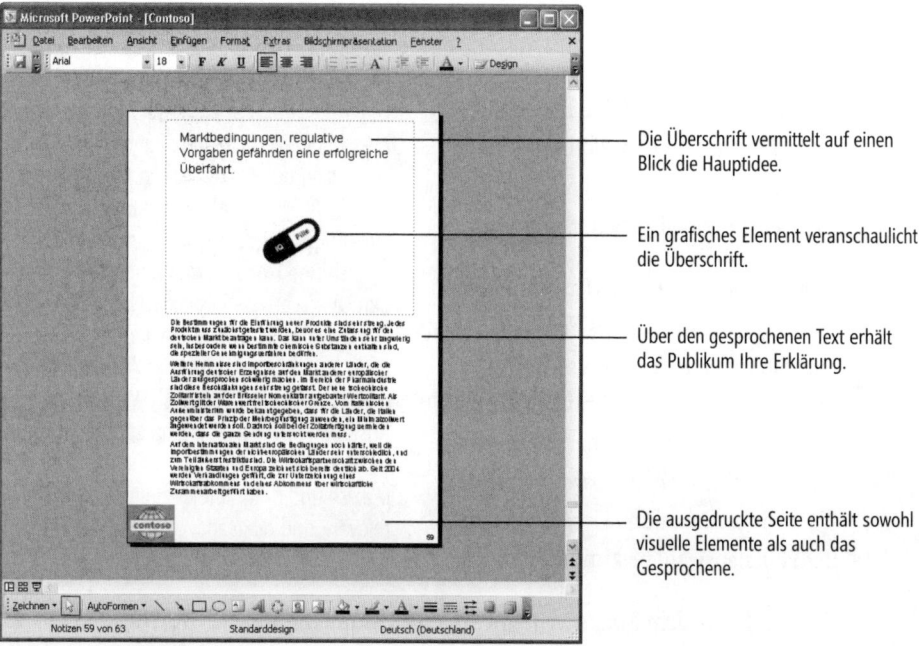

Abbildung 5.1: Visuelle Elemente und Gesprochenes in der Ansicht *Notizenseite* gleichzeitig im Auge behalten

Um mit der Gestaltung zu beginnen, wählen Sie im Menü *Ansicht* den Befehl *Notizenseite*. Blättern Sie dann durch alle Folien der Präsentation. In dieser Ansicht ist deutlich spürbar, dass es um ein Gesamterlebnis geht, das sowohl aus projizierten visuellen Elementen als auch aus verbalen Informationen besteht. Die obere Hälfte der Seite enthält das auf der Folie zu Sehende, der darunter angeordnete Notizenbereich das von Ihnen Gesprochene (siehe Abbildung 5.1). Die Überschrift der Folie hat in der Ansicht *Notizenseite* eine zweifache Funktion: Zum einen fasst sie die Hauptidee des auf dem Bildschirm bzw. der Projektionswand Gezeigten zusammen, zum anderen resümiert sie den Inhalt der ganzen Notizenseite.

Den gestalterischen Prozess in der Ansicht *Notizenseite* zu beginnen hat zudem den angenehmen Nebeneffekt, dass Sie nach Abschluss der Gestaltung nicht nur ein gutes Foliendesign haben, sondern auch nützliche Handzettel, die auf der dreistufigen Informationshierarchie der Seite aufbauen. Die oberste Ebene ist die Überschrift (sie gibt die Bedeutung der ganzen Seite an), die zweite Ebene ist das visuelle Element (es veranschaulicht die Überschrift) und die dritte Ebene ist die narrative Erklärung im Notizenbereich (sie dient der weiteren Erläuterung von Überschrift und visuellem Element).

Außer in der Ansicht *Notizenseite* werden Sie für die Gestaltung des PowerPoint-Storyboards mit der Ansicht *Normal* arbeiten, in der Sie die Grafiken auf den einzelnen Folien zusammenstellen, sowie mit der Ansicht *Foliensortierung*, in der Sie Tempo, Ablauf und Geschlossenheit der Folienauswahl bestimmen.

Die Bedeutung von Überschriften

Überschriften (Headlines) sind die Eckpfeiler des Ansatzes »Erzählen statt aufzählen«, denn sie sind das Bindeglied zwischen Geschichte, Storyboard, Folien und Handzetteln. Da sie direkt aus den Aussagen im Drehbuch entstehen, sorgen sie dafür, dass Sie Ihre Ideen dem Publikum klar und überzeugend strukturiert präsentieren. Wenn Sie die Aussagen der Vorlage in den Titelbereich der PowerPoint-Folien einfügen, legen Sie den Grundstein für ein Storyboard der Präsentation. Sie können die Geschichte mithilfe der Folientitel in der Ansicht *Foliensortierung* überblicken, und Sie können in der Ansicht *Notizenseite* die zugehörigen Erklärungen im Notizenbereich festhalten. Und wenn Sie in der Ansicht *Normal* grafische Elemente zu den Folien hinzufügen, ist damit sichergestellt, dass die Bilder einfach und klar sind und einen direkten Bezug zu den Überschriften haben. So liegt die Betonung bei der Gestaltung auf der effizienten Kommunikation, nicht auf Verzierungen oder Ästhetik. Dieser besondere Fokus auf die Überschriften im Rahmen des Ansatzes »Erzählen statt aufzählen« sorgt dafür, dass die Geschichte klar bleibt, das Gesprochene präzise und prägnant ist, die visuellen Elemente relevant und die Handzettel nützlich sind.

- In der Ansicht *Notizenseite* entwerfen Sie Ihren mündlichen Vortrag und die Ausführungen auf dem Papier.
- In der Ansicht *Normal* gestalten Sie die visuellen Elemente für die Projektion.
- In der Ansicht *Foliensortierung* definieren Sie Ablauf und Timing des Gesamtereignisses.

Denken Sie beim Wechseln zwischen den verschiedenen Ansichten immer daran, dass Sie damit jeweils eine bestimmte Dimension des Gesamterlebnisses besonders gut überblicken können.

2. Regel: Die Folien sollen unterstützend mitwirken

Wenn in Präsentationen die tatsächliche Anwesenheit des Publikums nicht erforderlich wäre, könnten wir uns die betreffenden Dokumente auch gegenseitig per E-Mail senden und so viel Zeit sparen. Aber wir treffen uns, weil wir Diskussion, Zusammenarbeit und gemeinsame Entscheidungsfindung als nützlich empfinden. Die von Ihnen projizierten visuellen Elemente können diesen gesellschaftlichen Aspekt von Meetings betonen, indem sie neue Wege der Zusammenarbeit eröffnen, anstatt sie zu versperren.

Die beste Methode, das Publikum zu fesseln, besteht darin, das richtige Maß an richtigen Informationen zur richtigen Zeit zu präsentieren. Das gelingt Ihnen, wenn Sie mithilfe der Drehbuchvorlage die Ideen in leicht verdauliche Häppchen aufteilen und die so erarbeiteten Aussagen in das PowerPoint-Storyboard übernehmen, wo daraus Folienüberschriften werden. Wenn Sie den Folienmaster formatiert haben, erstellen Sie ein einheitliches und einfaches Layout, das als Ausgangspunkt für alle Folien dient, mit einer Überschrift im oberen Bereich und darunter Platz für die zugehörigen visuellen Elemente.

Die Gestaltung des Folienlayouts ist zwar stilistisch einfach, hat aber eine ausgeklügelte Wirkung. Die Überschrift erinnert Sie, die vortragende Person, an das, was Sie während der Projektion der Folie sagen wollen, und sie teilt gleichzeitig dem Publikum das Thema klar mit. Sie hält überflüssige Informationen vom Bildschirm bzw. von der Projektionswand fern und steigert die Konzentration von Vortragendem/Vortragender und Publikum auf ein bestimmtes Thema.

Was in der Einfachheit dieser Folie aber nicht sofort zu erkennen ist, ist die Wirkung der Überschrift auf das Publikum, wenn sie gleichzeitig mit Ihren mündlichen Ausführungen wahrgenommen wird. Weil das Foliendesign einfach ist, kann das Publikum Überschrift und visuelle Komponenten schnell überblicken und die Idee erfassen. Dann wendet es seine Aufmerksamkeit wieder dorthin, wo Sie sie haben wollen, nämlich auf Sie, auf das von Ihnen Gesagte und auf den Bezug zwischen dem Gesagten und sich selbst. Anstatt alles ausführlich und bis ins letzte Detail auf den Folien zu erklären, dürfen die Folien Platz für Interpretation lassen, so dass eine gegenseitige Abhängigkeit zwischen dem/der Vortragenden und den Zuhörern entsteht.

Um sich zu vergewissern, dass Sie die Informationen während der Präsentation umfassend darstellen, sollten Sie während der Entwurfsphase immer wieder in der Ansicht *Notizenseite* überprüfen, dass jede Folie auch wirklich in Ihren mündlichen Ausführungen erläutert wird.

Zur Erinnerung: Es mag unlogisch klingen, aber mit weniger Informationen auf einer Folie erhöht sich die Aufmerksamkeit des Publikums, weil die Zuhörenden auf die Erklärungen der sprechenden Person angewiesen sind, und diese wiederum auf die Reaktion der Zuhörenden.

3. Regel: Testen Sie drei Arten der grafischen Umsetzung

Sie wissen erst, was Sie haben, wenn Sie es gesehen haben – das gilt besonders auch für alles Grafische. Deshalb sollten Sie sich mehrere Optionen erarbeiten, bevor Sie entscheiden, wie Sie Ihre Folien letztendlich gestalten wollen.

Wenn eine Grafikagentur einen Auftrag annimmt, präsentiert sie den Kunden üblicherweise drei unterschiedliche Designoptionen. So können die Grafiker/Grafikerinnen ihrer Kreativität freien Lauf lassen und drei völlig verschiedene Arten der Umsetzung testen. Der Vorteil aus der Sicht der Kunden ist, dass ihnen mehrere Möglichkeiten vorliegen, aus denen sie eine für sie geeignete Option auswählen können. Für beide Seiten ist es ein Weg, die gefühlsmäßigen Vorlieben des Einzelnen in den Hintergrund zu stellen und einen gemeinsamen Ausgangspunkt zu finden, auf den sich alle bei der Entscheidung für eine bestimmte gestalterische Richtung beziehen können.

Diese altbewährte Methode kann auch Ihnen bei der Gestaltung des PowerPoint-Storyboards zugute kommen. Wählen Sie mindestens drei Folien der Präsentation aus und testen Sie damit drei völlig unterschiedliche Bearbeitungsverfahren, wie in diesem Kapitel beschrieben. Zeigen Sie die Ergebnisse Ihrem Team und auch Personen, die mit der Präsentation nicht vertraut sind, und bitten Sie um Feedback. Wenn ein Design gut bei Ihrem Publikum ankommt und Sie selbst damit zufrieden sind, übernehmen Sie es für alle Folien der Präsentation. Als Einstieg werden wir uns jetzt drei Folien aus der Contoso-Präsentation vornehmen und überlegen, was sich damit anfangen lässt.

Hinweis: Diese drei Regeln der Gestaltung können auf unendlich viele Weisen auf die Folien des Storyboards angewendet werden. Dieses und das nächste Kapitel beschreiben etwa ein Dutzend Optionen, wobei nur Techniken im Mittelpunkt stehen, die mit grafischen Elementen wie Fotos, Clipart und Bildschirmabbildungen möglich sind. Alle in diesen Kapiteln verwendeten grafischen Elemente können kostenlos von der Website *Microsoft Office Online Clip Art and Media* unter *office.microsoft.com* heruntergeladen werden.

Verschiedene Designtechniken auf drei Folien anwenden

Die Abfolge der fünf Szenen im ersten Akt macht den ersten und stärksten Eindruck auf das Publikum. Wie in Kapitel 2 im Abschnitt »Erster Akt: Die Geschichte aufbauen« beschrieben wurde, ist es die außerordentlich wichtige Funktion dieser fünf kurzen Szenen, das Interesse der Zuhörer für die Geschichte zu wecken und das Erlebnis persönlich und für sie relevant zu machen. Indem Sie nun im Storyboard grafische Elemente zu diesen fünf Szenen hinzufügen, können Sie den in Akt I in Bewegung gesetzten Ideenfluss wirkungsvoll verstärken.

Der erste Eindruck ist der entscheidende. Sehen Sie sich deshalb das Resultat der verschiedenen Designtechniken auf diesen drei Folien ganz genau an. Erstellen Sie dazu eine Testdatei, in der Sie die grundlegenden Gestaltungstechniken beim Ansatz »Erzählen statt aufzählen« ausprobieren können.

Eine Testdatei vorbereiten

Es ist wichtig, auf die ganze Präsentation einen einheitlichen Stil anzuwenden, aber Sie sollten sich erst dann für einen Stil entscheiden, wenn Sie ein paar Möglichkeiten ausprobiert haben. Erstellen Sie also eine neue PowerPoint-Datei, in der Sie Ihre gestalterischen Ideen testen und mit verschiedensten Designtechniken unbeschwert experimentieren können, ohne dabei an eventuell ungewollte Änderungen in der Originaldatei denken zu müssen.

Erstellen Sie eine neue PowerPoint-Datei mit drei repräsentativen Folien aus der Contoso-Präsentation. Gehen Sie dabei wie im Folgenden beschrieben vor.

So erstellen Sie eine Testdatei:

1. Öffnen Sie die PowerPoint-Datei aus Kapitel 4 in der Ansicht *Foliensortierung*, wählen Sie im Menü *Datei* den Befehl *Speichern unter* und geben Sie dann im Dialogfeld *Speichern unter* einen neuen Dateinamen ein, der *test* enthält – in unserem Fall *Contoso_TEST.ppt*. Klicken Sie abschließend auf *Speichern*.
2. Reduzieren Sie die Präsentation auf bestimmte Folien. Wählen Sie dazu im Menü *Bearbeiten* den Befehl *Alles markieren* und halten Sie dann die [Strg]-Taste gedrückt, während Sie auf drei repräsentative Folien der Präsentation klicken – in unserem Fall die Folien für die Szenen 1, 2 und 5 in Akt I. Klicken Sie in der Standardsymbolleiste auf die Schaltfläche *Ausschneiden*, um alle Folien mit Ausnahme der drei von Ihnen gewählten zu löschen. Speichern Sie dann die Datei.

3. Duplizieren Sie dieses Folienset. Wählen Sie dazu im Menü *Bearbeiten* den Befehl *Alles markieren* und klicken Sie dann in der Standardsymbolleiste auf *Kopieren*. Setzen Sie den Cursor rechts neben die letzte Folie und klicken Sie dann in der Standardsymbolleiste zweimal auf die Schaltfläche *Einfügen*. Sie sollten jetzt drei Sätze mit je drei Folien, also insgesamt neun Folien, vor sich haben.

4. Klicken Sie in der Standardsymbolleiste auf den Dropdownpfeil rechts neben dem Feld *Zoom* und wählen Sie eine Prozentzahl, mit der Sie drei Folien nebeneinander anzeigen können (siehe Abbildung 5.2). Sie können auch die Größe des PowerPoint-Fensters ändern, indem Sie mit gedrückter Maustaste einen der Ränder bzw. eine der Ecken in die betreffende Richtung ziehen.

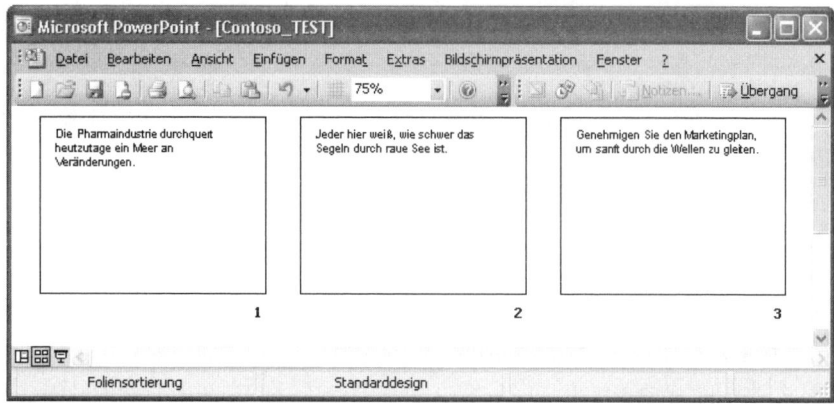

Abbildung 5.2: Die drei gewählten Folien der Testdatei in der Ansicht *Foliensortierung*

Mit der Gestaltung beginnen

Nachdem Sie nun die Testdatei für die drei Folien eingerichtet haben, lesen Sie die drei Überschriften in Abbildung 5.2, um sich die Aussagen dieser Folien in Erinnerung zu rufen. In diesem Kapitel werden sechs mögliche Designtechniken für diese Folien vorgestellt. Nachdem Sie die verschiedenen Techniken kennen gelernt haben und bereit sind, Ihre Präsentation zu gestalten, können Sie drei der vorgestellten Techniken auswählen und testen, oder aber eigene Techniken ausprobieren.

Wechseln Sie in die Ansicht *Notizenseite*, um sich den Ausgangspunkt der Folien für die Gestaltung vor Augen zu führen (siehe Abbildung 5.3).

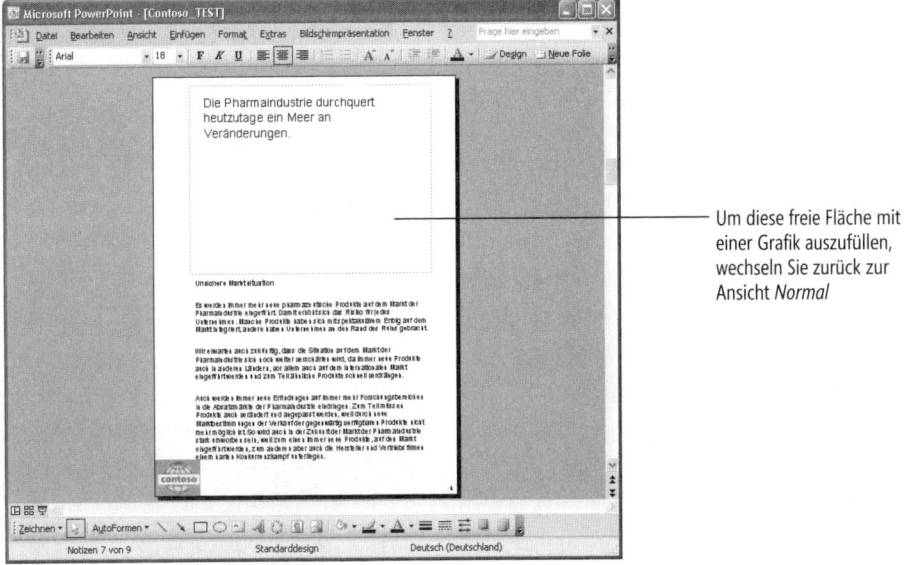

Abbildung 5.3: Ausgangspunkt der Gestaltung in der Ansicht *Notizenseite*

In diesem Beispiel einer Notizenseite haben Sie bereits eine Überschrift im Folienbereich sowie narrativen Text im Notizenbereich vorliegen. Ihre Aufgabe ist es nun, die freie Fläche zwischen Überschrift und Notizenbereich mit einem grafischen Element auszufüllen. Doppelklicken Sie dazu zunächst im Folienbereich, um die Folie in der Ansicht *Normal* anzuzeigen.

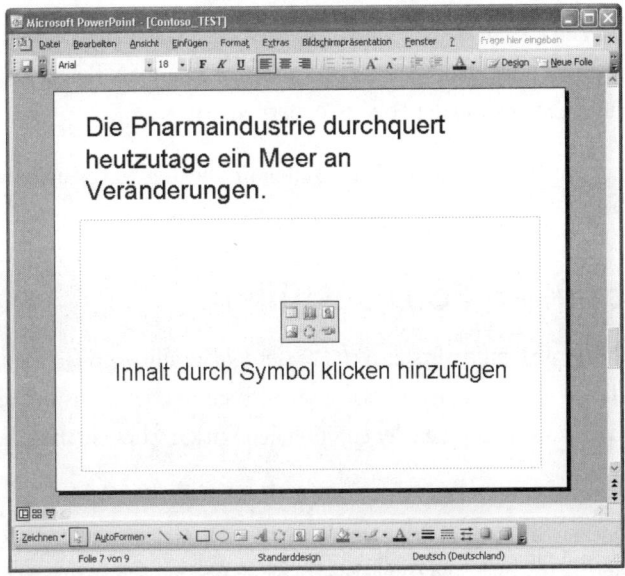

Abbildung 5.4: Eine vorformatierte Folie mit dem Layout *Titel und Inhalt*

Da Sie mit Ihren Worten schon eine Menge Informationen übermitteln, soll die für die Folie gewählte Grafik einfach als Ergänzung zu den verbalen Informationen in Überschrift und Notizenbereich dienen. Sie haben bereits in Kapitel 4 im Abschnitt »Folienlayout ändern« allen Folien das Layout *Titel und Inhalt* zugewiesen, so dass nun jede Folie in der Ansicht *Normal* wie in Abbildung 5.4 dargestellt angezeigt wird.

Oberhalb des Platzhaltertextes *Inhalt durch Symbol klicken hinzufügen* sehen Sie die sechs Schaltflächen *Tabelle einfügen, Diagramm einfügen, ClipArt einfügen, Grafik einfügen, Schematische Darstellung oder Organigramm einfügen*

> ### Ein einfacheres Layout wählen
>
> Bei dem Layout *Titel und Inhalt* wird die Grafik in der Mitte des Inhaltsbereichs unterhalb der Überschrift zentriert. Diese Aufteilung eignet sich gut als Standardlayout, während Sie die Grundlagen des neuen Gestaltungsansatzes erlernen. Doch empfinden manche Anwender den Platzhalter *Inhalt durch Symbol klicken hinzufügen* als störend. Um für alle Folien ein einfacheres Layout festzulegen, wählen Sie in der Ansicht *Foliensortierung* zuerst den Menübefehl *Bearbeiten/Alles markieren*, dann den Menübefehl *Format/Folienlayout* und schließlich das Layout *Nur Titel*, um es auf alle Folien anzuwenden. Damit wird ein Standardlayout erstellt, das lediglich oben in der Folie den Titel enthält und darunter einen leeren Bereich. Andere fortgeschrittene Layouts und Rasteroptionen werden in Kapitel 6 im Abschnitt »Tipp 1: Anspruchsvollere Layouts« beschrieben.

und *Mediaclip einfügen*. Klicken Sie auf eine dieser Schaltflächen, um das gewünschte Element einzufügen, und legen Sie gegebenenfalls in einem Dialogfeld nähere Einzelheiten fest. Wenn Sie eine Grafik hinzufügen ohne diese Schritte auszuführen, bleibt der Platzhalter *Inhalt durch Symbol klicken hinzufügen* weiterhin auf der Folie erhalten.

Sie können das Objekt stehen lassen, weil es beim Ausführen der Präsentation nicht sichtbar ist, oder Sie können mit der rechten Maustaste darauf klicken und dann im Kontextmenü den Befehl *Ausschneiden* wählen, um es von der Folie zu entfernen.

Damit Sie einen Eindruck von den visuellen Möglichkeiten für die drei Beispielfolien aus der Contoso-Präsentation erhalten, werden wir nun ein Foto für Akt I, Szene 1 verwenden.

Die Folie mit einem Foto ausfüllen

Wie Sie sicher noch aus dem Abschnitt »Erster Akt: Die Geschichte aufbauen« in Kapitel 2 wissen, funktionieren die Szenen des ersten Akts primär, weil sie emotional ansprechen. Eine der wirksamsten Methoden zum Verstärken der emotionalen Wirkung besteht darin, ein Foto auf die ganze Folie zu setzen.

Es gibt viele mögliche Quellen für Fotos in Präsentationen. Wenn Sie selbst gut fotografieren, machen Sie mit einer Digitalkamera eigene Fotos. Die Website *Microsoft Office Online ClipArt und Medien* bietet kostenlose Fotos zum Download. Manche Sites mit Fotosammlungen lizenzieren Fotos, die für die Verwendung in Präsentationen zu vergünstigten Preisen heruntergeladen werden können. Eventuell verfügt Ihr Unternehmen auch über eine hauseigene Fotobibliothek, zu der Sie Zugang haben. Auf jeden Fall müssen Sie sicherstellen, dass Sie die erforderlichen Berechtigungen haben, um die Fotos in Ihrer Präsentation verwenden zu können.

In Kapitel 2 haben Sie außerdem erfahren, dass ein immer wiederkehrendes Thema, oder Motiv, ein gutes Mittel ist, um eine Präsentation zusammenzuhalten, den Zuhörern den Bezug zu Ihrem Vortrag zu veranschaulichen und Ihre Persönlichkeit und Ihr Selbstvertrauen zur Entfaltung zu bringen. Wenn Sie nach Fotos für die Folie von Szene 1 suchen, werden Sie sehen, welche Wirkung ein Motiv entfalten kann. Da das Motiv der Contoso-Präsentation das Meer ist, könnten Sie zunächst mit Schlüsselwörtern wie Meer, Segeln, Sturm, Boot, Schiff, Regen, Strand, Kompass usw. nach Fotos suchen. Abbildung 5.5 zeigt ein Beispiel für Suchergebnisse auf der englischsprachigen Website *Microsoft Office Online Clip Art and Media*. Das Foto wurde von dieser Website heruntergeladen, nachdem es ausgezeichnet für Szene 1 passt: Der Kompassausschnitt lässt an Reiserouten, Orientierungshilfen, Landkarten denken – alles Dinge, die die Vorstandsmitglieder brauchen können, wenn sie die gemeinsame Reise durch Ihre Präsentation antreten.

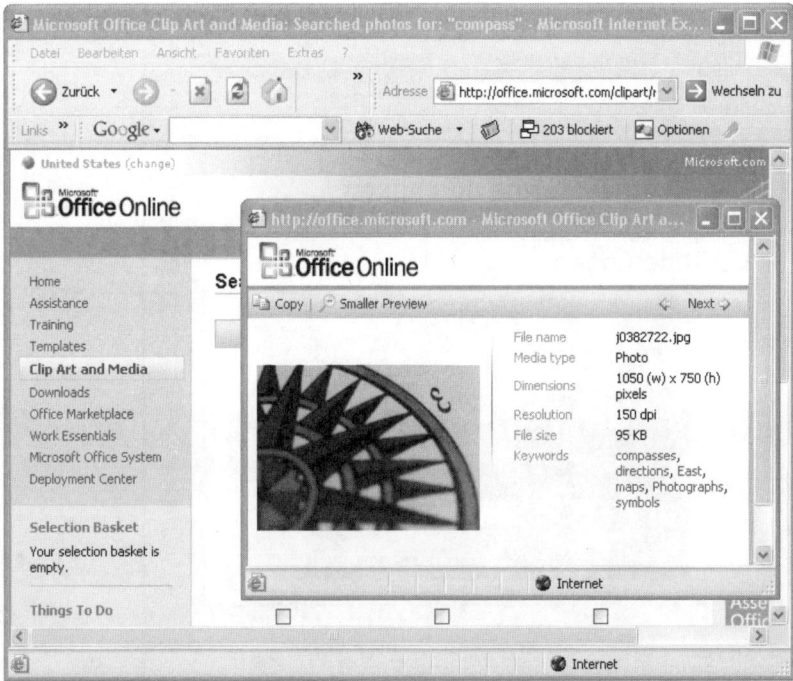

Abbildung 5.5: Ergebnisseite einer Suche auf der Website *Microsoft Office Online Clip Art and Media*

In den meisten Fotodatenbanken wie der Microsoft-Website enthalten die Suchergebnisse für ein bestimmtes Foto zugehörige Suchbegriffe, die Sie eventuell auf neue Suchideen bringen, an die Sie noch nicht gedacht hatten. Wenn Sie einen Fotostil finden, der Ihnen zusagt, können Sie eventuell auch nach Fotos mit ähnlichem Stil suchen.

Es kann natürlich vorkommen, dass das Foto, das Sie auswählen, nicht ganz so auf die Folie passt, wie Sie sich das vorstellen, oder dass die Datei sich wegen ihrer Größe nicht für eine PowerPoint-Präsentation eignet. Um diese Probleme zu beheben, müssen Sie die drei wichtigsten Techniken einsetzen, die Sie für die Arbeit mit Fotos benötigen: Skalieren, Zuschneiden und Komprimieren.

> **Zur Erinnerung:** Die wichtigsten Techniken beim Arbeiten mit Fotos sind Skalieren, Zuschneiden und Komprimieren. Wenn Sie mehr Funktionen zur Fotobearbeitung ausprobieren wollen, können Sie den im Microsoft Office 2003-Paket enthaltenen Microsoft Office Picture Manager oder eines der zahlreichen auf dem Markt erhältlichen Softwarepakete zur Bearbeitung von Fotos verwenden, z.B. Microsoft PictureIt! Digital Image Pro.

Wenn Sie dieses Foto in die Folie einfügen, füllt es nur einen Teil der Folie aus und nutzt damit sein Wirkungspotenzial nur zum Teil. Um die kommunikative Wirkung zu steigern, legen Sie die Größe des Fotos so fest, dass es die gesamte Folie und dann bei der Vorführung die gesamte Projektionswand ausfüllt. Klicken Sie dazu auf das Foto, so dass an den Ecken und Seiten des Fotos Ziehpunkte angezeigt werden (siehe Abbildung 5.6).

Abbildung 5.6: Ein markiertes Foto mit seinen Ziehpunkten

Halten Sie die ⇧-Taste gedrückt und ziehen Sie die Ziehpunkte so, dass das Foto auf den gesamten Folienbereich vergrößert wird. Wenn Sie während des Ziehens die ⇧-Taste gedrückt halten, werden die Bildproportionen beim Ändern der Größe beibehalten; anderenfalls wird das Foto verzerrt.

Zur Erinnerung: Wenn Sie die Größe eines Fotos ändern, halten Sie die ⇧-Taste gedrückt, während Sie einen Ziehpunkt ziehen, damit die Proportionen des Bildes erhalten bleiben.

Überprüfen Sie, ob das Bild in dieser Größe klar und lebendig wirkt – wenn nicht, suchen Sie sich ein anderes Foto. Verwenden Sie nie ein unscharfes, körniges, verschwommenes oder sonst irgendwie unklares Foto, denn es würde von Ihrer Aussage ablenken und Ihre Glaubwürdigkeit als Vortragende(r) mindern. Die Menschen sind aus den Medien an scharfe, fokussierte Fotos gewöhnt; wenn Ihre Fotos dem nicht entsprechen, werden die Zuschauer Ihre Präsentation weniger wertschätzen, ganz egal wie gut die Geschichte ist.

Abbildung 5.7: Ein markiertes Foto mit Zuschneidegriffen und der Symbolleiste *Grafik*

Nachdem Sie das Foto skaliert haben und geprüft haben, dass es in dieser Größe auch wirklich scharf und fokussiert ist, werden Sie eventuell feststellen, dass es über die Ränder der Folie hinausgeht. In diesem Fall müssen Sie das Foto so zuschneiden, dass genau der gewünschte Teil auf den Folienbereich passt. Zeigen Sie gegebenenfalls zunächst die Symbolleiste *Grafik* an, indem Sie im Menü *Ansicht* den Befehl *Symbolleisten* wählen und dann auf *Grafik* klicken. Klicken Sie anschließend auf das Foto und dann in der Symbolleiste *Grafik* auf die Schaltfläche *Zuschneiden*. Am Foto werden daraufhin Zuschneidegriffe angezeigt (siehe Abbildung 5.7). Um in unserem Beispiel die rechte Seite des Fotos zu beschneiden, ziehen Sie den Zuschneidegriff auf der rechten Bildseite nach links, bis der Rand des Fotos mit dem Rand des Folienbereichs abschließt.

Wenn das scharfe Foto die Folie völlig ausfüllt, kommt als Letztes noch die Funktion *Bilder komprimieren* zum Einsatz, die in Microsoft Office PowerPoint 2002 und höher verfügbar ist. Es ist nichts Ungewöhnliches, dass ein hochauflösendes Foto Hunderte von Megabytes groß ist, wodurch Ihre PowerPoint-Datei unnötig aufgebläht würde. Diese riesige Bilddatei kann zu Problemen führen, wenn Sie versuchen, die PowerPoint-Datei per E-Mail zu versenden oder sie mit anderen Personen gemeinsam zu benutzen. Um solche Probleme zu vermeiden, sollten Sie die Dateigröße der Fotos auf die Mindestgröße reduzieren, die für eine klare Anzeige auf der Projektionswand nötig ist.

Um ein Foto zu komprimieren, markieren Sie es zunächst, indem Sie darauf klicken, und klicken dann in der Symbolleiste *Grafik* auf die Schaltfläche *Bilder komprimieren*. Wählen Sie im daraufhin angezeigten Dialogfeld unter *Auflösung ändern* die Option *Web/Bildschirm*. Wenn Sie alle Bilder in Ihrer Präsentation gleichzeitig komprimieren wollen, markieren Sie unter *Übernehmen für* die Option *Alle Bilder im Dokument*. Nachdem Sie die gewünschten Einstellungen vorgenommen haben, klicken Sie auf *OK*. Hierdurch wird die Auflösung der Fotos automatisch auf 96 dpi reduziert und es wird sichergestellt, dass das Bild auf der Projektionswand bzw. dem Bildschirm klar erscheint, ohne zu viel Speicherplatz in der PowerPoint-Datei zu belegen.

Nachdem Sie das Foto nun wunschgemäß angepasst haben, muss im nächsten Schritt sichergestellt werden, dass das Publikum die Überschrift gut lesen kann.

Sicherstellen, dass die Überschrift gut zu lesen ist

Wenn Sie ein Foto in eine Folie einfügen, wird die Überschrift dadurch eventuell komplett verdeckt. Um das Foto auf den Hintergrund der Folie zurückzusetzen, klicken Sie mit der rechten Maustaste auf das Foto und wählen dann im Kontextmenü den Befehl *Reihenfolge/In den Hintergrund*. Dadurch wird das Foto auf der Folie nach hinten gesetzt, so dass der Titelbereich vor dem Foto zu sehen ist (siehe Abbildung 5.8).

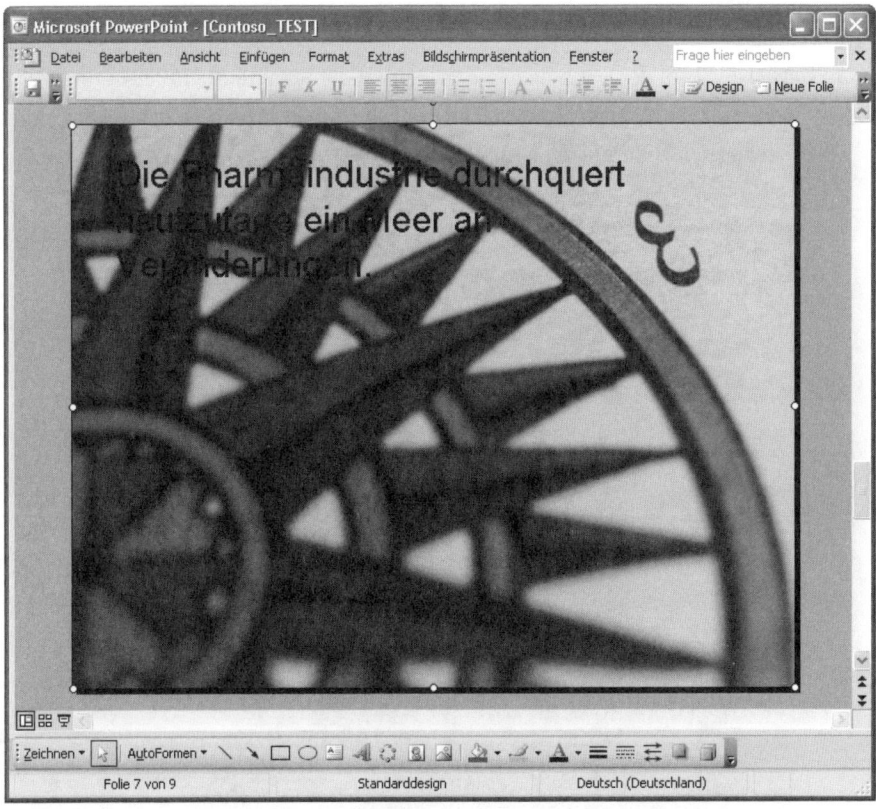

Abbildung 5.8: Mit dem Foto im Hintergrund der Folie ist die Überschrift sichtbar

Es ist wichtig, dass die Überschrift klar über dem Foto zu erkennen ist, so dass auch Zuschauer in den hinteren Reihen sie gut lesen können. Wenn eine Überschrift schwer zu lesen ist, wie z.B. in Abbildung 5.8, gibt es mehrere Möglichkeiten, die Lesbarkeit zu verbessern. Die erste Technik besteht darin, die Schriftfarbe so zu ändern, dass sie mit dem Foto kontrastiert. Halten Sie die ⇧-Taste gedrückt (um den Textbearbeitungsmodus zu deaktivieren) und klicken Sie in den Titelbereich. Klicken Sie in der Formatsymbolleiste auf den Dropdownpfeil der Schaltfläche *Schriftfarbe* und wählen Sie dann die Farbe Weiß bzw. eine andere Farbe, die mit dem Foto kontrastiert. Wenn die Überschrift dadurch noch nicht gut lesbar wird, können Sie auch die Schrift des Textes im Titelbereich fett setzen, indem Sie auf den Titelbereich klicken, um ihn auszuwählen, und dann in der Formatsymbolleiste auf die Schaltfläche *Fett* klicken.

Wenn die Überschrift immer noch nicht lesbar ist, können Sie ein transparentes Rechteck unter dem Titelbereich hinzufügen. Dadurch entsteht ein Kontrast zwischen Foto und Text und die Überschrift ist für das Publikum besser zu lesen. Um die Lesbarkeit mit einem transparenten Rechteck zu verbessern, erstellen Sie ein neues Rechteck und machen es transparent.

So fügen Sie ein transparentes Rechteck unter dem Titelbereich hinzu:

1. Klicken Sie in der Symbolleiste *Zeichnen* auf die Schaltfläche *Rechteck* und ziehen Sie dann mit gedrückter Maustaste auf der Folie ein Rechteck aus, das den gesamten Titelbereich abdeckt (siehe Abbildung 5.9).

Abbildung 5.9: Ein neues Rechteck über dem Titelbereich der Folie

2. Doppelklicken Sie auf das Rechteck, um das Dialogfeld *AutoForm formatieren* zu öffnen. Klicken Sie auf der Registerkarte *Farben und Linien* unter *Linie* auf den Dropdownpfeil rechts neben dem Feld *Farbe* und klicken Sie dann auf *Keine Linie* (siehe Abbildung 5.10).

Abbildung 5.10: Durch Auswahl von *Keine Linie* im Feld *Farbe* wird die Linie um das Rechteck entfernt

3. Versehen Sie das neue Rechteck mit einem Farbverlauf. Klicken Sie dazu unter *Ausfüllen* auf den Dropdownpfeil rechts neben dem Feld *Farbe* und wählen Sie dann *Fülleffekte*. Wählen Sie im daraufhin angezeigten Dialogfeld *Fülleffekte* auf der Registerkarte *Graduell* unter *Farben* die Option *Zweifarbig* und legen Sie Schwarz sowohl für *Farbe 1* als auch für *Farbe 2* fest. Lassen Sie unter *Transparenz* den Schieberegler für *Von* bei *0 %* und ziehen Sie den Schieberegler für *Zu* auf *100 %*. Klicken Sie im Bereich *Schattierungsarten* auf *Vertikal*. Das Dialogfeld *Fülleffekte* sollte jetzt wie in Abbildung 5.11 dargestellt aussehen. Klicken Sie auf *OK*, um das Dialogfeld *Fülleffekte* zu schließen, und dann noch einmal auf *OK*, um das Dialogfeld *AutoForm formatieren* zu schließen.

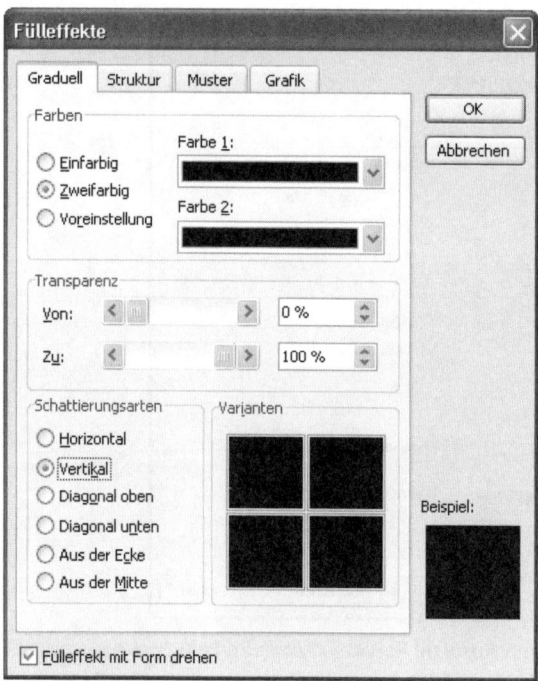

Abbildung 5.11: Das Dialogfeld *Fülleffekte* mit den Einstellungen für ein Rechteck mit Farbverlauf

4. Setzen Sie das Rechteck hinter die Überschrift. Klicken Sie dazu mit der rechten Maustaste auf das Rechteck und wählen Sie dann im Kontextmenü den Befehl *Reihenfolge/In den Hintergrund*. Klicken Sie anschließend mit der rechten Maustaste auf das Foto und wählen Sie dann im Kontextmenü den Befehl *Reihenfolge/In den Hintergrund*. Der Titelbereich sollte sich nun auf der obersten Ebene befinden.

Die endgültige Folie sollte so ähnlich wie das Beispiel in Abbildung 5.12 aussehen.

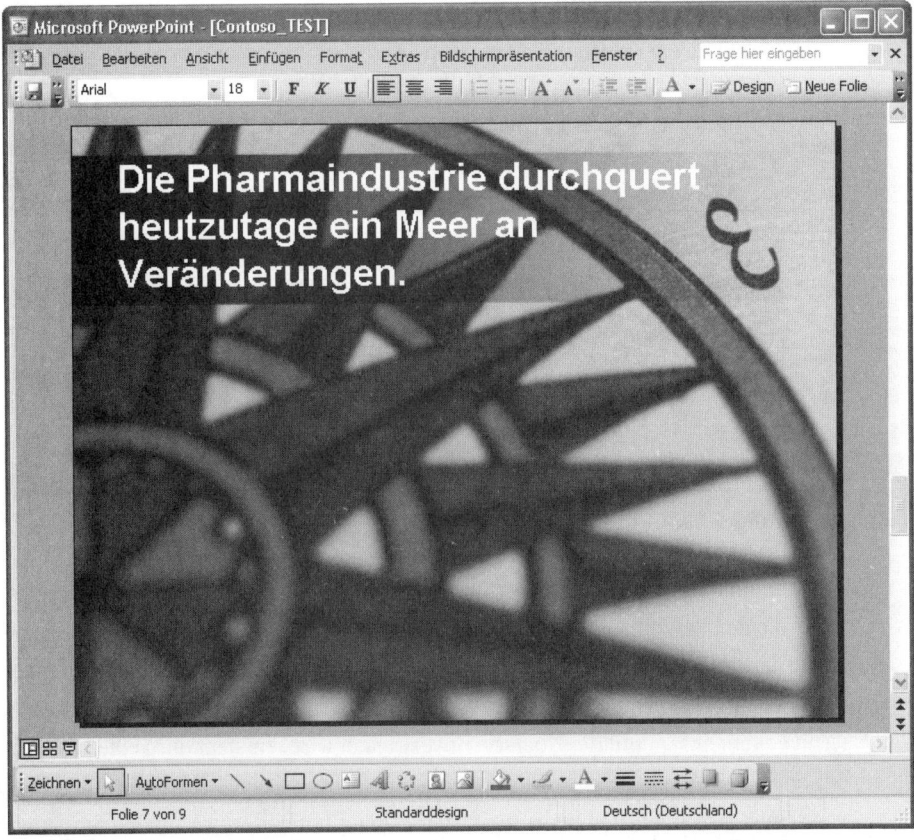

Abbildung 5.12: Das Rechteck mit dem Farbverlauf unter der Überschrift sorgt für Kontrast

Die Überschrift im Titelbereich ist nun klar auf der Folie zu lesen. Für andere Fotos müssen Sie bei den Fülleffekten für die Farbe des Rechtecks eventuell Weiß anstelle von Schwarz verwenden oder die Transparenzeinstellung und Schattierungsart anders anpassen, um sicherzustellen, dass sich der Text klar und deutlich auf dem jeweiligen Foto abhebt. Wenn Sie die erste Folie fertig gestellt haben, übernehmen Sie das transparente Rechteck mit Kopieren und Einfügen in die zweite und dritte Folie und passen das Rechteck jeweils an diese Folien an.

In den in Abbildung 5.13 gezeigten Beispielen spielt die Überschrift der zweiten Folie mit den Worten *raue See*, die durch das Bild mit hohen Wellen dargestellt werden. Wenn in diesem Fall der Titelbereich und das transparente Rechteck im oberen Drittel des Fotos angeordnet wären, wäre der visuelle Effekt der sich überschlagenden Welle beeinträchtigt. Zum Lösen dieses Problems klicken Sie zunächst mit gedrückter ⇧-Taste auf den Titelbereich und auf das Rechteck, um beides zu markieren; ziehen Sie anschließend die beiden Elemente in den unteren Teil der Folie. Die dritte Überschrift spricht davon, *sanft durch die Wellen zu gleiten*, so dass ein Bild von ruhigem Wasser gut passt.

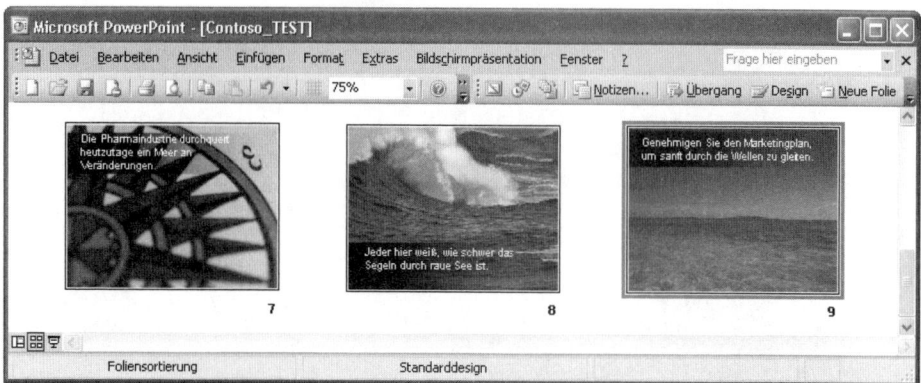

Abbildung 5.13: Die drei Testfolien mit Fotos, die die ganze Folie ausfüllen

Die Kombination aus Überschriften und Fotos auf diesen Folien schafft eine interessante Synergie, die den Erzählfluss fördert. Einzeln besehen wäre jedes dieser Fotos zu allgemein und wenig deskriptiv, aber in Verbindung mit den Überschriften erhalten die Bilder eine zusätzliche Bedeutungsebene. Das Bild der Welle in der zweiten Folie könnte überall stehen, aber wenn es gemeinsam mit der Überschrift verwendet wird, entsteht durch die Verbindung mit der rauen See, durch die sich der Vorstand kämpfen muss, eine neue Bedeutung. Unabhängig von seiner ursprünglichen Bedeutung hat das Bild für die Ideenwelt, in der Sie gemeinsam mit dem Publikum über die metaphorischen Wellen Ihrer Geschichte reisen werden, eine erweiterte Bedeutung. Diese Dynamik bindet das Publikum stärker in Ihre Geschichte ein und macht aus Ihrem Vortrag ein beeindruckendes und denkwürdiges Erlebnis.

Diese drei Fotos eignen sich hervorragend, die Bühne für Ihre Geschichte vorzubereiten, ohne von der Botschaft abzulenken; außerdem funktionieren sie thematisch gut miteinander, weil sie ineinander übergehen. Es gibt unzählige Fotos, die Sie für diese Foliensequenz verwenden könnten, jedes mit anderen ästhetischen Eigenschaften, die andere Emotionen beim Publikum hervorrufen. Bevorzugen Sie einfache, elegante Fotos, die die emotionale Grundstimmung der Folien untermauern, und verstärken Sie dann diese Emotionen durch Ihre Worte.

Nach der Vorbereitung der einzelnen Folien sollten Sie die Gestaltung in der Ansicht *Notizenseite* überprüfen, damit der Folienbereich auch wirklich zu Ihrem Vortragsskript passt (siehe Abbildung 5.14). Jemand, der das Projekt nicht kennt und nur den Folienteil der Präsentation sieht, würde wahrscheinlich denken, dass es hier nur um ein paar Bilder geht. In der Ansicht

Notizenseite dagegen wird der Zusammenhang zwischen der Folie und dem Rest der Präsentation durch den Text Ihres Vortrags klar.

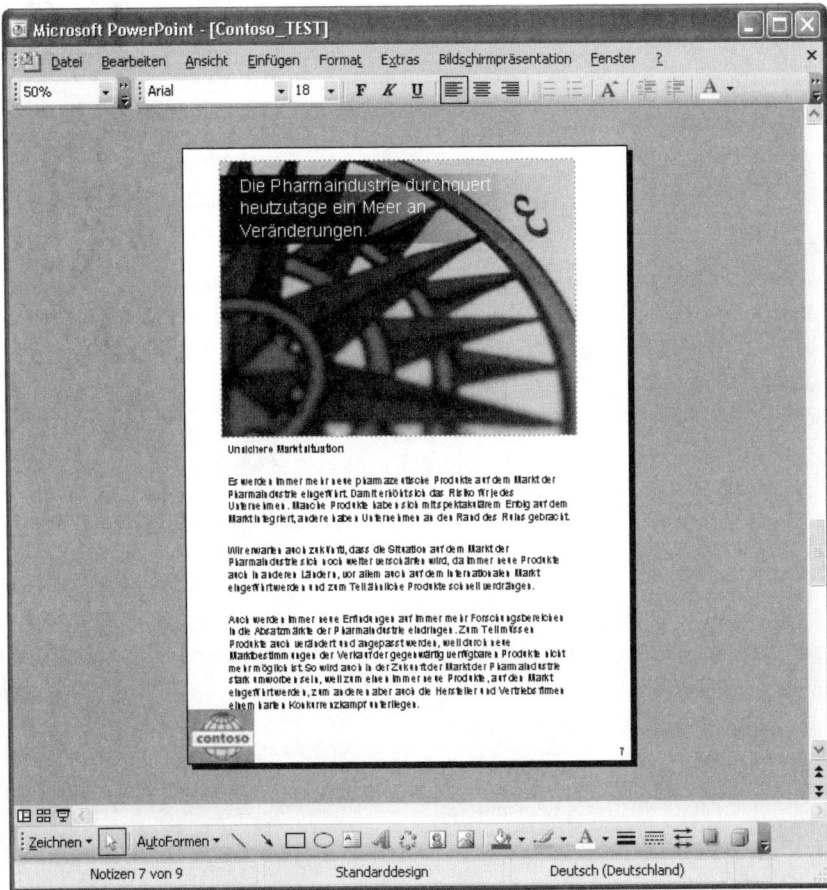

Abbildung 5.14: Ein folienfüllendes Foto und der Notizenbereich in der Ansicht *Notizenseite*

Die Überschriften in diesen Beispielen vermitteln die Ideen der Folien. Ohne die Überschriften wäre der Gesamteindruck für das Publikum ein etwas anderer.

Die Überschriften verbergen

Nachdem Sie Fotos zu den Folien hinzugefügt haben, können Sie ausprobieren, die Überschriften zu verbergen. Klicken Sie dazu mit der rechten Maustaste auf das Foto der jeweiligen Folie und wählen Sie dann im Kontextmenü den Befehl *Reihenfolge/In den Vordergrund*. Die Folien werden daraufhin ohne Überschriften angezeigt (siehe Abbildung 5.15).

Gestaltung des Storyboards

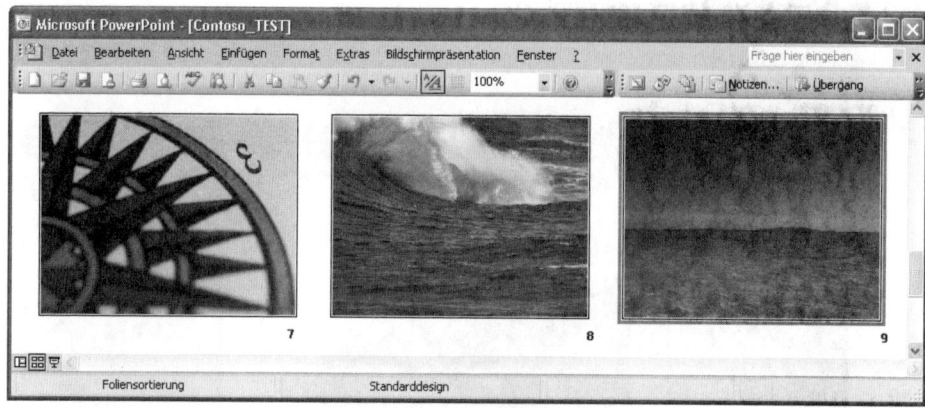

Abbildung 5.15: Die drei Testfolien mit folienfüllenden Fotos und verborgenen Headlines

In diesen Folien stehen keine erklärenden Überschriften mehr zur Verfügung. Die Folien funktionieren weiterhin, aber jetzt auf andere Weise. Die Bilder zeigen immer noch das Motiv des Meeres, aber da sie keine Überschriften haben, ist das Publikum stärker von der vortragenden Person abhängig, die das Warum dieser Bilder erklären muss. Um diese Technik wirkungsvoll einsetzen zu können, müssen Sie Ihre Folien so gut kennen, dass die Fotos alleine als Gedächtnisstütze ausreichen, um Sie an den weiteren Text Ihres Vortrags zu erinnern.

> **Tipp:** Versuchen Sie in einer Präsentation die Überschriften zu verbergen, wenn die visuellen Elemente allein die Aussage der Folien schon gut vermitteln, und Sie die Verbindung mit dem Publikum verstärken wollen. Selbst mit verborgenen Überschriften verweist jede Folie weiterhin auf die Struktur und Abfolge der Geschichte, die Sie im Drehbuch festgelegt haben. Sie müssen sehr vertraut mit Ihrer Geschichte sein und Ihren Vortrag gut kennen, bevor Sie diese Technik einsetzen – aber das dürfte wohl der Fall sein, nachdem Sie sich mit dem Ansatz »Erzählen statt aufzählen« sehr intensiv mit den einzelnen Schritten der Geschichte befasst haben.

Wenn Sie wieder zur Ansicht *Notizenseite* wechseln, wird die Hauptidee der Notizenseite nicht mehr durch die Überschriften angezeigt. Wenn Sie diese Seiten als Handzettel drucken, werden die Überschriften nicht gedruckt (siehe Abbildung 5.16). Um die Überschriften wieder anzuzeigen, damit Leser die Aussagen der einzelnen Seiten der Handzettel schnell erkennen können, wechseln Sie zur Ansicht *Normal*, klicken mit der rechten Maustaste auf das Foto und wählen dann im Kontextmenü den Befehl *Reihenfolge/In den Hintergrund*; wiederholen Sie diesen Vorgang für jedes einzelne Foto bzw. jede Folie.

Wenn Sie auf den Folien ausschließlich Fotos verwenden, schaffen Sie einen visuellen Auslöser, der Sie daran erinnert, was Sie als Nächstes sagen wollen, und der gleichzeitig die Macht des Bildes nutzt, um die Fantasie des Publikums anzuregen. Eine Variation dieser Technik bietet die Verwendung eines visuellen Requisits.

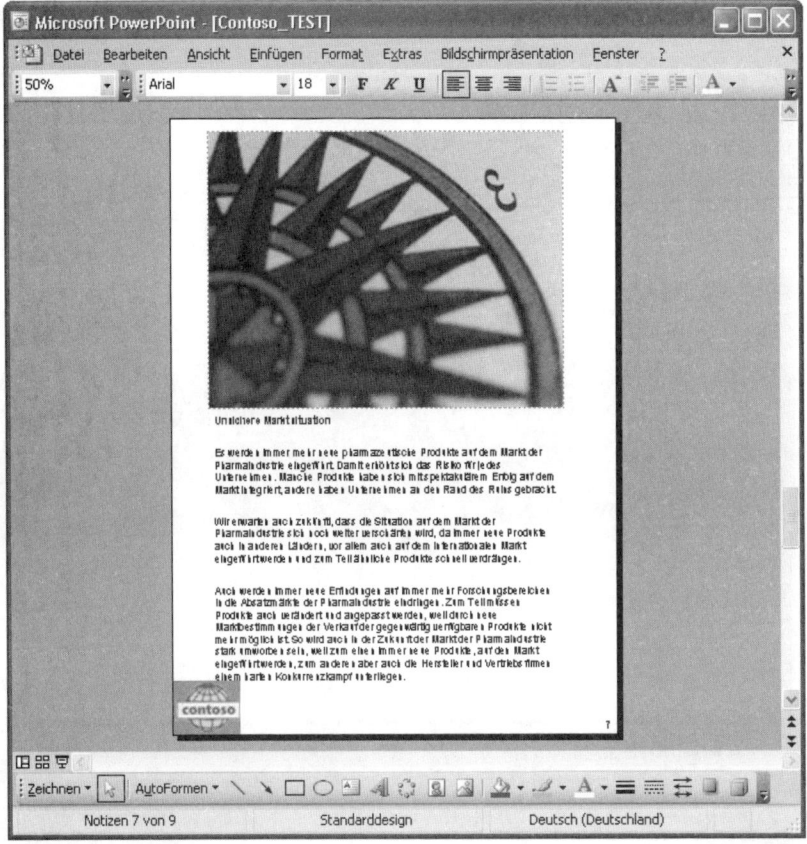

Abbildung 5.16: Eine Folie mit verborgener Headline in der Ansicht *Notizenseite*

Ein visuelles Requisit hinzufügen

Eine klassische Technik bei mündlichen Vorträgen besteht darin, einen Gegenstand hochzuhalten und zu erklären, welchen Bezug der Gegenstand zu der Präsentation hat. Bei einer Produktvorführung würden Sie beispielsweise das Produkt hochhalten und zeigen, wie es funktioniert. Bei einer allgemeinen Rede könnten Sie ein beliebiges Objekt hochhalten und aus dem Stegreif über seine Bedeutung reden, indem Sie es mit verschiedenen Teilen Ihrer Geschichte in Zusammenhang bringen.

Einen ähnlichen Effekt können Sie in Ihren Folien erzielen, indem Sie ein einfaches Foto eines Gegenstands zu einer Folie hinzufügen (siehe Abbildung 5.17).

Gestaltung des Storyboards

Abbildung 5.17: Eine Folie mit einem visuellen Requisit

Im Gegensatz zu den kompletten Meereslandschaften in den vorherigen Beispielfolien zeigt dieses Foto nur einen Gegenstand vor einem einfachen weißen Hintergrund. Bei einem visuellen Requisit kann es sich, wie bei diesem Beispiel, um ein echtes Foto vor weißem Hintergrund handeln oder um ein »Fotoobjekt«, das aus einem größeren Foto herausgeschnitten und vor einen weißen Hintergrund gesetzt wird. Bei dieser Art von Foto liegt der Fokus ausschließlich auf dem Objekt, das aus seinem normalen Zusammenhang genommen vor einem weißen Hintergrund gezeigt wird, so dass Sie es als Requisit verwenden können.

Ein visuelles Requisit ist zwar recht simpel, kann aber eine äußerst raffinierte Wirkung haben. Das Bild an sich wäre auch hier ziemlich unbedeutend. Aber wenn Sie es mit Ihrer gesprochenen Erklärung versehen, erhält es eine neue Bedeutung. Auf Zuhörer, die durch den in vielen Unternehmen gepflegten einheitlichen und allgemeinen Stil der visuellen Kommunikation gelangweilt sind, kann die extreme Einfachheit eines solchen Bildes ausgesprochen erfrischend und überraschend wirken. Ein zusätzlicher Vorteil visueller Requisiten besteht darin, dass Sie dadurch an etwas erinnert werden, aber nicht daran gebunden sind. So können Sie mehr improvisieren und wirken entspannter und authentischer, vor allem wenn das visuelle Requisit aus Ihrem persönlichen Interessenbereich stammt.

Ein visuelles Requisit können Sie auf einer Folie mit oder ohne Überschrift zeigen. Wenn Sie sich für eine verborgene Überschrift entscheiden und das Foto die gesamte Folie ausfüllt, gehen Sie wie im Abschnitt »Die Überschriften verbergen« weiter vorn in diesem Kapitel beschrieben vor. Wenn das Foto dagegen kleiner ist und in der Mitte des weißen Hintergrunds steht, kann die Überschrift nicht hinter einem folienfüllenden Foto verborgen werden. In diesem Fall können Sie in den Titelbereich klicken, um ihn auszuwählen, in der Formatsymbolleiste auf den Dropdownpfeil der Schaltfläche *Schriftfarbe* klicken und dann die Farbe Weiß auswählen. Mit dieser Technik wird, wie schon in Abbildung 5.17 gezeigt, die weiße Überschrift vor dem weißen Hintergrund unsichtbar. Wenn Sie einen Handzettel ausdrucken wollen, wie es in der Ansicht *Notizenseite* in Abbildung 5.18 zu sehen ist, können Sie den Titelbereich der Folie in der Ansicht *Normal* wieder in schwarz ändern.

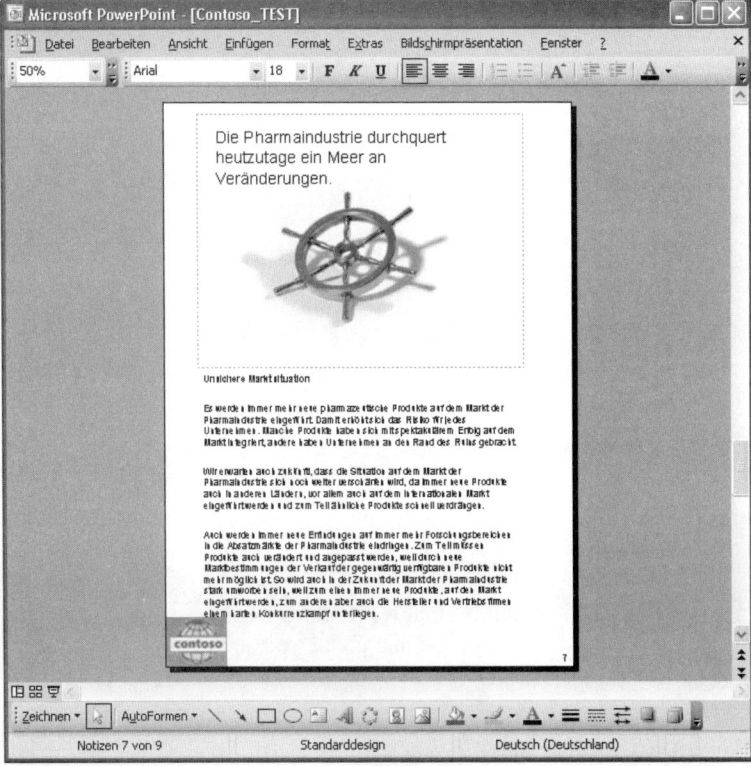

Abbildung 5.18: Die Ansicht *Notizenseite* mit einem visuellen Requisit und einer sichtbaren Überschrift im Folienbereich und darunter der Text im Notizenbereich

Natürlich sind Fotos nicht das Einzige, was die Trickkiste von Designern zu bieten hat. Auch Clipart-Grafiken sind eine denkbare Option.

Clipart verwenden

Über Clipart wird zwar viel Schlechtes geschrieben, aber bei sinnvoller Verwendung können Sie damit einige wirkungsvolle Dinge tun. Wenn Sie beispielsweise auf der Website *Microsoft Office Online ClipArt und Medien* nach Clipart-Grafiken suchen, werden Sie Cliparts finden, deren »Größe veränderbar« (bzw. auf der englischen Website »Resizable«) ist. In anderen Programmen werden solche skalierbaren Bilder auch »Vektorbilder« genannt. Ein Beispiel sehen Sie in Abbildung 5.19. Der Vorteil dieser Art von Grafiken ist, dass Sie sie in ihre Bestandteile zerlegen und nur Teile davon in einer Folie verwenden können. Außerdem kann die Größe von skalierbaren Clipart-Grafiken verändert werden, ohne dass die scharfen, klaren Linien verloren gehen.

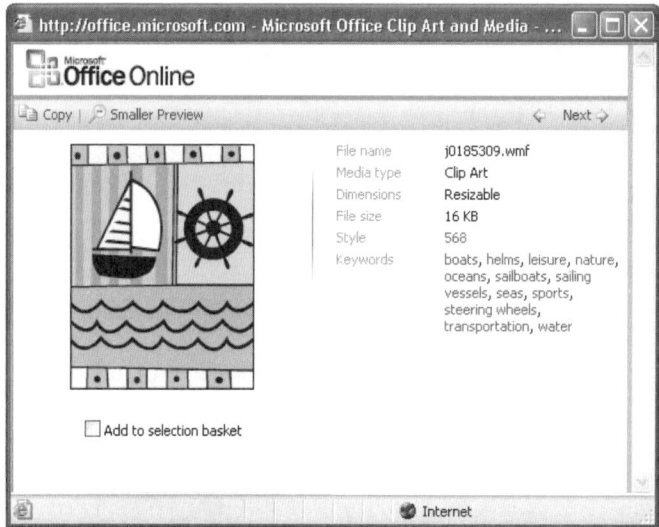

Abbildung 5.19: Eine Vorschau einer skalierbaren Clipart-Grafik auf der Website *Microsoft Office Online Clip Art and Media*

Sie können skalierbare Clipart-Grafiken in ihre einzelnen Komponenten zerlegen und die Größe der Teile neu bestimmen, ohne PowerPoint zu verlassen.

So lösen Sie für Ihre Folien eine Clipart-Grafik in ihre Bestandteile auf:

1. Fügen Sie eine skalierbare Clipart-Grafik durch Kopieren und Einfügen in eine Power-Point-Folie ein (siehe Abbildung 5.20 links).

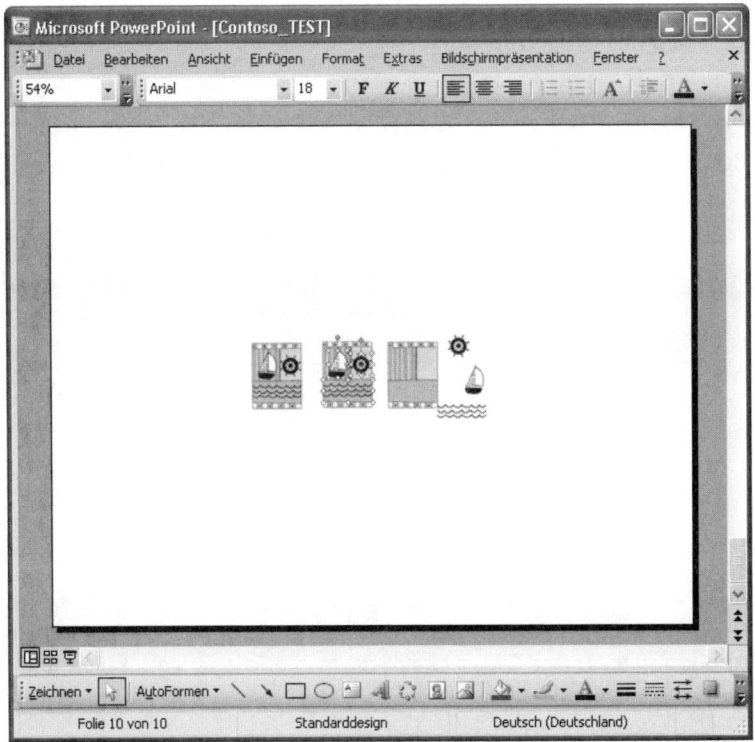

Abbildung 5.20: Ein Beispiel für eine skalierbare Clipart-Grafik, die in ihre Bestandteile zerlegt wird

2. Klicken Sie mit der rechten Maustaste auf die Grafik und wählen Sie dann im Kontextmenü den Befehl *Gruppieren/Gruppierung aufheben*. (Wenn die Option *Gruppierung aufheben* nicht im Kontextmenü angezeigt wird, handelt es sich nicht um eine skalierbare Clipart-Grafik.) Wenn Sie in einer Meldung gefragt werden, ob Sie die Grafik in ein Microsoft Office-Zeichnungsobjekt umwandeln wollen, klicken Sie auf *Ja*. Klicken Sie anschließend wieder mit der rechten Maustaste auf die Grafik und wählen Sie nochmals im Kontextmenü den Befehl *Gruppierung/Gruppierung aufheben*. Die Grafik sollte daraufhin in ihre Bestandteile zerlegt sein (siehe Abbildung 5.20 Mitte).

3. Klicken Sie auf die Teile der Grafik, die Sie behalten wollen, und ziehen Sie diese Elemente dann einfach mit gedrückter Maustaste aus der Grafik heraus (siehe Abbildung 5.20 rechts). Stellen Sie gegebenenfalls einen höheren Zoomfaktor ein (in der

Standardsymbolleiste im Feld *Zoom*), damit Sie leichter auf die Einzelteile der Grafik zugreifen können.

4. Setzen Sie diese Elemente durch Kopieren und Einfügen in die Folienbereiche der drei Folien.

5. Um die Größe von skalierbaren Clipart-Grafiken auf einer Folie anzupassen, klicken Sie auf die Grafik, so dass die Ziehgriffe erscheinen. Halten Sie die ⓐ-Taste gedrückt und ziehen Sie einen der Ziehgriffe, um die Grafik nach Bedarf zu vergrößern. (Sie erinnern sich: Durch Drücken der ⓐ-Taste beim Ziehen der Griffe werden die Proportionen des Bildes beibehalten; andernfalls würde das Bild verzerrt.) Die endgültigen Folien in diesem Beispiel sollten ähnlich wie die in Abbildung 5.21 aussehen.

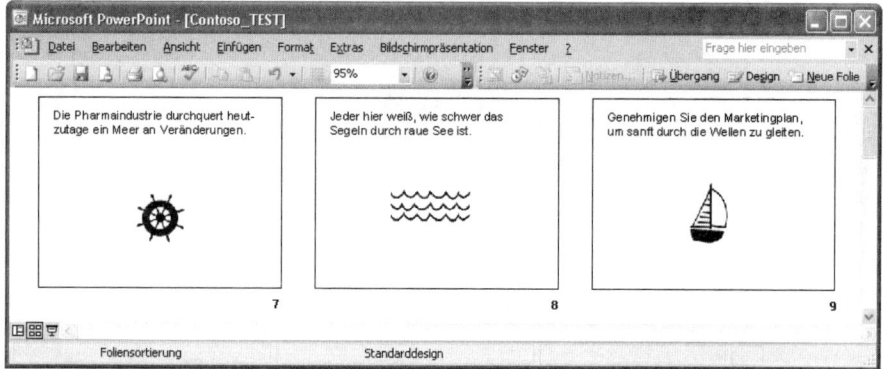

Abbildung 5.21: Eine Clipart-Grafik, die in ihre Teile zerlegt, skaliert und in die drei Testfolien eingefügt wurde

Die in Abbildung 5.21 gezeigten Folien mit skalierbaren Clipart-Grafiken unterscheiden sich grundlegend von den Fotofolien in Abbildung 5.13 und Abbildung 5.15. Eine Clipart-Grafik hat zwar nicht die emotionale Wucht eines Fotos, aber die Folien funktionieren immer noch, weil sie nur die Quintessenz des Themas übermitteln und es Ihnen überlassen, die Botschaft mit dem gesprochenen Wort an die Frau und den Mann zu bringen. In der Ansicht *Foliensortierung* wird deutlich, dass die Verwendung eines einheitlichen Stils dazu beiträgt, die visuelle Konsistenz der Geschichte über die Folien hinweg zu erhalten.

Ähnlich wie die Einfachheit der visuellen Requisiten, die weiter vorn beschrieben wurden, kann die Schlichtheit der Clipart-Grafiken auf diesen Folien eine erfrischende Abwechslung für ein Publikum sein, das eine überladene, oft langweilige visuelle Ausgestaltung gewohnt ist. Der »primitive« Stil kann einen interessanten Kontrast zu einem komplizierten Thema bilden und die Stimmung einer Besprechung auflockern. Dieser Stil ist natürlich nicht für jede(n) geeignet; wie bei allen gestalterischen Entscheidungen sollten Sie nur die Stile und Techniken aus den drei Testreihen verwenden, die zu Ihnen und Ihrem Publikum passen.

Wenn Sie sich diesen grafischen Stil in der Ansicht *Notizenseite* ansehen (siehe Abbildung 5.22), werden Sie erkennen, dass die Bilder zwar ganz simpel sind, dass sie aber im Kontext Ihres Vortrags stehen und vor dem Hintergrund Ihrer thematischen Kompetenz gesehen werden.

Mit Fotos, visuellen Requisiten und Clipart-Grafiken steht Ihnen ein breites Spektrum visueller Möglichkeiten zur Verfügung. Sie können aber auch die Wörter selbst als grafische Elemente verwenden.

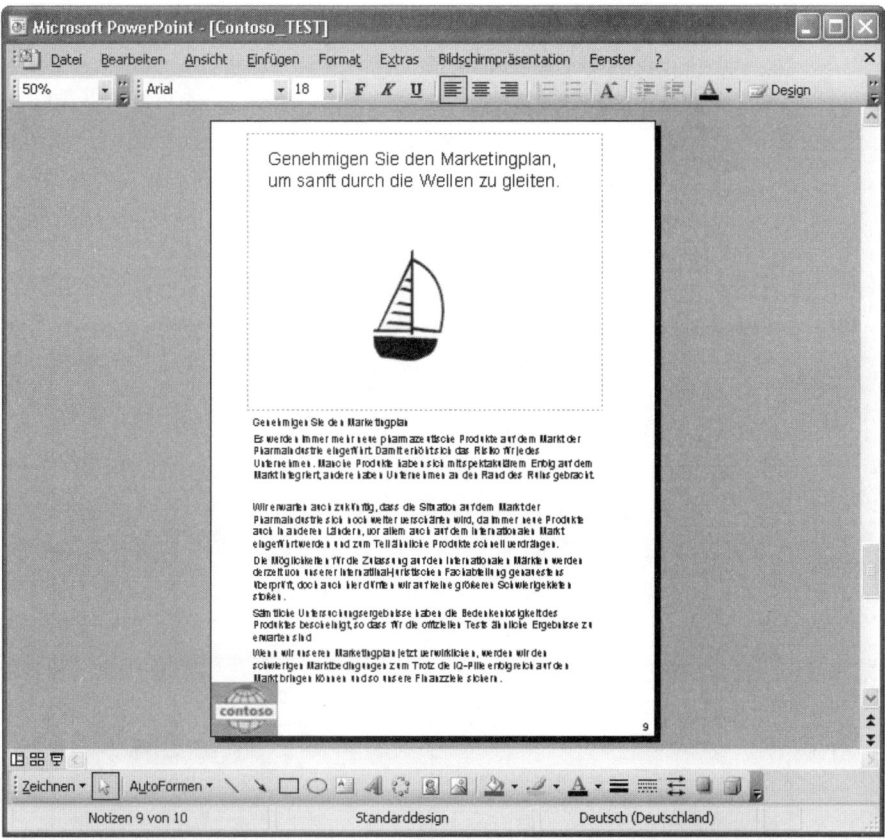

Abbildung 5.22: Folienbereich mit Clipart-Grafik und darunter der Notizenbereich in der Ansicht *Notizenseite*

Wörter animieren

Einen einfachen, aber wirkungsvollen Effekt können Sie erzielen, indem Sie aus Schlüsselwörtern der Überschriften animierte Grafiken auf den Folien erzeugen. Mit dieser Technik verlieren Sie keine Zeit bei der Suche nach vorgefertigten Grafiken, weil Sie Ihre eigenen grafischen Elemente kreieren.

Um animierte Wörter für Ihre Folien zu erstellen, fügen Sie Textfelder mit einem einfachen Animationseffekt hinzu.

So erstellen Sie animierte Wörter für Folien:

1. Wählen Sie die erste Folie, die Sie illustrieren wollen – in unserem Fall die Folie für Akt I, Szene 1 der Contoso-Präsentation –, und fügen Sie dann ein Textfeld ein. Klicken Sie dazu in der Ansicht *Normal* in der Symbolleiste *Zeichnen* auf die Schaltfläche *Textfeld*. Positionieren Sie den Mauszeiger etwa im mittleren Bereich der Folie und ziehen Sie dann mit gedrückter Maustaste von links nach rechts über die gesamte Folienbreite ein Textfeld auf. Wählen Sie aus der Überschrift ein oder mehrere Wörter, die für eine Schlüsselidee stehen, und geben Sie es bzw. sie in das Textfeld ein – im Beispiel wird das Wort *Pharmaindustrie* verwendet.

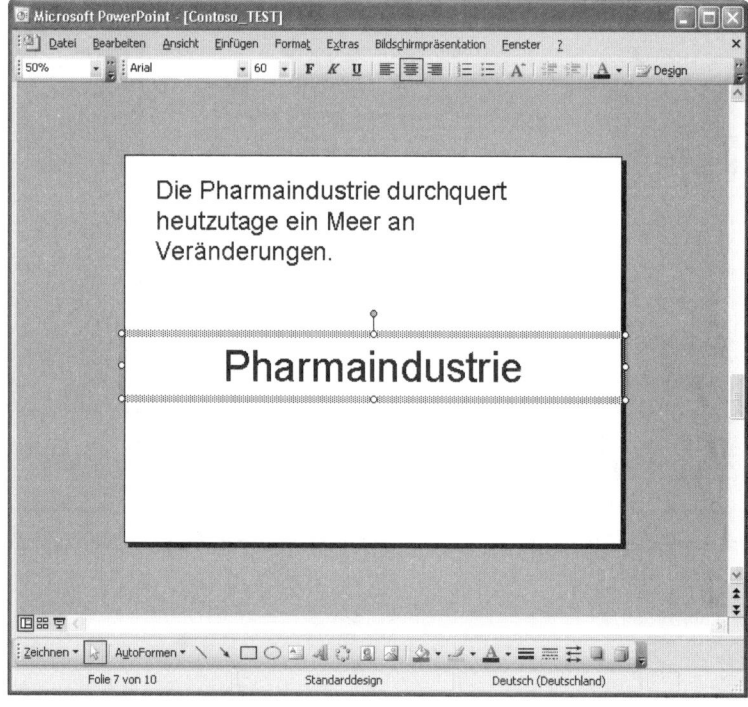

Abbildung 5.23: Die Folie mit einem neuen Textfeld mit dem Wort *Pharmaindustrie*

2. Formatieren Sie den Text. Klicken Sie dazu auf das Textfeld, um es auszuwählen, und klicken Sie dann in der Formatsymbolleiste auf die Schaltfläche *Zentriert*. Klicken Sie anschließend in der Formatsymbolleiste auf den Dropdownpfeil rechts neben dem Feld *Schriftgrad* und wählen Sie einen großen Schriftgrad – in unserem Beispiel *60* (siehe Abbildung 5.23).

3. Wählen Sie, während das Textfeld noch markiert ist, im Menü *Bearbeiten* den Befehl *Duplizieren*, um ein zweites Feld mit der gleichen Formatierung zu erstellen. Geben Sie ein weiteres signifikantes Wort aus der Überschrift in dieses Textfeld ein – in unserem Beispiel *Veränderungen* – und verschieben Sie dieses neue Textfeld dann direkt unter das erste (siehe Abbildung 5.24).

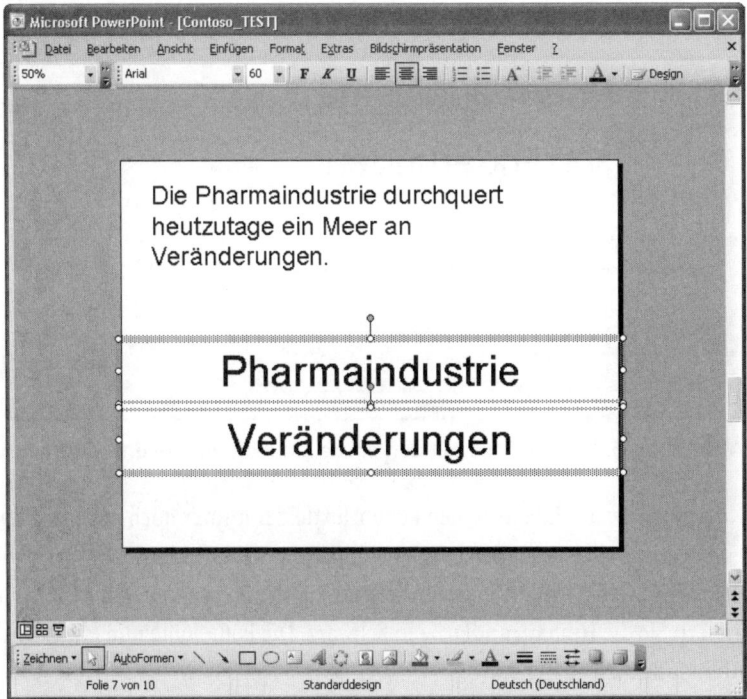

Abbildung 5.24: Unter dem ersten Textfeld steht jetzt ein zweites mit dem Wort *Veränderungen*

4. Animieren Sie die Wörter. Halten Sie die ⇧-Taste gedrückt, während Sie auf die beiden Textfelder klicken, um sie zu markieren, und wählen Sie dann im Menü *Bildschirmpräsentation* den Befehl *Benutzerdefinierte Animation*. Klicken Sie im daraufhin angezeigten Aufgabenbereich auf *Effekt hinzufügen* und wählen Sie dann im Dropdownmenü den Befehl *Eingang/Blenden*. Klicken Sie im Aufgabenbereich unter *Ändern: Blenden* auf den

Dropdownpfeil rechts neben dem Feld *Starten* und wählen Sie dann den Eintrag *Nach Vorheriger*. Stellen Sie im Dropdown-Listenfeld *Geschwindigkeit* die gewünschte Option ein. Ihr Bildschirm sollte nun etwa wie der in Abbildung 5.25 gezeigte aussehen.

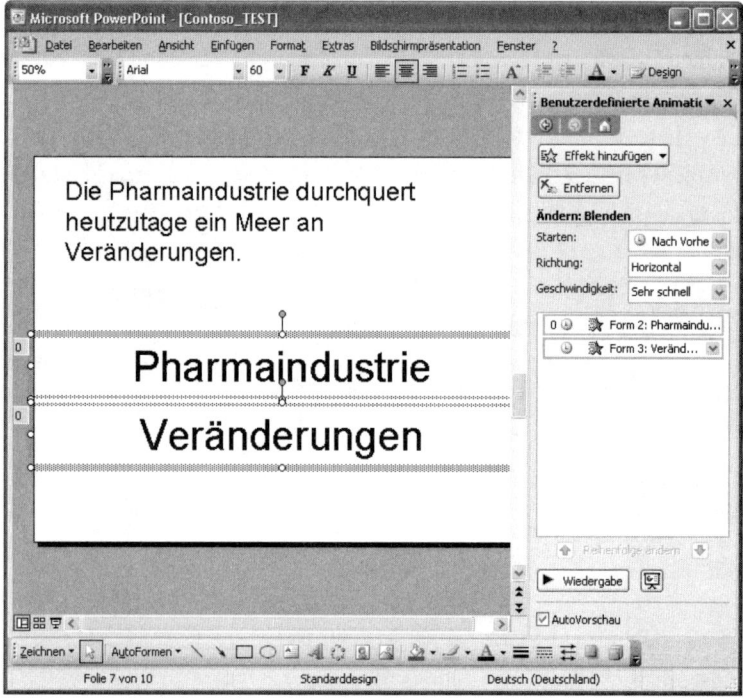

Abbildung 5.25: Eine Folie mit den Einstellungen für animierte Wörter

5. Klicken Sie, während die beiden neuen Textfelder immer noch markiert sind, in der Formatsymbolleiste auf den Dropdownpfeil der Schaltfläche *Schriftfarbe* und wählen Sie die Farbe Weiß. Wählen Sie anschließend im Menü *Format* den Befehl *Hintergrund* und ändern Sie die Hintergrundfarbe in Schwarz. Die Folie sollte nun etwa wie die in Abbildung 5.26 aussehen.

6. Klicken Sie unten im Aufgabenbereich *Benutzerdefinierte Animation* auf die Schaltfläche *Wiedergabe*, um den Animationseffekt anzusehen. In der Präsentation wird, während Sie über die Pharmaindustrie sprechen, auf dem Bildschirm bzw. auf der Projektionswand das Wort *Pharmaindustrie* eingeblendet; wenn Sie über das Meer an Veränderungen sprechen, erscheint das Wort *Veränderungen*.

Abbildung 5.26: Eine Folie mit animierten Wörtern

7. Fügen Sie auf dieselbe Art und Weise jeweils zwei Schlüsselwörter zur zweiten und zur dritten Folie hinzu, wie in der Ansicht *Foliensortierung* in Abbildung 5.27 zu sehen ist.

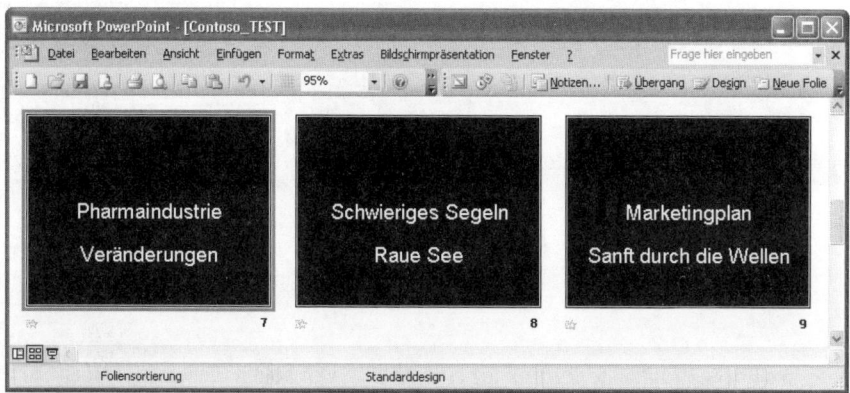

Abbildung 5.27: Die drei Testfolien mit animierten Wörtern

Wenn Sie diese Folien nacheinander vorführen, erscheinen sie wie eine einzige Folie mit Wörtern, die ein- und ausgeblendet werden. Diese Technik schafft eine interessante Dynamik während Ihres Vortrags – indem Sie, wie in diesem Beispiel, nur einzelne Wörter oder Wortgruppen zeigen, holen Sie die Wörter aus ihrem normalen Zusammenhang heraus und verleihen ihnen eine neue Bedeutungsebene. Ihr Publikum wird dann sehr aufmerksam verfolgen, wie Sie diese Wörter im Kontext der Präsentation interpretieren.

Für diese einfache Technik gibt es mannigfaltige Variationsmöglichkeiten. Zeigen Sie beispielsweise immer nur je ein Wort (oder eine Wortgruppe) an, ändern Sie die Füllfarbe der Textfelder in Schwarz, stapeln Sie sie übereinander und ändern Sie den Animationseffekt, so dass er beim nächsten Klicken beginnt. In der zweiten Folie würde beispielsweise das erste Textobjekt *Schwieriges Segeln* in das zweite Textobjekt *Raue See* übergehen, während Sie über die schwierigen Bedingungen sprechen, mit denen der Vorstand zu kämpfen hat. Was auch immer Sie tun, beachten Sie, wie viel visuelle Dynamik Sie diesen Folien verliehen haben, indem Sie wortreiche Aufzählungspunkte entfernt und die Folien auf ihr Wesentliches reduziert haben.

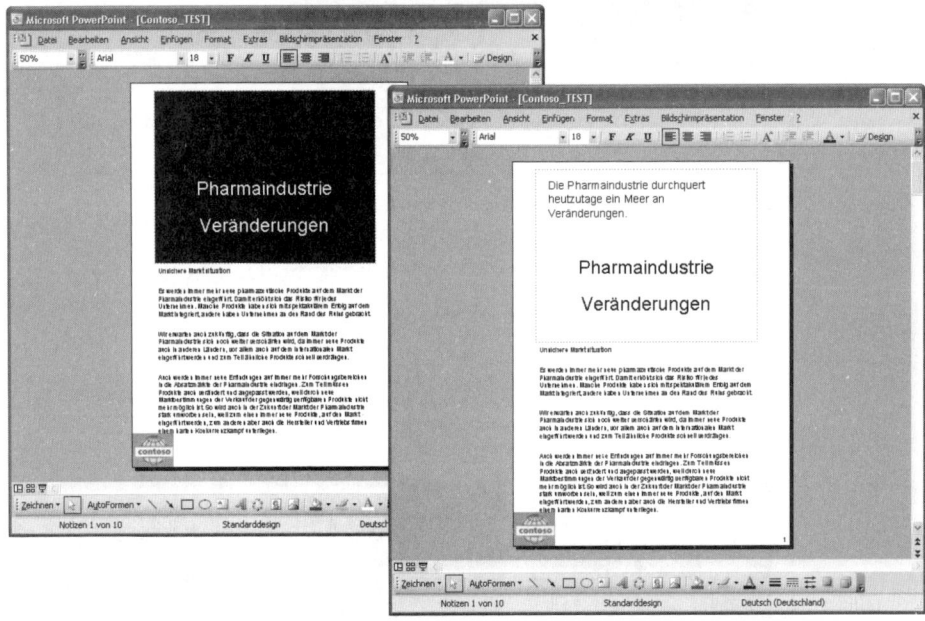

Abbildung 5.28: Zwei Ansichten einer Notizenseite mit animierten Wörtern im Folienbereich

Wenn Sie die gleiche Technik für eine Abfolge von Folien einsetzen, sorgen Sie für eine optische Konsistenz, die die Geschichte vorantreibt. Und wie in der Ansicht *Notizenseite* zu erkennen ist, entsteht dadurch auch auf der ausgedruckten Seite eine interessante visuelle Dynamik. Da die Wörter direkt aus der Überschrift stammen und den Kern der Folie übermitteln, können Sie die Notizenseite mit dem schwarzen Hintergrund ausdrucken oder die

Hintergrundfarbe wieder in Weiß umändern, wie in den beiden Versionen derselben Folie in Abbildung 5.28 zu sehen ist.

Wenn Ihnen die Animation von Wörtern zusagt, Sie aber auch Fototechniken verwenden wollen, können Sie versuchen, beides zu kombinieren.

Techniken mischen und aufeinander abstimmen

Beim Erforschen der grafischen Möglichkeiten können Sie auch ausprobieren, wie verschiedene Techniken wirken, wenn Sie sie mischen und aufeinander abstimmen. Beispielsweise könnten Sie die folienfüllenden Fotos aus Abbildung 5.15 mit animiertem Text, wie er in Abbildung 5.26 verwendet wurde, kombinieren, was dann etwa wie in Abbildung 5.29 aussieht.

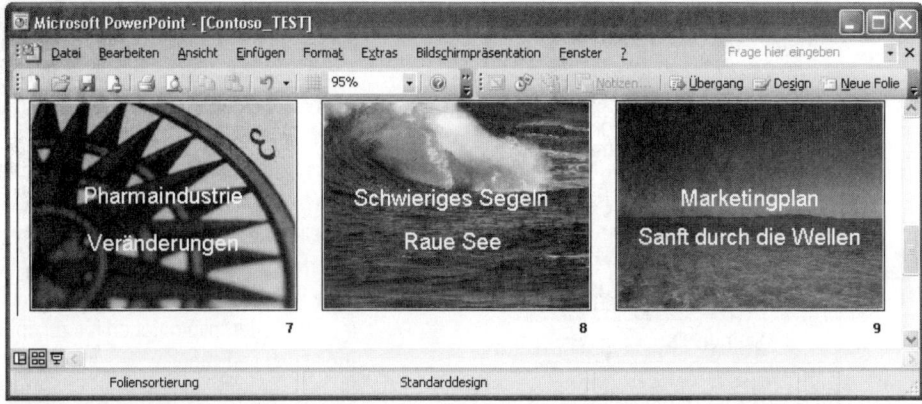

Abbildung 5.29: Drei Testfolien mit einer Kombination aus zwei Techniken: folienfüllende Fotos und animierter Text

Auf jeden Fall sollten Sie die gleichen grafischen Techniken auf sämtliche Folien in einem Akt oder einer Szene anwenden, damit die visuelle Konsistenz der Geschichte erhalten bleibt.

Einen Stil wählen

In Ihrer Testdatei haben Sie drei Gestaltungstechniken auf die Folien angewendet (entweder den Vorschlägen in diesem Kapitel folgend oder mit anderen, eigenen Techniken). Die drei Bearbeitungsvarianten sollten sehr verschieden sein, so dass Sie diejenige Technik oder Kombination aus Techniken auswählen können, mit der Sie sich wohl fühlen und die eine Verbindung zu Ihrem Publikum herstellt.

Sehen Sie sich die drei Bearbeitungsvarianten der einzelnen Foliensätze genau an. Zeigen Sie sie auch anderen Personen aus Ihrem Team und holen Sie deren Meinung dazu ein. So gelangen Sie zu einer ganzen Reihe von Sichtweisen, mit deren Hilfe Sie leichter entscheiden können, welche Variante sich am besten für Sie und Ihr Publikum eignet.

Wenn Sie sich für einen Stil entschieden haben, kopieren Sie die drei Folien, die Sie verwenden möchten, in die Hauptdatei der Präsentation (dabei löschen Sie die drei Folien, die durch die neu gestalteten Versionen ersetzt werden). Übernehmen Sie den neuen Stil dann für die anderen Folien von Akt I. Sie sollten diese neu gestalteten Folien als Grundlage für den Stil nehmen, den Sie für die Szenen von Akt II und Akt III verwenden werden. Damit stellen Sie sicher, dass der Eindruck optischer Kontinuität entsteht.

Wenn Sie dann die verbleibenden Folien gestalten, sollten Sie immer an die Grundregeln für ein gutes Storyboard (siehe Kapitel 4) denken:

- 1. Regel: Verlieren Sie die Geschichte nicht aus den Augen.
- 2. Regel: Halten Sie ein gleichmäßiges Tempo.
- 3. Regel: Kennzeichnen Sie Akte und Szenen.

Da Akt II mehr Folien enthält als die Akte I und III, werden Sie wahrscheinlich eine breitere Palette an grafischen Optionen benötigen; diese Optionen werden in Kapitel 6 erläutert. Doch bevor Sie fortfahren, im Folgenden noch zehn Tipps für die Gestaltung Ihrer Folien – sozusagen als Appetitanreger für Ihre Kreativität.

> **Hinweis:** Wenn Sie anfangen, mit der Methode »Erzählen statt aufzählen« zu arbeiten, wird es wahrscheinlich etwas dauern, bis Sie die in diesem Kapitel beschriebenen Techniken erlernt haben und anwenden können. Aber Sie werden Ihre Fähigkeiten rasch weiterentwickeln und die Abläufe immer schneller beherrschen, so dass Ihre Testdatei zum praktischen Werkzeug werden wird, um schnell visuelle Prototypen kreativer Konzepte zu schaffen. Mit der Zeit werden Sie eine persönliche Stilbibliothek aufbauen, in der Sie sich immer wieder Inspirationen für zukünftige Projekte holen können. Sie sollten auch weiterhin die verwendeten Techniken und Stile variieren, damit die Sache für Ihr Publikum und für Sie selbst spannend bleibt.

Zehn Tipps zum Optimieren der Folien

Es gibt zahlreiche Methoden der Foliengestaltung, die auf dem Präsentationsansatz »Erzählen statt aufzählen« aufbauen. Lassen Sie sich von den folgenden zehn Tipps anregen und probieren Sie mehrere Techniken an Ihren Testfolien aus, bevor Sie den Stil für Ihre Präsentation festlegen.

Tipp 1: Eine Palette komponieren

Eine Palette ist ein Set aufeinander abgestimmter Farben, den Künstler und Künstlerinnen in einem Werk verwenden. Die Auswahl einer Palette für Ihre Präsentation ist eine der sichersten Methoden, um eine Grundstimmung herzustellen und die Präsentation optisch einheitlich zu gestalten. Die Definition einer Palette können Sie in den meisten allgemeinen Grafikdesignbüchern oder aber in einem Buch speziell über Farben wie *Color Harmony Workbook* von Lesa Sawahata (Edition Olms 2001), *Wie Farben auf Gefühl und Verstand wirken* von Eva Heller (Droemer Knaur 2000) oder *index farbe* von Jim Krause (mitp 2003) erlernen. Bei der Auswahl einer Palette sollten Sie sich über Richtlinien im Klaren sein, die eventuell in Ihrem Unternehmen für Produktmarken etc. gelten; diese Richtlinien sind normalerweise über die Marketingabteilung erhältlich. Wenn Sie eine Palette auswählen, können Sie in der PowerPoint-Hilfe zum Thema Farbschemas nachlesen, wie Sie sie auf Ihre Präsentation anwenden können.

Tipp 2: Inspirationen für die Gestaltung

Wenn Sie mit der Sprache des Designs vertrauter werden, können Sie mehr zu grundlegenden und fortgeschrittenen Designtechniken erfahren, indem Sie am Zeitungskiosk oder Fachbuchhandlungen nach Magazinen wie *Communications Arts, HOW, NOVUM* oder *PAGE* Ausschau halten. Sie können auch Designbücher lesen und Fortbildungskurse für grafisches oder Computerdesign belegen. Hier einige Buchempfehlungen: *Design – Die 1000 Prinzipien für erfolgreiche Gestaltung* von William Lidwell, Kritina Holden und Jill Butler (Stiebner 2004), *DTP druckreif* von Daniel Graefen (Rowohlt Tb. 2004), *Grafikdesign* von Gavin Ambrose und Paul Harris (Rowohlt Tb. 2004), *Crashkurs Typo und Layout* von Cyrus D. Khazaeli (Rowohlt Tb. 2005).

Beim Recherchieren und Experimentieren im Feld der gestalterischen Ressourcen sollten Sie immer die spezifischen Anforderungen für Präsentationsumgebungen im Hinterkopf haben und bedenken, dass es nicht nur die projizierten visuellen Elemente, sondern auch Gesprochenes, Handzettel usw. zu gestalten gilt. Wie diese Komponenten zusammenwirken, können Sie in Kapitel 7 nachlesen.

Tipp 3: Skizzen für das Storyboard

Manchmal klappt etwas auf Papier einfach besser als auf dem Bildschirm – vorausgesetzt, Sie zeichnen gerne mit der Hand. Statt den Gestaltungsprozess auf dem Computer zu beginnen, können Sie auch das Storyboard drucken und die visuellen Elemente für die Folien mit der Hand zeichnen. Befolgen Sie die Anleitungen in Kapitel 4 im Abschnitt »Tipp 3: Storyboard auf Papier« und drucken Sie eine Kopie des Storyboards in einem beliebigen Format, das Ihnen geeignet erscheint. Nehmen Sie sich einen Stift und skizzieren Sie für jede Folie eine Idee für ein Bild dazu. Versuchen Sie, Skizzen für sämtliche Folien anzufertigen, bevor Sie sich wieder an den Computer setzen, um visuelle Elemente zu suchen, die zu Ihren Zeichnungen passen. Durch das anfängliche Skizzieren der Folien wird der Gestaltungsprozess u.U. beschleunigt, weil Sie dann nicht von der Vielfalt der visuellen Möglichkeiten abgelenkt werden, auf die Sie stoßen, wenn Sie sich in Foto- und Grafikbibliotheken umsehen. Eine Reihe Skizzen erleichtert eventuell auch die Auswahl eines konsistenten Stils, weil Sie auf den gedruckten Seiten alle Folien gleichzeitig sehen und sich eine Gestaltung für alle Folien in einem Arbeitsgang überlegen können.

Tipp 4: Durchdachte Einfachheit

Manchmal kann die Auswahl eines einfachen Designs oder »kantigen« Stils eine wohl überlegte Strategie sein. Wenn alle den gleichen glatten, polierten und makellosen Stil verwenden, sehen alle Präsentationen gleich aus. Wenn Sie dagegen etwas Einfaches wählen, das nicht der Norm entspricht, werden Sie damit einen bleibenden Eindruck hinterlassen. Es handelt sich hier um eine strategische Entscheidung, die davon abhängt, was Sie erreichen wollen. Entscheiden Sie sich immer für etwas, womit Sie sich bei der Präsentation wohl fühlen und was etwas von Ihrer eigenen Persönlichkeit und Ihrem Charakter vermittelt.

Tipp 5: Segeln Sie durch ein Bild

Hier noch eine fortgeschrittene Technik, die Sie für die fünf Folien des ersten Akts der Contoso-Präsentation verwenden könnten: Fügen Sie das gleiche Meeresfoto auf allen fünf Folien ein. Zeigen Sie in Szene 1 nur das Meer, fügen Sie in Szene 2 ein Boot hinzu, setzen Sie dann in Szene 3 eine Gewitterwolke an den Horizont, fügen Sie in Szene 4 eine Insel mit einer Palme ein und fügen Sie dann in Szene 5 eine auf das Segel des Bootes projizierte Bildschirmabbildung des Marketingplans hinzu. Wenn Sie diese Folien nacheinander zeigen, wirken sie wie eine einzige Einstellung mit Animation.

Tipp 6: Eine PowerPoint-Designbibliothek

Wenn Kollegen von Ihnen ebenfalls mit dem Präsentationsansatz »Erzählen statt aufzählen« arbeiten, sollten Sie erwägen, Ihre Ressourcen zusammenzulegen und eine PowerPoint-Designbibliothek aufzubauen. Wenn in Ihrem Unternehmen mit Microsoft Windows SharePoint Services gearbeitet wird, könnten Sie damit eine gemeinsame Website für Personen anlegen, die bereit sind, ihre PowerPoint-Dateien zur gemeinsamen Benutzung freizugeben. So könnten Sie beispielsweise Ordner mit den Bezeichnungen *Fototechniken*, *Clipart-Techniken* und *Techniken für Wortanimationen* anlegen. Jede(r), der/die eine Präsentation mit einer oder mehreren dieser Techniken erstellt hat, würde sie in den entsprechenden Ordner stellen. Sie und Ihr Team müssten dann beim Erstellen von Präsentationen nicht mehr jedes Mal bei null anfangen und könnten stattdessen auf eine Bibliothek mit Ideen zurückgreifen.

Tipp 7: Plakatwandgroße Inspirationen

Wenn Sie Ihre Kreativität schnell auf Trab bringen wollen, brauchen Sie nur aus dem Fenster zu schauen. Dort warten höchst interessante kreative Konzepte groß und breit und direkt vor Ihren Augen auf Sie – und zwar in Form von riesigen visuellen Elementen namens Plakatwand. Ein gut gestaltetes Plakat zieht den Blick automatisch an, übermittelt eine Botschaft, bringt zum Lächeln und fordert zum Handeln auf – keine schlechten Referenzen für eine PowerPoint-Folie. Seien Sie also aufmerksam, wenn Sie nach neuen kreativen Ideen suchen. Sie müssen nur darauf achten, die drei gestalterischen Grundregeln einzuhalten, die in diesem Kapitel erläutert wurden, so dass Ihre PowerPoint-Folien sich immer an Ihrer primären Zielsetzung, nämlich der effizienten Kommunikation, orientieren.

Tipp 8: Subtile Animation

Grundsätzlich sollten Animationen einfach und subtil bleiben. Sie sollten sie nur verwenden, um einen bestimmten Punkt hervorzuheben, der Ihnen besonders wichtig ist. Wenn Sie beispielsweise zu einer neuen Folie übergehen, können Sie eine leichte Einblendanimation hinzufügen, wenn das grafische Element auf dem Bildschirm oder der Projektionswand erscheint. In dem Beispiel mit Clipart-Grafiken auf den drei Folien aus Abbildung 5.21 könnte sich das Steuerrad leicht drehen, die drei Linien, die die Wellen darstellen, könnten nacheinander angezeigt werden und das Segelboot könnte sich von links nach rechts bewegen. Eine geringfügige Bewegung auf dem Bildschirm/der Projektionswand kann die Aufmerksamkeit des Publikums fördern, ohne von den Informationen abzulenken. Weitere Hinweise zu Animationsfunktionen finden Sie in den PowerPoint-Hilfedateien.

Tipp 9: Übergänge schaffen

Ein gut überlegter Übergangseffekt für alle Folien kann zu einem einheitlichen Wechsel zwischen den Folien beitragen. Achten Sie aber darauf, die Zuhörer nicht durch unnötige Bewegung in der Präsentation abzulenken. Übergangseffekte erstellen Sie in der Ansicht *Foliensortierung*, indem Sie zunächst im Menü *Bearbeiten* den Befehl *Alles markieren* und anschließend im Menü *Bildschirmpräsentation* den Befehl *Folienübergang* wählen. Im daraufhin angezeigten Aufgabenbereich *Folienübergang* können Sie dann im Abschnitt *Für ausgewählte Folien übernehmen* einen dezenten Übergang auswählen, z.B. *Glatt ausbleichen* oder *Über Schwarz blenden*. Legen Sie dann im Abschnitt *Übergang ändern* die gewünschte Geschwindigkeit fest. Unter *Nächste Folie* können Sie *Bei Mausklick* aktivieren, wenn Sie manuell von einer Folie zur nächsten blättern wollen. Egal, welchen Übergang Sie wählen, das ausschlaggebende Kriterium bleibt, dass das Publikum sich an die Botschaft der Folien erinnert und nicht an den Übergang.

Tipp 10: Mehr grafische Ressourcen

Neben der Website *Microsoft Office Online ClipArt und Medien* stehen zahlreiche weitere Grafikressourcen online zur Verfügung. Unter *www.corbis.com* können Sie sich eine Online-Fotodatenbank ansehen; Corbis bietet spezielle Abonnementpreise für PowerPoint-Anwender. Auch Hemera bietet unter *www.hemera.com* eine Online-Fotodatenbank sowie Pakete mit Fotoobjekten und skalierbaren Clipart-Grafiken, wie sie in diesem Kapitel beschrieben wurden.

Weitere Fotodatenbanken sind beispielsweise Getty Images unter *www.gettyimages.com* und Stock.XCHNG, eine kostenfreie Fotowebsite unter *www.sxc.hu*.

Kapitel 6
Erweiterung der grafischen Optionen

In diesem Kapitel werden Sie ...

1. Bildschirmabbildungen zu Folien hinzufügen.
2. eine Idee mithilfe einer Grafik über mehrere Folien hinweg erklären.
3. Methoden für das Anzeigen von Zahlenmaterial kennen lernen.
4. die drei Hauptideen in Akt II hervorheben.
5. mit fortgeschrittenen Designtechniken experimentieren.

Jede der in Kapitel 5 beschriebenen Techniken könnte auch auf einer einzelnen Folie oder in einer Folienabfolge von Akt II funktionieren. Weil Akt II aber wesentlich mehr Folien enthält, brauchen Sie jetzt eine größere Palette grafischer Optionen.

Akt II der Drehbuchvorlage geht von einem emotionalen zu einem rationalen Appell über. Diesen Appell an die Vernunft können Sie mit einer Vielzahl an Argumenten untermauern, u.a. mit Zahlenmaterial, Fallstudien, Anekdoten, wissenschaftlichen Berichten und Umfragen. Sie können Ihre Ideen auch mit zahlreichen visuellen Elementen ergänzen, z.B. mit Grafiken, Diagrammen und sogar Videoclips. Wie schon bei den bisher verwendeten grafischen Techniken kommt es auch hier darauf an, dass das gewählte Element einfach ist und immer wieder mit der speziellen Bedeutung verbunden ist, die Sie in der Überschrift einer Folie vermitteln.

Eine der einfachsten, aber oft vernachlässigten Quellen für grafische Elemente ist der Computerbildschirm.

Schnappschüsse vom Bildschirm aufnehmen

Denken Sie an Bildschirmabbildungen, wenn Sie nach einem Bild zur Erklärung einer Folienüberschrift suchen! Fast alles, was auf einem Computerbildschirm angezeigt werden kann, kann auch in einer Microsoft Office PowerPoint-Folie angezeigt werden, u.a. Bilder von Ihrem Desktop, von Webseiten, von Dokumenten usw. Um eine Abbildung Ihres Bildschirms – auch Screenshot genannt – zu erstellen, drücken Sie einfach die Taste `Druck` und wählen dann in PowerPoint im Menü *Bearbeiten* den Befehl *Einfügen*, um das Bild in die Folie einzufügen. Kommerzielle Screenshot-Programme bieten zahlreiche Möglichkeiten, Bildschirmabbildungen individuell zu gestalten, z.B. durch Hinzufügen von Schatteneffekten, wie bei dem Screenshot von der Website *Microsoft Office Online ClipArt und Medien* in Abbildung 6.1 zu sehen ist.

> **Tipp:** In Abbildung 6.1 wurde eine Beschriftung mit der Adresse der Webseite in die Folie integriert, damit das Publikum diese notieren kann. Jede Grafik auf einer Folie kann mit dieser Art von Beschriftung ergänzt werden, um den wichtigsten Punkt auf der Folie hervorzuheben. Zum Hinzufügen einer Beschriftung klicken Sie in der Symbolleiste *Zeichnen* auf *AutoFormen/Legenden* und wählen dann die gewünschte Gestaltung. Anschließend können Sie die Legende wie jede andere PowerPoint-AutoForm durch Hinzufügen von Text und Anpassen der Formatierung verändern.

Abbildung 6.1: Folie mit einer Bildschirmabbildung der Website *Microsoft Office Online ClipArt und Medien*; die Beschriftung gibt die Webadresse an

Je nachdem, wie Sie den Screenshot erstellen, müssen Sie ihn eventuell mit den Techniken, die in Kapitel 5 im Abschnitt »Die Folie mit einem Foto ausfüllen« beschrieben wurden, skalieren und komprimieren. In Abbildung 6.1 zeigt das Bild nur eine Webseite, nicht die tatsächlichen Einzelheiten des Textes auf dieser Seite. Wenn Sie die Einzelheiten einer Bildschirmabbildung nicht zeigen wollen, schneiden Sie alles ab, was nicht relevant für Ihre Aussage ist. Stellen Sie außerdem sicher, dass der Teil des Bildes mit den Einzelheiten groß genug ist, damit auch Zuschauer in den letzten Reihen den Text lesen können.

Besonders wirkungsvoll kann der gezielte Einsatz von Bildschirmabbildungen für die Darstellung von Detailinformationen sein.

Zahlen im Detail anzeigen

In einer Präsentation müssen Sie sich nicht auf Informationen beschränken, die Sie auf einer Folie anzeigen. Sie können auch mit anderen Techniken Daten vermitteln, die Sie auf die projizierten Inhalte abstimmen. In den Szenen 2 und 3 von Akt II der Contoso-Präsentation enthalten mehrere Überschriften eine Euro-Angabe, die zeigt, wie viel Sie für eine bestimmte Aktivität ausgeben wollen, z.B. in *10 Mio. EUR für Sponsoraktionen stärken unsere Präsenz.*

Jeder Eurobetrag oder eine andere Zahleninformation stammt höchstwahrscheinlich aus einem Microsoft Excel-Arbeitsblatt oder einer anderen Datenquelle, über die die ausführliche Analyse nachvollziehbar ist, die zu dem jeweiligen Ergebnis führte. Sie könnten wahrscheinlich eine geschlagene Stunde damit zubringen, jede einzelne Zahl im Detail zu besprechen, aber dann wäre wohl keine Zeit mehr, auf die anderen Punkte Ihrer Präsentation einzugehen.

Damit Sie während der Präsentation nicht stecken bleiben, sollten Sie Ausdrucke des Arbeitsblatts mitbringen, das die detaillierten Finanzanalysen und Erklärungen zur Untermauerung der Überschrift enthält. Erstellen Sie dann eine Bildschirmabbildung des Arbeitsblatts und fügen Sie sie als visuelles Element zur Folie hinzu (siehe Abbildung 6.2).

Siehe auch: Wenn man Ihnen während einer Präsentation eine Detailfrage zu Zahlen stellt, sollten Sie sie schnell beantworten, wenn Sie es können. Wenn nicht, verschieben Sie die Beantwortung freundlich auf einen späteren Zeitpunkt – entweder auf die anschließende Diskussionsrunde oder gegebenenfalls auf einen anderen Tag. Wie Sie in Kapitel 7 im Abschnitt »Die anschließende Diskussion« erfahren werden, ist eines der Hauptziele von »Erzählen statt aufzählen«, die Geschichte so zu strukturieren, dass viele der möglichen Publikumsfragen vorweggenommen und bereits beantwortet werden. Aber auch wenn sich einmal zeigt, dass Sie eine Frage übersehen haben, ist es wichtig, plötzliche Richtungswechsel zu vermeiden und den Kurs beizubehalten, damit sich die Struktur Ihrer Geschichte nicht auflöst (siehe Kapitel 7, Abschnitt »Die Geschichte im Griff behalten«).

Nun übermittelt die Überschrift Ihre Hauptidee und die exakt zugeschnittene Bildschirmabbildung zeigt – ohne ins Detail zu gehen –, dass Sie Ihre Aussage belegen können. Weisen Sie die Zuhörer während der Anzeige dieser Folie darauf hin, dass die Informationen im ausgedruckten Arbeitsblatt belegt sind und dass Sie auf Einzelheiten gerne im Anschluss an die Präsentation eingehen werden.

Zahlen im Detail anzeigen

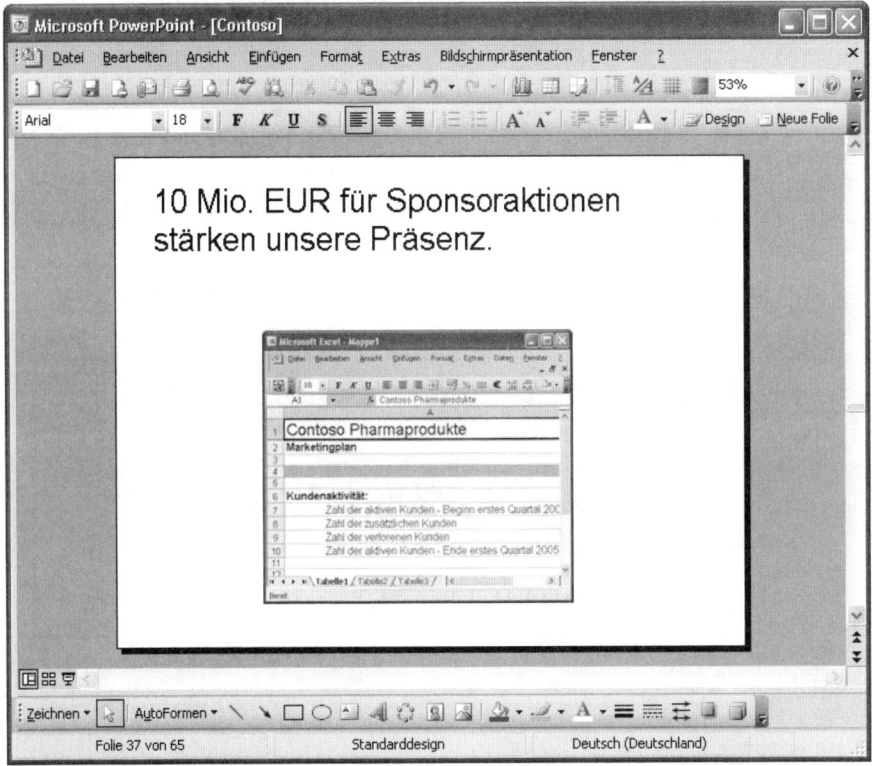

Abbildung 6.2: Eine Folie mit einer Bildschirmabbildung, die ein Detail aus einem Excel-Arbeitsblatt zeigt

Wenn Sie mithilfe einer Folie darauf hinweisen, dass die Daten noch in anderer Form verfügbar sind, setzen Sie PowerPoint als Werkzeug ein, um das Geschehen auf und neben der Projektionswand zu steuern. Wie immer sollten die Überschriften der Folien die zu übermittelnde Botschaft zu jedem Zeitpunkt der Präsentation klar darstellen.

Neben Bildschirmabbildungen können Sie auch Grafiken einsetzen, um dem Publikum Ihre Aussage nahe zu bringen.

Hinweis: Bei einer Projektion an die Wand oder auf Leinwand sind die Möglichkeiten begrenzt, detaillierte Daten für alle Anwesenden verständlich zu zeigen. Für die Personen in den hinteren Reihen sind Feinheiten meist nicht zu erkennen; außerdem kann das Publikum mit zu vielen Informationen auf einer Folie eventuell überfordert sein. Sinnvoller ist es, mit den Folien einen Überblick über die Daten zu geben und die Einzelheiten auf Papier zu liefern, so dass das Publikum die Datenquelle mit Kontext und zugrunde liegenden Analysen komplett einsehen kann.

Eine Idee mit einer Grafik darstellen

Grafiken sind ein wirkungsvolles Mittel, um einen Prozess oder die Bezüge zwischen Teilen und dem Ganzen zu veranschaulichen. Es gibt zwei Einsatzarten für Grafiken: Sie können damit eine Idee über mehrere Folien hinweg oder auf nur einer Folie erklären. Welche Technik Sie verwenden, hängt davon ab, wie viel Zeit Ihnen für die mündlichen Ausführungen zur Verfügung steht.

Den in Abbildung 6.3 dargestellten Abschnitt von Akt II, Szene 2 der Contoso-Präsentation könnten Sie beispielsweise auf zwei Arten mit einer Grafik verdeutlichen, je nachdem, ob Ihre Präsentation 45 oder 15 Minuten dauert.

15-Minuten-Spalte: Wie?	45-Minuten-Spalte: Warum?
25 Mio. EUR für Fernsehwerbung erhöhen das Consumerbewusstsein.	Die erste Phase erhöht das Consumerbewusstsein auf dem deutschen Markt.
	Die zweite Phase bezieht den europäischen Markt ein.
	In der dritten Phase wird das Programm auf den Weltmarkt ausgedehnt.

Abbildung 6.3: Ein Beispiel der 15-Minuten- und der 45-Minuten-Spalte von Akt II, Szene 2 des Contoso-Drehbuchs

Wenn die Präsentation nur 15 Minuten dauern soll, würden Sie nur die Folie mit der Aussage der 15-Minuten-Spalte zeigen, also *25 Mio. EUR für Fernsehwerbung erhöhen das Consumerbewusstsein* (siehe Abbildung 6.4). Ausgehend vom Rhythmus einer 15-minütigen Präsentation würden Sie, wie in Kapitel 3 im Abschnitt »Das Drehbuch vortragen« beschrieben, etwa 40 Sekunden bei dieser Folie bleiben.

Wenn die ganze Präsentation 45 Minuten dauern darf, würden Sie nicht nur die Folie der 15-Minuten-Spalte aus Abbildung 6.4 zeigen, sondern auch die drei Folien, die der nächsten Ebene in der 45-Minuten-Spalte entsprechen (siehe Abbildung 6.5). Die Überschriften dieser drei Folien aus der 45-Minuten-Spalte lauten: *Die erste Phase erhöht das Consumerbewusstsein auf dem deutschen Markt*, *Die zweite Phase bezieht den europäischen Markt ein* und *In der dritten Phase wird das Programm auf den Weltmarkt ausgedehnt*.

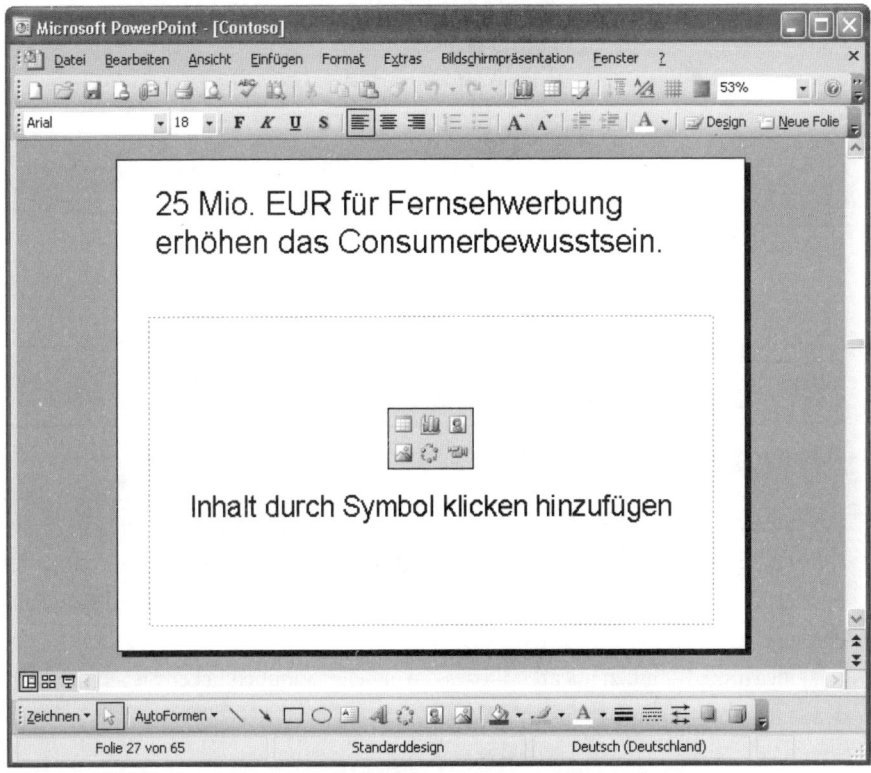

Abbildung 6.4: Die Folie für die Aussage aus der 15-Minuten-Spalte von Akt II, Szene 2

Die Geschwindigkeit für eine 45-minütige Präsentation entspricht etwa 1 Minute pro Folie. Im vorliegenden Beispiel würden Sie eine Minute lang die Aussage der 15-Minuten-Spalte erklären und dann je eine Minute lang die drei Aussagen der 45-Minuten-Spalte, d.h., Sie würden insgesamt 4 Minuten auf die vier für diese Idee relevanten Folien verwenden. Weil Sie in einer längeren Präsentation mehr Zeit haben, um die Idee zu erklären, können Sie eine grafische Darstellung auf die Foliensequenz für die 45-Minuten-Spalte aufsplitten.

Erweiterung der grafischen Optionen

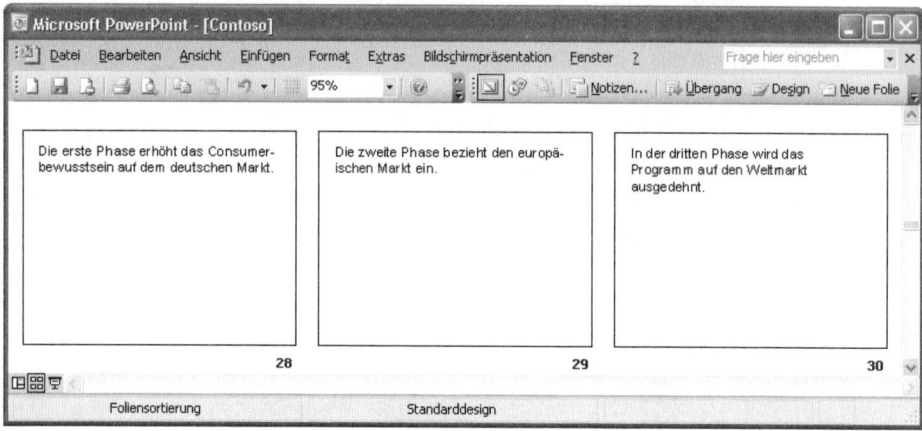

Abbildung 6.5: Die Folien für die 45-Minuten-Spalte von Akt II, Szene 2

Um eine Grafik für die drei Folien zu erstellen, lesen Sie die Überschriften in der Ansicht *Foliensortierung* (siehe Abbildung 6.5) und überlegen sich, welche Art von Grafik diese Aussagen am besten darstellen könnte. Die Überschriften beschreiben in diesem Fall die drei Phasen eines Plans, so dass sich die grafische Darstellung eines linearen Prozesses gut eignet. Um eine Grafik für einen linearen Prozess zu erstellen, doppelklicken Sie auf die letzte Folie der Abfolge, um sie in der Ansicht *Normal* anzuzeigen.

Eine Grafik erstellen

Wenn Sie ein grafisches Element wählen, sollten Sie zunächst die mit PowerPoint gelieferten vorgefertigten grafischen Darstellungen durchsehen. Klicken Sie hierzu auf die Schaltfläche *Schematische Darstellung oder Organigramm einfügen* oberhalb des Platzhalters *Inhalt durch Symbol klicken hinzufügen*. Wenn Sie im daraufhin angezeigten Dialogfeld *Diagrammsammlung* ein grafisches Element gefunden haben, das Ihnen zusagt, klicken Sie auf den gewünschten Diagrammtyp und dann auf *OK*. Die Form kann anschließend wie jede andere AutoForm in PowerPoint bearbeitet werden.

Wenn Sie im Dialogfeld *Diagrammsammlung* nicht das Gesuchte finden, können Sie selbst eine Grafik anfertigen. Um beispielsweise den dreistufigen Prozess der drei Überschriften in Abbildung 6.5 darzustellen, können Sie mit den PowerPoint-AutoFormen ein grafisches Schema für einen Ablauf erstellen.

So erstellen Sie eine Grafik mithilfe der PowerPoint-AutoFormen:

1. Entfernen Sie zunächst den Platzhalter. Klicken Sie dazu mit der rechten Maustaste auf das Objekt *Inhalt durch Symbol klicken hinzufügen* und wählen Sie dann im Kontext-

menü den Befehl *Ausschneiden*. Wählen Sie dann eine AutoForm aus. Klicken Sie dazu in der Symbolleiste *Zeichnen* auf *AutoFormen* und suchen Sie dann in den verschiedenen Kategorien von AutoFormen nach der gewünschten Form. Im Beispiel von Abbildung 6.6 wird die Option *AutoFormen/Blockpfeile /Eingekerbter Richtungspfeil* ausgewählt.

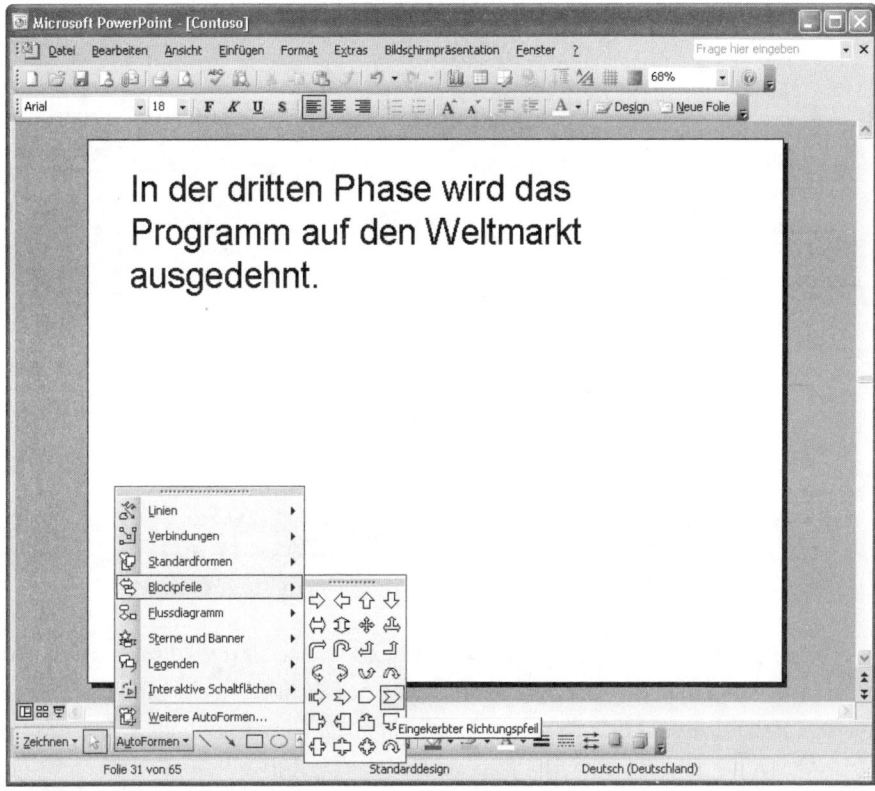

Abbildung 6.6: Eine Pfeil-AutoForm auswählen

2. Fügen Sie die AutoForm auf der Folie ein. Klicken Sie dazu im rechten Bereich der Folie und zeichnen Sie dann mit gedrückter Maustaste den Pfeil, wie in Abbildung 6.7 dargestellt. Wenn Sie die Größe verändern müssen, klicken Sie auf einen der Ziehpunkte und ziehen Sie ihn dann in die betreffende Richtung.

Erweiterung der grafischen Optionen

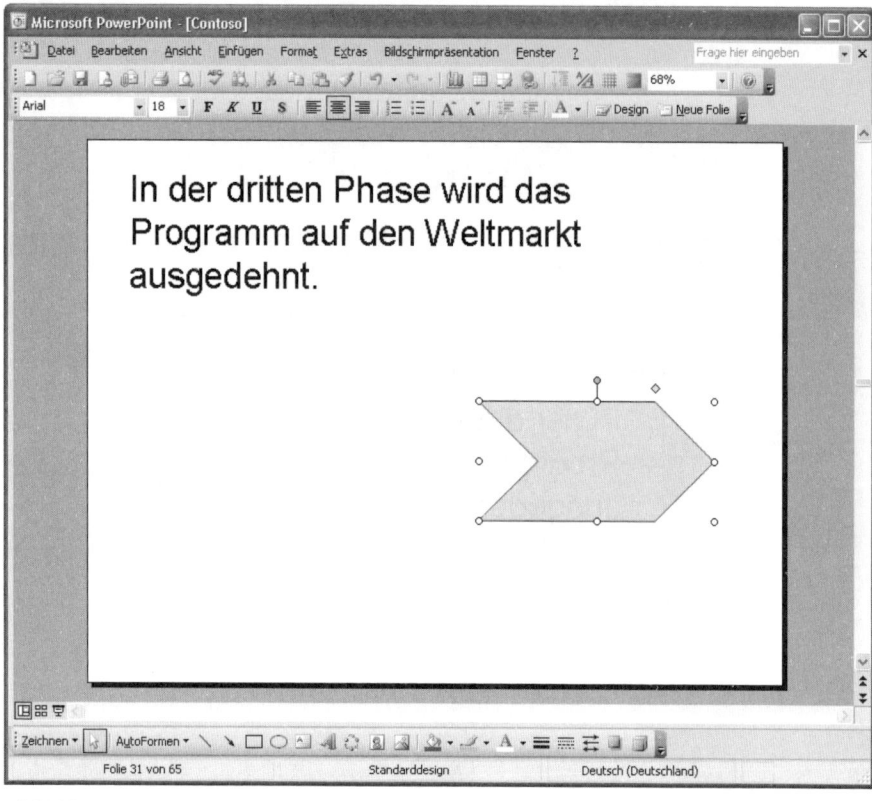

Abbildung 6.7: Eine Pfeil-AutoForm zeichnen

3. Versehen Sie die AutoForm mit Text. Markieren Sie dazu die AutoForm, indem Sie darauf klicken, und geben Sie dann eine Beschriftung ein – in unserem Fall *Phase 3*. Klicken Sie bei markierter AutoForm in der Formatsymbolleiste auf den Dropdownpfeil der Schaltfläche *Schriftfarbe* und wählen Sie die Farbe Weiß. Klicken Sie in der Formatsymbolleiste auf die Schaltfläche *Rechtsbündig* und anschließend auf die Schaltfläche *Fett*. Klicken Sie dann so oft auf die Schaltfläche *Schriftart vergrößern*, bis die Schrift die gewünschte Größe hat – die endgültige Größe in unserem Beispiel ist 36. Der Pfeil sollte nun so ähnlich wie der in Abbildung 6.8 aussehen.

Eine Idee mit einer Grafik darstellen

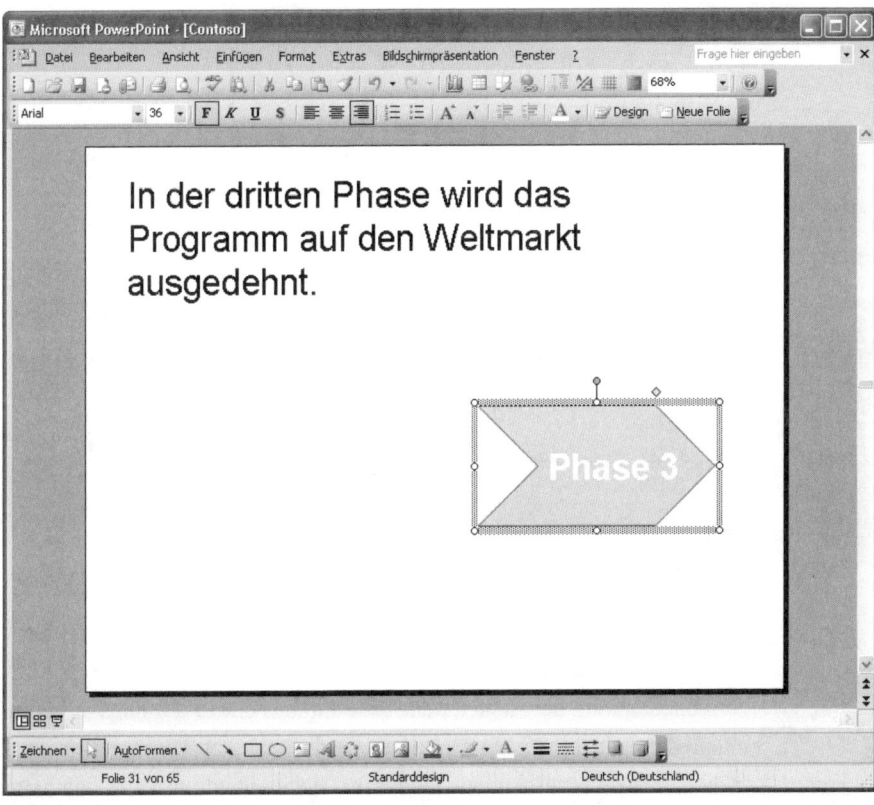

Abbildung 6.8: Eine Beschriftung zu einer AutoForm hinzufügen

4. Formatieren Sie die AutoForm. Doppelklicken Sie dazu auf die AutoForm, um das Dialogfeld *AutoForm formatieren* zu öffnen. Klicken Sie auf der Registerkarte *Farben und Linien* unter *Ausfüllen* auf den Dropdownpfeil rechts neben dem Feld *Farbe* und wählen Sie die Farbe Schwarz. Ändern Sie im Bereich *Linie* die Einstellung für *Stärke* in *5 pt*. Das Dialogfeld sollte nun wie in Abbildung 6.9 aussehen. Klicken Sie abschließend auf *OK*.

Abbildung 6.9: Eine AutoForm formatieren

5. Fügen Sie eine weitere AutoForm hinzu. Klicken Sie dazu mit der rechten Maustaste auf die AutoForm und wählen Sie dann im Kontextmenü den Befehl *Kopieren*. Klicken Sie anschließend mit der rechten Maustaste auf die Folie und wählen Sie dann im Kontextmenü den Befehl *Einfügen*. Markieren Sie die neue AutoForm und ziehen Sie sie links neben die bereits vorhandene AutoForm (siehe Abbildung 6.10). Bearbeiten Sie die Beschriftung der zweiten AutoForm. Ändern Sie sie in unserem Fall in *Phase 2*. markieren Sie dann die AutoForm, klicken Sie in der Symbolleiste *Zeichnen* auf den Dropdownpfeil der Schaltfläche *Füllfarbe* und wählen Sie eine neue Farbe aus – in unserem Fall ein dunkles Grau.

6. Fügen Sie noch eine weitere AutoForm hinzu. Klicken Sie dazu mit der rechten Maustaste auf die zweite AutoForm und wählen Sie dann im Kontextmenü den Befehl *Kopieren*. Klicken Sie anschließend mit der rechten Maustaste auf die Folie und wählen Sie dann im Kontextmenü den Befehl *Einfügen*. Ziehen Sie die neue AutoForm links neben die zweite. Bearbeiten Sie die Beschriftung der dritten AutoForm. Ändern Sie sie in unserem Fall in *Phase 1*. Markieren Sie nun die AutoForm, klicken Sie in der Symbolleiste *Zeichnen* auf den Dropdownpfeil der Schaltfläche *Füllfarbe* und wählen Sie dann eine neue Farbe, in unserem Fall ein helles Grau.

Eine Idee mit einer Grafik darstellen

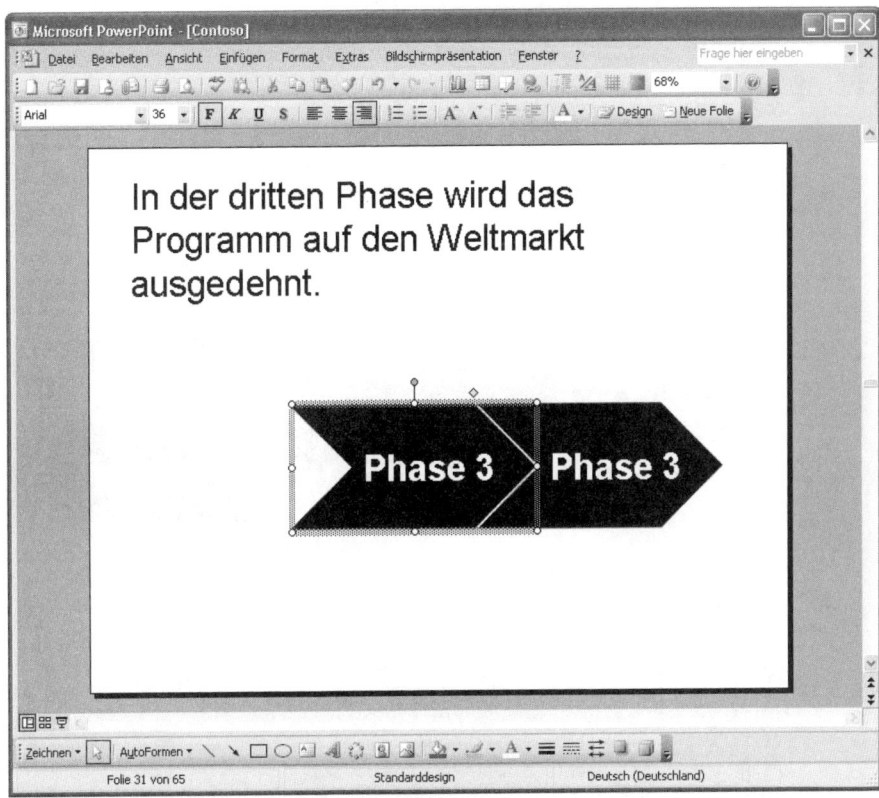

Abbildung 6.10: Eine zweite AutoForm hinzufügen

7. Verschieben Sie die drei AutoFormen auf der Folie an die gewünschte Stelle. Halten Sie die ⇧-Taste gedrückt, während Sie auf die drei AutoFormen klicken, klicken Sie dann in der Symbolleiste *Zeichnen* auf *Zeichnen/Ausrichten oder verteilen/Vertikal zentrieren* und klicken Sie anschließend auf *Zeichnen/Ausrichten oder verteilen/Horizontal verteilen*. Klicken Sie auf einen leeren Bereich der Folie, um die Markierung der AutoFormen aufzuheben. Ihr Bildschirm sollte nun ähnlich wie der in Abbildung 6.11 gezeigte aussehen.

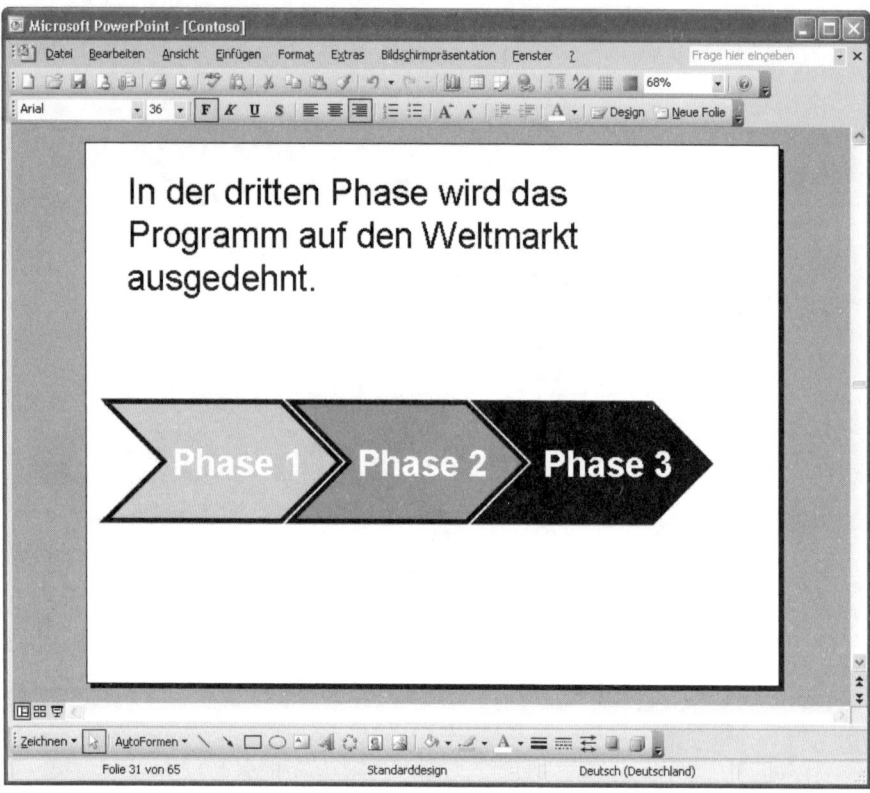

Abbildung 6.11: Eine grafische Darstellung mit Formatierung

Eine Idee mithilfe einer grafischen Darstellung auf drei Folien erläutern

Zeigen Sie nun die fertige grafische Darstellung im Kontext der Folienabfolge an (siehe Abbildung 6.12).

Stellen Sie sich diese Folien als einen Filmstreifen mit drei Einstellungen vor, von denen jede eine Phase beschreibt. Um die grafische Darstellung in den beiden vorangehenden Folien zu verwenden, übernehmen Sie die komplette Grafik durch Kopieren und Einfügen in die Folien und löschen dann die nicht benötigten Komponenten.

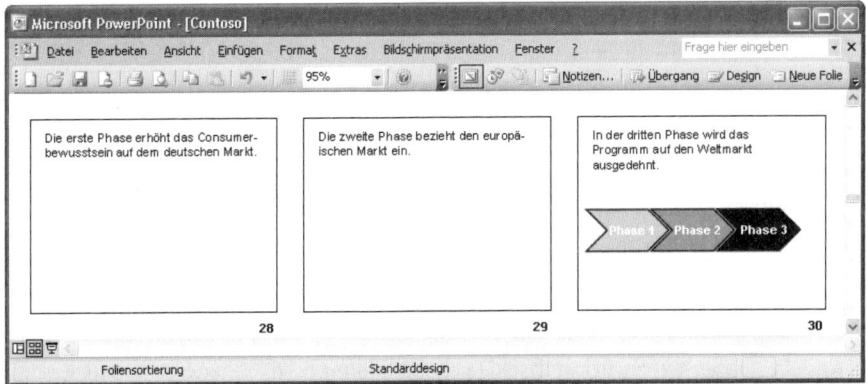

Abbildung 6.12: Die drei zusammengehörigen Folien; die dritte Folie mit einer grafischen Darstellung

So erstellen Sie eine grafische Darstellung, um eine Idee über drei Folien hinweg zu erklären:

1. Doppelklicken Sie auf die Folie, die die komplette Grafik enthält, um sie in der Ansicht *Normal* anzuzeigen. Halten Sie die ⌂-Taste gedrückt und klicken Sie dann auf die drei AutoFormen, aus denen die grafische Darstellung besteht, um sie zu markieren. Klicken Sie anschließend mit der rechten Maustaste auf eine AutoForm und wählen Sie im Kontextmenü den Befehl *Kopieren*.

2. Wechseln Sie zu der vorhergehenden Folie (zweite Phase), klicken Sie mit der rechten Maustaste auf die Folie und wählen Sie dann im Kontextmenü den Befehl *Einfügen*. Klicken Sie gegebenenfalls auf eine freie Stelle auf der Folie, um die Markierung der kopierten Grafik aufzuheben. Klicken Sie mit der rechten Maustaste auf die AutoForm *Phase 3* und wählen Sie im Kontextmenü den Befehl *Ausschneiden*. Halten Sie die ⌂-Taste gedrückt, markieren Sie die zwei AutoFormen auf der Folie, klicken Sie mit der rechten Maustaste auf eine AutoForm und wählen Sie dann im Kontextmenü den Befehl *Kopieren*.

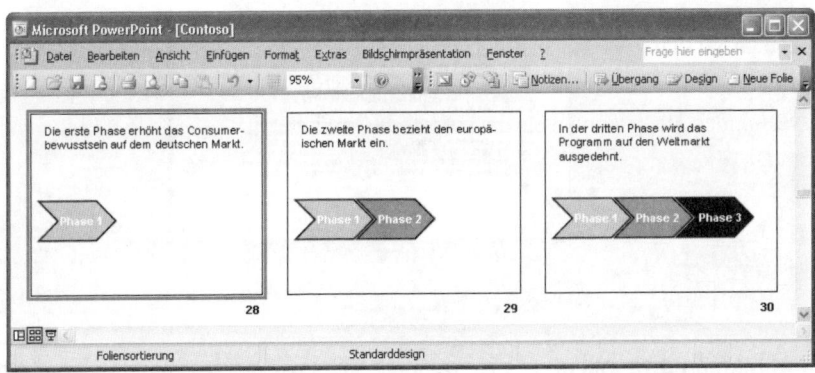

Abbildung 6.13: Eine grafische Form in einer Sequenz aus drei Folien

3. Wechseln Sie zu der vorhergehenden Folie (erste Phase), klicken Sie mit der rechten Maustaste auf die Folie und wählen Sie im Kontextmenü den Befehl *Einfügen*. Klicken Sie gegebenenfalls auf eine freie Stelle auf der Folie, um die Markierung der kopierten grafischen Darstellung aufzuheben. Klicken Sie mit der rechten Maustaste auf die Auto-Form *Phase 2* und wählen Sie dann im Kontextmenü den Befehl *Ausschneiden*. In Abbildung 6.13 sehen Sie die Ansicht *Foliensortierung* mit den drei endgültigen Folien.

Wenn Sie diese drei Folien nacheinander zeigen, wirken sie auf das Publikum wie eine einzige Folie mit Animation. Aber als Vortragende(r) wissen Sie, dass es sich eigentlich um eine Abfolge aus drei Folien handelt, von denen jede eine Einstellung der Animation enthält. Wenn Sie zur Ansicht *Notizenseite* zurückwechseln (siehe Abbildung 6.14), sehen Sie, dass die erste Einstellung der Sequenz im Notizenbereich erläutert ist, während die nächsten beiden Phasen auf separaten Notizenseiten behandelt werden. Inwiefern sich dieser Ansatz von konventioneller Animation unterscheidet und wie er sich an der einschlägigen Forschung orientiert, erfahren Sie im Abschnitt »Tipp 2: Unkonventionelle Animationen« weiter hinten in diesem Kapitel.

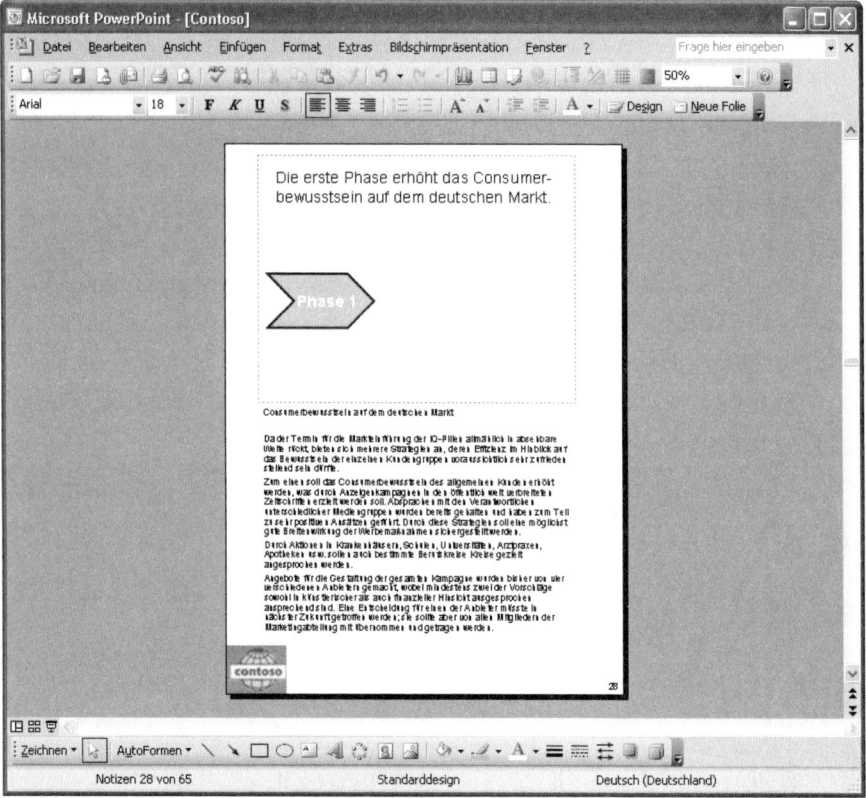

Abbildung 6.14: Die Ansicht *Notizenseite* mit einem Teil der grafischen Darstellung im Folienbereich und dem zugehörigen Text im Notizenbereich

Mit dieser Methode stellen Sie sicher, dass die auf der Folie gezeigte Idee immer in Bezug zu der verbalen Erklärung im Notizenbereich steht. Außerdem wird vermieden, dass das Publikum mit zu vielen Informationen auf einmal überhäuft und dadurch überfordert wird. Stattdessen wird in gleichmäßigen Abständen eine genau bemessene Menge an Informationen präsentiert und die Bedeutung der gesamten Grafik allmählich aufgebaut.

Eine Idee mithilfe einer grafischen Darstellung auf einer Folie erläutern

Wenn Sie eine grafische Darstellung verwenden, um eine Idee in drei Folien zu erklären, wie in Abbildung 6.13 gezeigt wurde, was soll dann auf der Folie stehen, die den drei Folien vorangeht und die die Aussage der 15-Minuten-Spalte darstellt? Hier gibt es mindestens zwei Optionen, je nach Länge der Präsentation. Wenn Sie eine 45-minütige Präsentation halten, könnten Sie auf der 15-Minuten-Folie eine Bildschirmabbildung eines Excel-Arbeitsblatts verwenden, wie schon weiter vorn in diesem Kapitel in Abbildung 6.2 gezeigt, würden in diesem Fall aber auf das ausführliche Arbeitsblatt verweisen, das näher auf die 25 Mio. Euro eingeht, die für Fernsehwerbung ausgegeben werden sollen.

Wenn die Präsentation nur 15 Minuten dauern soll, könnten Sie auf dieser Folie die vollständige grafische Darstellung, wie die in Abbildung 6.11 gezeigte, einfügen. Die Grafik ist einfach genug aufgebaut, so dass Sie die Ideen der Folie in den 40 Sekunden, die Sie dafür haben, schnell zusammenfassen und die drei Phasen der Werbekampagne kurz umreißen können. Sie könnten die Grafik auch mit den Animationsfunktionen von PowerPoint auf nur einer Folie animieren, aber da Sie nur 40 Sekunden bei der Folie bleiben werden, ist eine Animation wohl nicht nötig.

Eine Idee mit einer Grafik zu erklären ist wirkungsvoll; des Weiteren können Sie auch mit Diagrammen arbeiten.

Eine Idee mithilfe eines Diagramms erklären

Diagramme sind mit die gebräuchlichsten Hilfsmittel, um quantitative Informationen in grafischer Form auf einer PowerPoint-Folie darzustellen. Wenn sich eine Abfolge zusammengehöriger Überschriften am besten mit einem animierten Diagramm darstellen lässt, verwenden Sie eine ähnliche Technik wie beim Erklären einer Idee mit einer mehrere Folien umfassenden grafischen Darstellung. Nachdem die Abfolge der Überschriften im Storyboard feststeht, wissen Sie schon vor dem Erstellen des Diagramms ganz genau, was Sie damit mitteilen wollen.

Die Abfolge der Überschriften aus der 45-Minuten-Spalte aus Akt II, Szene 2 der Contoso-Präsentation beschreibt beispielsweise die Ergebnisse einer Testwerbekampagne (siehe Abbildung 6.15). Ausgehend vom Rhythmus einer 45-minütigen Präsentation würden Sie jede Aussage etwa eine Minute lang erläutern.

15-Minuten-Spalte: Wie?	45-Minuten-Spalte: Warum?
15 Mio. EUR für Spots und Anzeigen in anderen Medien machen uns bekannter.	Testlauf einer Anzeigenkampagne erzielte 20%ige Response-Raten allein mit dem Namen „IQ-Pillen".
	Mit „Intelligenter denken" erhöht sich die Response-Rate um 10%.
	Mit „doppelt so klug" erhöht sich die Response-Rate um 25%.

Abbildung 6.15: Eine Idee wird durch drei Aussagen erklärt (Akt II, Szene 2 der Contoso-Drehbuchvorlage)

Wie aus den drei Überschriften in der Ansicht *Foliensortierung* hervorgeht (siehe Abbildung 6.16), hat der Testlauf der Anzeigenkampagne allein mit dem Namen »IQ-Pillen« 20%ige Response-Raten erzielt; mit »Intelligenter denken« wurde dies um 10% erhöht und mit »doppelt so klug« um 25%. Für das Team wäre jetzt eine grafische Darstellung hilfreich, die die Response-Raten in einem einzigen Diagramm zusammenbringt und so den direkten Vergleich erlaubt – ein Balkendiagramm wäre hier geeignet.

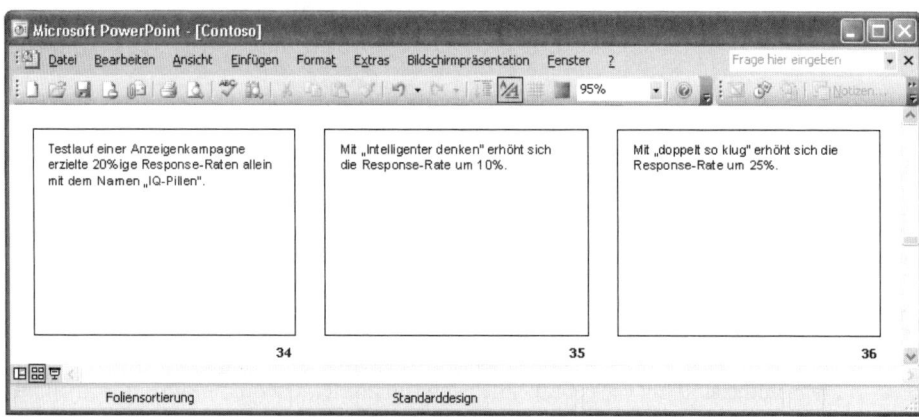

Abbildung 6.16: Eine Idee wird in drei Überschriften ausgeführt (Akt II, Szene 2 der Contoso-Präsentation)

Zum Vorstellen der Ergebnisse der Contoso-Werbekampagne können Sie ein Balkendiagramm erstellen und in den drei Folien erklären.

Um eine Idee über mehrere Folien hinweg mithilfe eines Diagramms zu erklären, erstellen Sie ein Diagramm und passen dieses dann für jede Folie der Abfolge an, indem Sie wie im Folgenden beschrieben vorgehen.

So erstellen Sie eine Foliensequenz mit einem Diagramm:

1. Doppelklicken Sie auf die Folie, die an dritter Stelle steht, um sie in der Ansicht *Normal* anzuzeigen. Klicken Sie dann auf die Schaltfläche *Diagramm einfügen* im Platzhalter *Inhalt durch Symbol klicken hinzufügen* (siehe Abbildung 6.17).

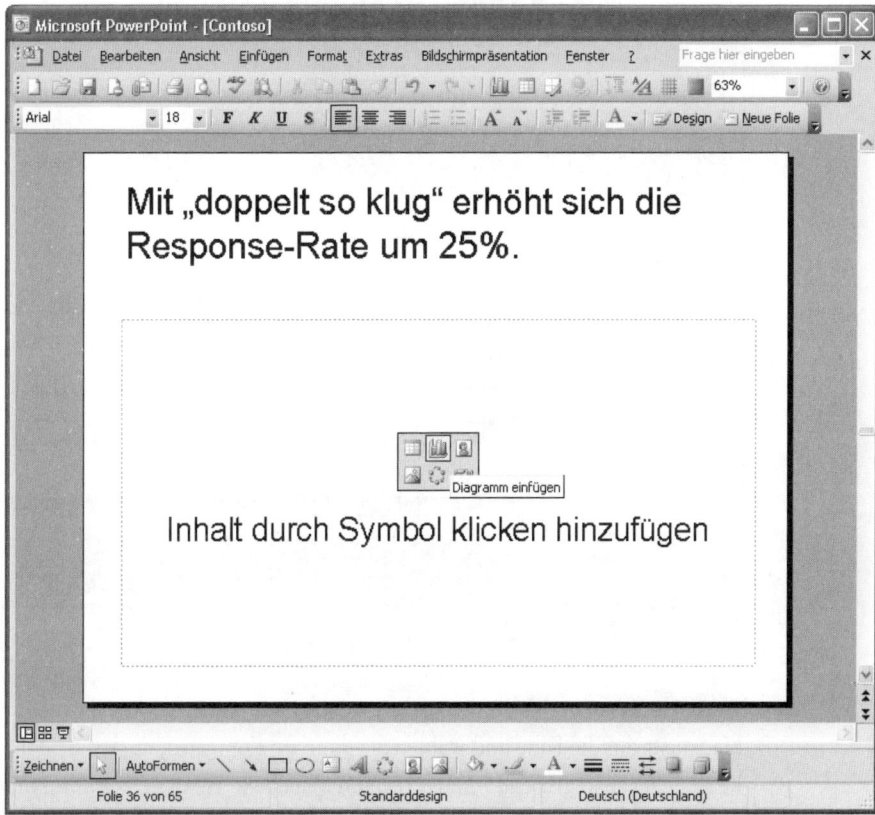

Abbildung 6.17: Die Schaltfläche *Diagramm einfügen* in einer Folie aktivieren

2. Daraufhin wird automatisch ein Diagramm in die Folie eingefügt. Die zugrunde liegenden Daten können Sie wie gewohnt bearbeiten. Verwenden Sie für das Diagramm ein einfaches Design, wie in dem Beispieldiagramm in Abbildung 6.18. (Das Formatieren von Diagrammen kann ein recht langwieriger Vorgang sein; allgemeine Hinweise zur Gestaltung von Diagrammen finden Sie im Abschnitt »Tipp 6: Zeig mir die Zahlen«

weiter hinten in diesem Kapitel.) Klicken Sie nach dem Fertigstellen des Diagramms mit der rechten Maustaste auf das Diagramm und wählen Sie dann im Kontextmenü den Befehl *Kopieren*.

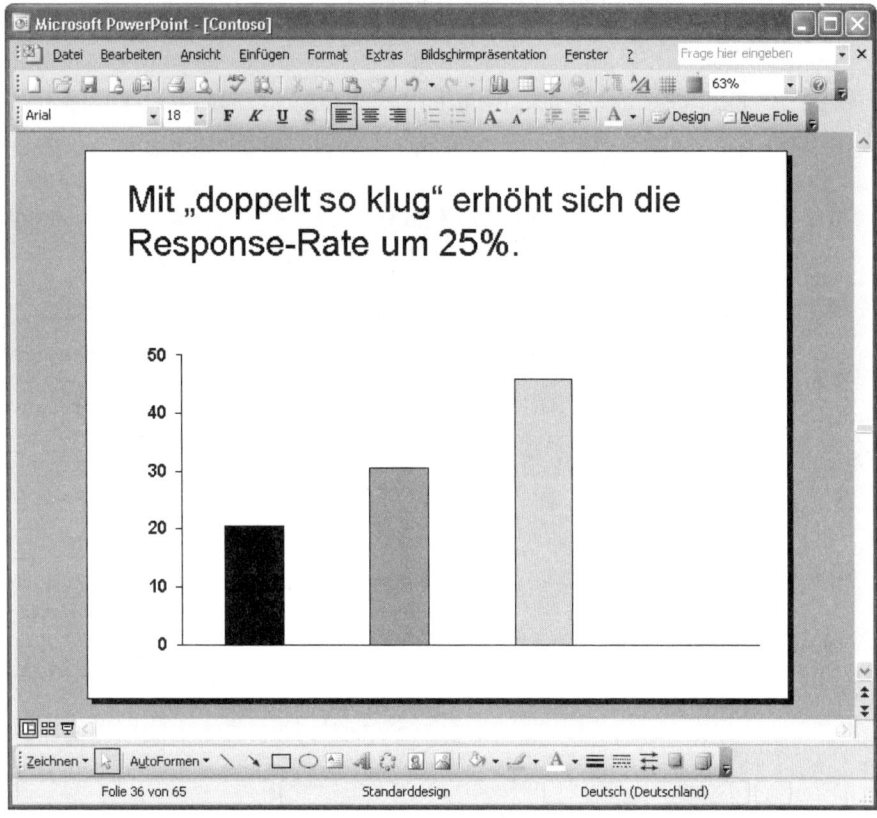

Abbildung 6.18: Eine Folie mit einem einfachen Diagramm

3. Wechseln Sie zu der Folie, die an der zweiten Stelle steht, klicken Sie mit der rechten Maustaste auf die Folie und wählen Sie dann im Kontextmenü den Befehl *Einfügen*. Klicken Sie anschließend mit der rechten Maustaste auf das Diagramm und wählen Sie im Kontextmenü den Befehl *Gruppierung/Gruppierung aufheben*. In einer Meldung werden Sie gefragt, ob Sie das Diagramm in ein Microsoft Office-Zeichnungsobjekt umwandeln wollen (siehe Abbildung 6.19); klicken Sie auf *Ja*.

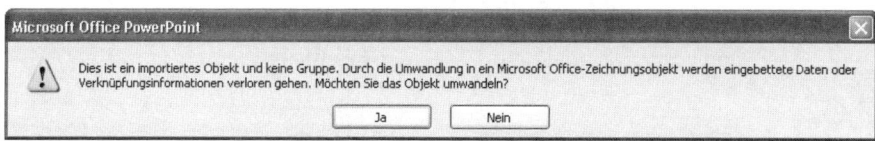

Abbildung 6.19: Meldung zum Umwandeln des Diagramms

4. Klicken Sie mit der rechten Maustaste auf das Diagramm und wählen Sie erneut im Kontextmenü den Befehl *Gruppierung/Gruppierung aufheben*, um das Diagramm in seine Bestandteile zu zerlegen (siehe Abbildung 6.20).

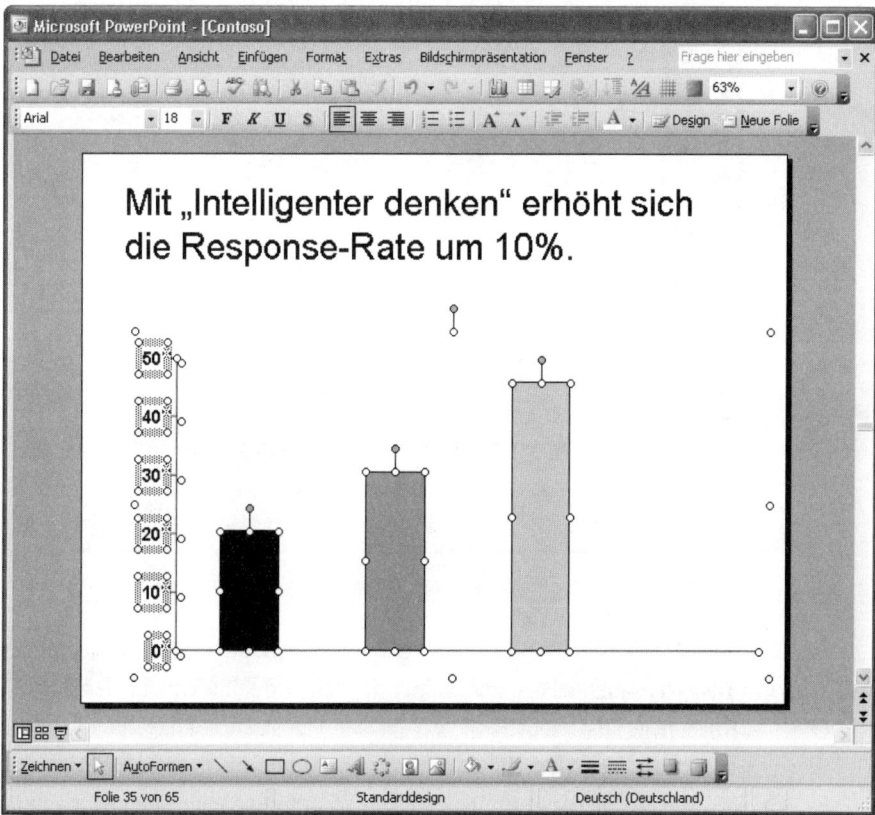

Abbildung 6.20: Das Diagramm in seine Bestandteile zerlegen

5. Markieren und löschen Sie die Teile des Diagramms, die Sie nicht für die Folie benötigen – in unserem Fall den dritten Balken. Die Folie sollte nun so ähnlich wie in Abbildung 6.21 aussehen. Klicken Sie mit der rechten Maustaste auf ein beliebiges Element des Diagramms und wählen Sie dann im Kontextmenü den Befehl *Gruppierung/Gruppierung*

wiederherstellen. Klicken Sie anschließend mit der rechten Maustaste auf das Diagramm und wählen Sie im Kontextmenü den Befehl *Kopieren*.

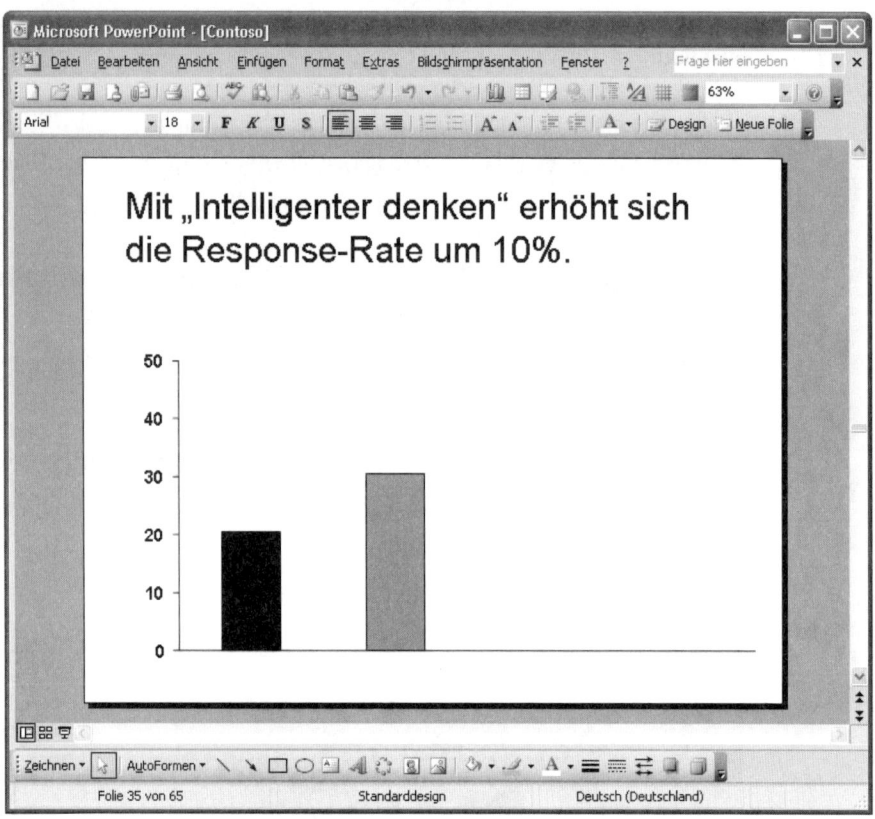

Abbildung 6.21: Teile des Diagramms in der zweiten Folie entfernen

6. Wechseln Sie zu der Folie, die an der ersten Stelle steht. Klicken Sie mit der rechten Maustaste auf die Folie und wählen Sie dann im Kontextmenü den Befehl *Einfügen*. Klicken Sie anschließend mit der rechten Maustaste auf das Diagramm und wählen Sie im Kontextmenü den Befehl *Gruppierung/Gruppierung aufheben*. Markieren und löschen Sie die Diagrammteile, die Sie nicht für die Folie benötigen – in unserem Fall den zweiten Balken. Die Folie sollte nun so ähnlich wie in Abbildung 6.22 aussehen. Klicken Sie mit der rechten Maustaste auf ein beliebiges Element des Diagramms und wählen Sie dann im Kontextmenü den Befehl *Gruppierung/Gruppierung wiederherstellen*.

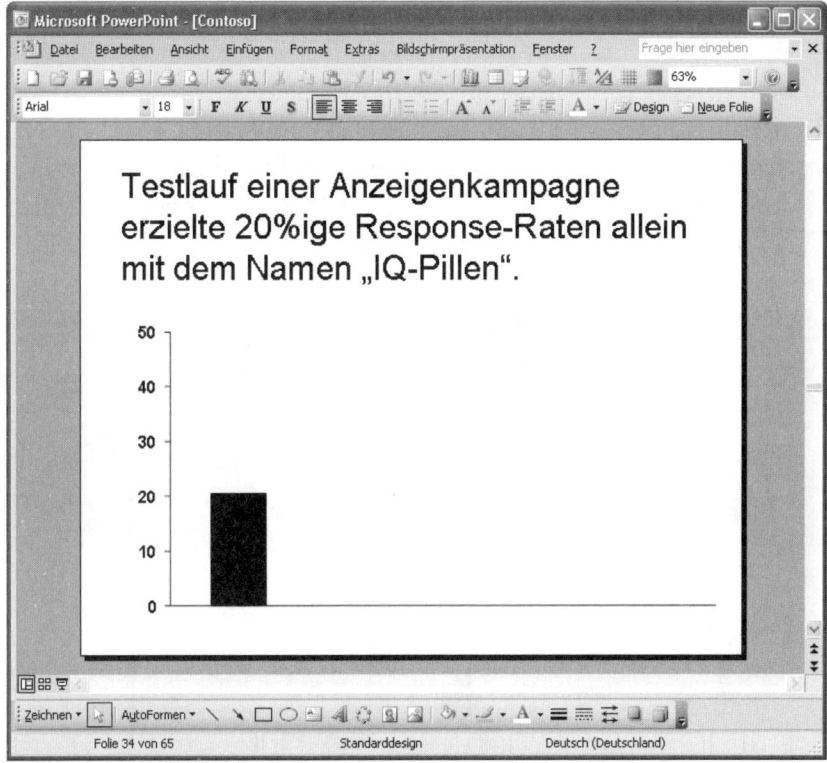

Abbildung 6.22: Teile des Diagramms in der ersten Folie entfernen

Die endgültige Diagrammsequenz sollte in der Ansicht *Foliensortierung* wie das Beispiel in Abbildung 6.23 aussehen. Wenn das Diagramm auf der dritten Folie mit einem Datenblatt innerhalb von PowerPoint oder mit einem Excel-Arbeitsblatt verknüpft ist, müssen Sie, wenn Sie die Daten aktualisieren, die erste und die zweite Folie manuell aktualisieren.

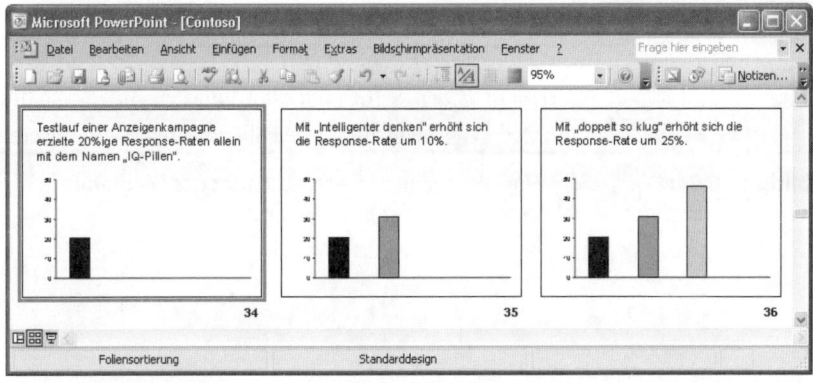

Abbildung 6.23: Ein Diagramm, das in drei Folien erklärt wird

Wenn Sie dieses Diagramm in einer Folienabfolge erklären, wirkt es auf das Publikum wie eine einzige Folie mit Animation. Aber als der/die Vortragende wissen Sie, dass es sich eigentlich um drei Folien handelt, von denen jede mit dem Notizenbereich verbunden ist, wie in der Ansicht *Notizenseite* der zweiten Folie zu sehen ist (siehe Abbildung 6.24). Mit dieser Methode wird sichergestellt, dass jede Aktion in der animierten Abfolge auch wirklich mit dem gesprochenen Wort im Notizenbereich verbunden ist. Inwiefern diese Technik den neuesten wissenschaftlichen Erkenntnissen entspricht, können Sie in Anhang A nachlesen.

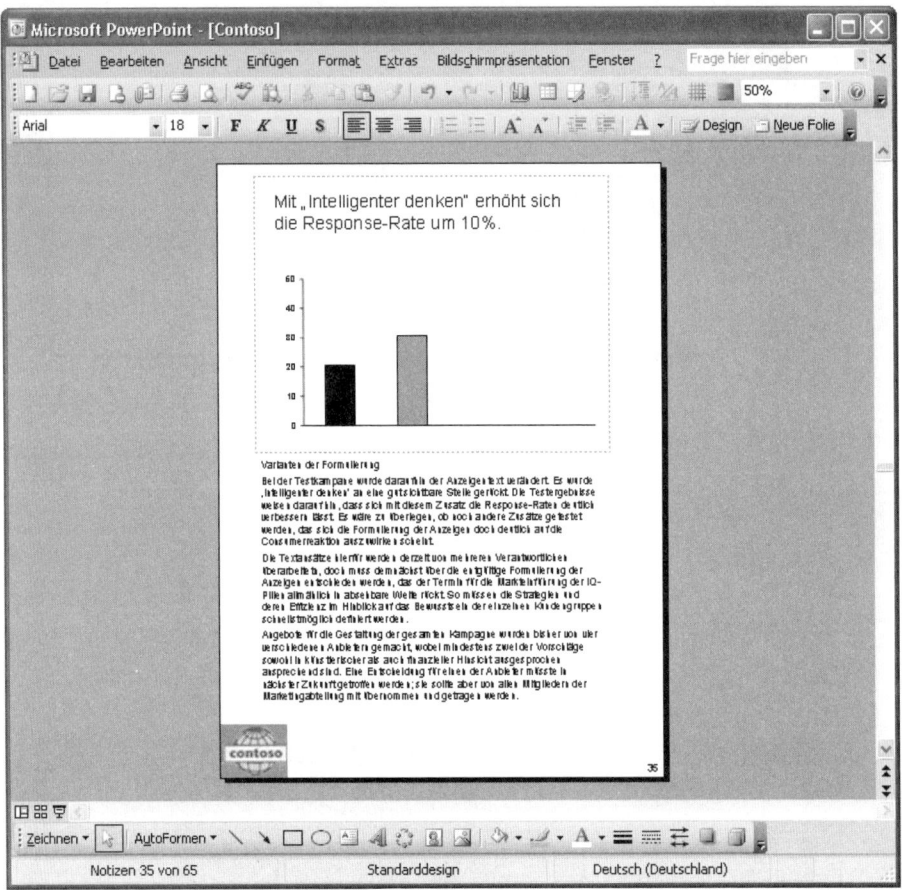

Abbildung 6.24: Die Ansicht *Notizenseite* mit einem Abschnitt des Diagramms im Folienbereich und den zugehörigen Erklärungen im Notizenbereich

Wenn Sie 15 Minuten Zeit für Ihre Präsentation haben, könnten Sie auf der Folie der 15-Minuten-Spalte das vollständige Diagramm zeigen (wie in Abbildung 6.18 dargestellt). Das Diagramm ist einfach genug aufgebaut, so dass Sie die Ideen der Folie in den 40 Sekunden, die Ihnen dafür zur Verfügung stehen, schnell zusammenfassen können. Sie könnten das Diagramm auch mit den Animationsfunktionen von PowerPoint auf nur einer Folie animieren, aber da Sie nur kurze Zeit bei der Folie verweilen werden, ist eine Animation wohl nicht nötig.

Nachdem Sie Ihre Palette an grafischen Optionen erweitert haben, ist es nun an der Zeit, sich wieder mit dem Storyboard zu befassen und zu überlegen, wie die Geschichte als Ganzes verbessert werden kann.

Das Storyboard ausgestalten

Bei der Vorbereitung und Planung des Storyboards in Kapitel 4 haben Sie neue Folien hinzugefügt und sich Gedanken über Möglichkeiten gemacht, den Ablauf und Rhythmus der Folien zu verbessern. Auf dieser Grundlage können Sie nun die Schlüsselfolien der Präsentation mit einigen visuellen Elementen ausgestalten.

Grafische Elemente zum Titel und zum Abspann hinzufügen

In einem Hollywood-Film bereitet die Eingangssequenz auf Stimmung und Tenor der folgenden Geschichte vor. Eine ähnliche Wirkung können Sie erzielen, indem Sie ein Bild in die Titelfolie aufnehmen. Im Abschnitt »Titel und Abspann einfügen« in Kapitel 4 haben Sie bereits die Titelfolie erstellt, indem Sie die Folie mit der Aussage von Akt III, Szene 3 dupliziert und links neben die erste Folie der Präsentation gesetzt haben. Dann haben Sie den Titel der Drehbuchvorlage und die Zeile mit dem Autorennamen als Untertitel hinzugefügt (siehe Abbildung 6.25). Im Contoso-Beispiel lautet der vollständige Titel: *Nehmen Sie mit den IQ-Pillen Kurs auf die gewünschten Finanzergebnisse: Contoso-Marketingpräsentation von Petra Köhler*

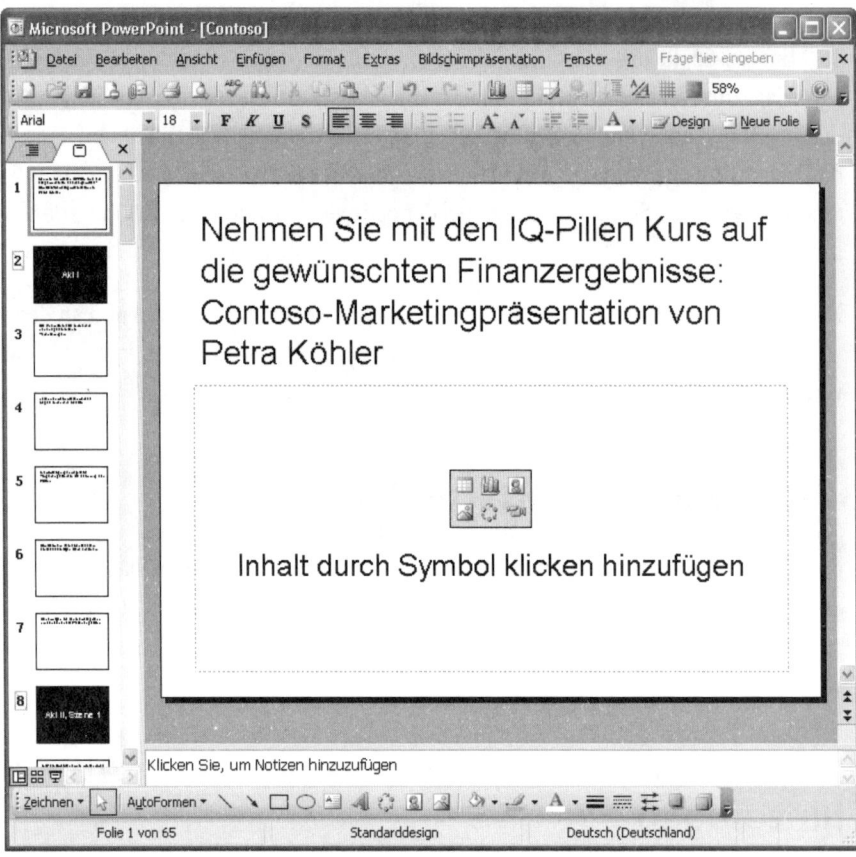

Abbildung 6.25: Die in Kapitel 4 erstellte Titelfolie

Übernehmen Sie den Stil, den Sie für die anderen Folien in Akt I verwendet haben, für die Titelfolie. Wenn Sie beispielsweise die Folien von Akt I mit Fotos gestaltet haben, sollten Sie den gleichen Stil für die Titelfolie verwenden (siehe Abbildung 6.26).

Diese Folie entstand durch Hinzufügen von nur einem grafischen Element, einem Foto von der Website *Microsoft Office Online Clip Art and Media*, das in die linke Hälfte der Folie eingefügt wurde. Außerdem wurde die Hintergrundfarbe der Folie in Schwarz und die Schriftfarbe des Titels in Weiß geändert. Der Schriftgrad wurde angepasst; dann wurde das Textfeld noch auf die rechte Seite geschoben.

Wenden Sie die gleiche Technik wie für die Titelfolie auch auf den Abspann an, indem Sie ein einfaches Bild oder eine Textzeile einfügen, an die sich das Publikum nach der Präsentation erinnern soll. Wie in Kapitel 4 beschrieben, könnte auf dieser Folie der Firmenname, Kontaktinformationen, eine Webadresse oder ein einfaches Bild zum Thema der Präsentation stehen.

Abbildung 6.26: Titelfolien mit fotografischem Stil

Die drei Hauptideen hervorheben

In Kapitel 4 wurde betont, wie wichtig es ist, die Akte und Szenen im Storyboard zu kennzeichnen; eine Auswahl wirkungsvoller visueller Elemente kann dabei gute Dienste leisten. Im Folgenden werden Sie die drei Hauptideen aus der 5-Minuten-Spalte der Drehbuchvorlage, die das Rückgrat Ihrer Argumentation in Akt II bilden, ausgestalten.

Halten Sie in der Ansicht *Foliensortierung* die [Strg]-Taste gedrückt, während Sie die drei Folien mit den Aussagen aus der 5-Minuten-Spalte markieren. Klicken Sie dann mit der rechten Maustaste auf eine der Folien und wählen Sie im Kontextmenü den Befehl *Kopieren*. Öffnen Sie die in Kapitel 5 erstellte Testdatei, setzen Sie den Cursor hinter die letzte Folie, klicken Sie dann mit der rechten Maustaste und wählen Sie im Kontextmenü den Befehl *Einfügen*. Überlegen Sie, wie Sie diese drei wichtigen Folien mit einer einheitlichen grafischen

Gestaltung hervorheben können, so dass das Publikum bei ihrem Anblick erkennt, dass Sie an einem wichtigen Punkt der Präsentation angelangt sind.

Beispielsweise zeigt Abbildung 6.27 drei Folien, die die drei Hauptideen der Contoso-Präsentation darstellen. Zu jeder dieser Folien wurde ein neues grafisches Element hinzugefügt, und zwar wieder Fotos von der Website *Microsoft Office Online Clip Art and Media*.

Abbildung 6.27: Die drei Folien, die die Hauptszenen von Akt II des Contoso-Storyboards einführen, wurden mit demselben grafischen Stil bearbeitet

Die Fotos wurden jeweils eingefügt, skaliert, zugeschnitten und in die rechte Hälfte der Folie gesetzt; die Hintergrundfarbe wurde in Schwarz geändert. Für die Schriftfarbe des Titelbereichs wurde Weiß festgelegt, das Textfeld wurde verschmälert und die Textausrichtung in rechtsbündig geändert. Durch den konsistenten Stil hinterlassen diese Fotos einen unverwechselbaren Eindruck, der die Geschichte visuell durch Akt II führt.

Hinweis: Sie werden feststellen, dass die Fotos aus diesem Beispiel verschwommen wirken, was der Grundregel, nur scharfe Fotos zu verwenden, widerspricht (siehe Kapitel 5, Abschnitt »Die Folie mit einem Foto ausfüllen«). Doch im Fall dieser Fotos wurde die Unschärfe als bewusster künstlerischer Effekt eingesetzt. Wenn Sie die Grundlagen der Foliengestaltung sicher beherrschen, ist viel Spielraum für Interpretation, solange Sie damit nicht von Ihrer eigentlichen Aussage ablenken und die Geschichte klar und verständlich bleibt.

Auch in der Ansicht *Notizenseite* unterscheiden sich diese Folien durch ihren besonderen Stil deutlich von den anderen Folien (siehe Abbildung 6.28).

Sie können die Folien innerhalb der einzelnen Szenen von Akt II durch eine jeweils ähnliche visuelle Umsetzung aufeinander abstimmen oder auch die Hintergrundfarbe aller Folien in einer Szene ändern (siehe dazu die Beschreibung im Abschnitt »Tipp 3: Farbcodes für Folien« weiter hinten in diesem Kapitel).

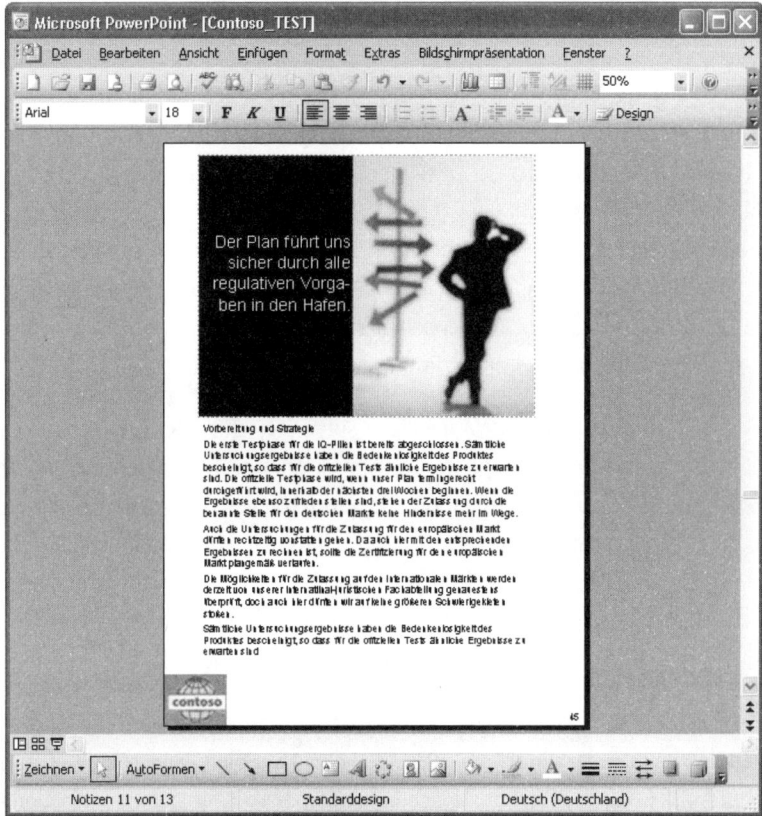

Abbildung 6.28: Der unverwechselbare Stil aus der Ansicht *Normal* ist auch in der Ansicht *Notizenseite* klar zu erkennen

Was sagt die Wissenschaft?

Designern kann es leicht passieren, dass sie von den kreativen Möglichkeiten eines Projekts so gefesselt sind, dass sie das Publikum dabei ganz aus den Augen verlieren. Um sicherzustellen, dass das Hauptziel Ihrer Gestaltung immer eine verbesserte Kommunikation mit dem Publikum ist, kann es sinnvoll sein, sich mit den Grundlagen wissenschaftlicher Forschungen zu beschäftigen, die die Effizienz multimedialer Lernvorgänge untersuchen. Der Lernpsychologe Richard E. Mayer und andere haben eine Reihe wissenschaftlicher Prinzipien erarbeitet, mit denen sich Designprozesse auf die neuesten wissenschaftlichen Erkenntnisse zur Funktionsweise des menschlichen Gehirns stützen können. Einige dieser Prinzipien und zugehörigen Quellen werden in Anhang A vorgestellt. Sie werden feststellen, dass sich der Präsentationsansatz »Erzählen statt aufzählen« deutlich an diese Erkenntnisse anlehnt und Ihnen Möglichkeiten eröffnet, Ihre Arbeitstechnik mit zunehmendem Wissen weiter zu verfeinern.

Die Präsentation proben

Nachdem Sie den ersten Entwurf des Storyboards gestaltet haben und damit über die wichtigsten Komponenten Ihrer Präsentation verfügen, können Sie eine erste Probe abhalten. Stellen Sie sich an Ihren Schreibtisch oder in einen Konferenzraum und gehen Sie die Folien durch, während Sie die Präsentation vortragen. Im Abschnitt »Das Drehbuch vortragen« in Kapitel 3 haben Sie gelernt, das Publikum anzusehen und sich darüber bewusst zu werden, was Sie mit den Händen machen. Im Abschnitt »Die Headlines proben« in Kapitel 4 haben Sie gelernt, dass Sie auf Ihren ganzen Körper achten müssen und darauf, wie Sie zur Projektionswand stehen. Achten Sie während dieser Probe auf Stimme und Gesichtsausdruck.

Während einer Präsentation sind die Augen aller auf Sie gerichtet. Zeichen, die auf Ihr Interesse an dem Thema und auf Ihre Begeisterung hinweisen, werden genau wahrgenommen. Wenn Ihre Stimme desinteressiert und monoton wirkt, brauchen Sie sich nicht zu wundern, wenn sich Ihr Mangel an Enthusiasmus auf das Publikum überträgt. Betonen Sie daher wichtige Punkte durch Veränderungen im Tonfall und legen Sie Pausen ein, um einen bestimmten Punkt nachwirken zu lassen. Sie haben hart an Ihrer Geschichte gearbeitet: Zeigen Sie nun Ihre Begeisterung auch in Ihrer Stimme und durch Ihren Gesichtsausdruck.

Beim Proben werden Sie sicher auf problematische Stellen stoßen und auf Dinge, die Sie in der Präsentation noch ändern möchten. Sie sollten daher ein Blatt Papier bereitlegen, auf dem Sie sich während des Vortrags Notizen machen können. Setzen Sie sich dann wieder an Ihre Präsentation und nehmen Sie die abschließenden Änderungen an den Folien vor.

Die endgültige Fassung der Notizenseiten erstellen

Wenn Sie alle Folien mit grafischen Elementen versehen haben, überprüfen Sie nochmals in der Ansicht *Notizenseite*, ob Ihr Text klar und präzise ist. Beginnen Sie mit der ersten Notizenseite: Lesen Sie die Überschrift, überprüfen Sie die visuellen Elemente und vergewissern Sie sich dann, dass sich der Text flüssig und gut liest. Wenn Sie die letzte Zeile im Notizenbereich gelesen haben, blättern Sie zur nächsten Notizenseite und überprüfen, dass der Übergang der Geschichte fließend ist. In diesem Stadium ist es sinnvoll, sich das ganze Dokument als Notizenseiten auszudrucken, damit die Formulierungen und Übergänge geprüft werden können.

Genehmigungen und Freigaben einholen

Nachdem Sie nun die Präsentation komplett überprüft haben, sollten Sie alle erforderlichen Genehmigungen und Bestätigungen für die Informationen einholen, die Sie präsentieren werden. Dies ist im Contoso-Szenario besonders wichtig, weil sich die Präsentation auf die Pharmaindustrie bezieht. Für jede andere stark regulierte Branche wie Finanzen oder Forschung würde das Gleiche gelten. Es ist in jedem Fall von Vorteil, jemand anders einen Blick auf die Präsentation werfen zu lassen, um sicherzustellen, dass Sie nichts Wichtiges ausgelassen, keine Rechtschreibfehler übersehen oder etwas falsch dargestellt haben. Für die Fremdüberprüfung der Präsentation sollten Sie die Notizenseiten verwenden, so dass nicht nur die Folien, sondern auch die Informationen im Notizenbereich genehmigt werden können. Sie können die Kopien für die Überprüfung als ausgedruckte Notizenseiten oder als Adobe Acrobat PDF-Datei weitergeben (siehe Kapitel 7, Abschnitt »Notizenseiten (nicht Folien) senden«).

Herzlichen Glückwunsch zu Ihrem fertigen PowerPoint-Storyboard! In Kapitel 7 geht es weiter mit dem Produzieren des Drehbuchs, dem dritten und letzten Schritt von »Erzählen statt aufzählen«. Lesen Sie aber vorher noch die folgenden zehn Tipps, mit denen Sie die in diesem Kapitel beschriebenen Grundtechniken optimieren können.

Zehn Tipps zum Optimieren der Folien

Sie haben nun eine solide Grundlage für die Gestaltung des Storyboards und können jetzt Ihre Technik weiterentwickeln und verfeinern. Mit den zehn folgenden Tipps können Sie die in diesem Kapitel erlernten Grundtechniken der grafischen Ausgestaltung optimieren.

Tipp 1: Anspruchsvollere Layouts

Sie können für eine konsistente grafische Gestaltung sorgen, indem Sie in den Zeilen Farben verwenden. Professionelle Gestalter verwenden ein Rastersystem als Orientierungshilfe für ihre Layouts. Dieses Raster sorgt für eine konsistente Layoutstruktur in der gesamten Präsentation, steuert das wichtige Gleichgewicht zwischen weißen Flächen, grafischen Elementen und Text auf den Folien und verhindert, dass visuelle Elemente zu nahe an den Bildschirmrand gesetzt werden.

Sie haben zunächst ein einfaches Foliendesign entworfen, bestehend aus einer Überschrift oben und einem Bild in der Mitte des darunter angeordneten Bereichs. Aber sobald Sie anfangen, Überschriften auszublenden oder visuelle Elemente zu verschieben, müssen Sie sich an eine einheitliche Struktur halten, um Verwirrung durch ein konfuses oder unharmonisches Layout zu vermeiden. Wenn Sie vorhaben, mit anspruchsvollen Layouts zu arbeiten, sollten Sie entweder mit einem Profi ein Raster entwickeln oder eines der zahlreichen Bücher über Rastersysteme lesen. Von Interesse könnten auch Layoutbücher aus dem Bereich Film und Fernsehen sein (weil Folien auf die Wand projiziert werden), oder Layoutbücher für Printmedien (weil die Notizenseiten gedruckt werden können). Hier einige Empfehlungen: *The Visual Story: Seeing the Structure of Film, TV, and New Media* von Bruce Block (Focal Press 2001), *Filmverstehen und Alltagserfahrung. Grundzüge einer kognitiven Psychologie des Mediums Film* von Stephan Schwan (Deutscher Universitäts-Verlag 2001), *Editing by Design: For Designers, Art Directors, and Editors – The Classic Guide to Winning Readers* von Jan V. White (Allworth Press 2003). Eventuell sind auch allgemeine Layoutbücher wie *Rastersysteme für die visuelle Gestaltung* von Josef Muller-Brockmann (Niggli 1996) hilfreich. Die besondere Herausforderung bei einer PowerPoint-Präsentation liegt darin, einen einheitlichen eleganten Ansatz zu finden, der sowohl mit projizierten Folien als auch mit gedruckten Notizenseiten funktioniert.

Wenn Sie sich für ein Layoutsystem entschieden haben, stehen für die Anwendung in PowerPoint eine Reihe von Optionen zur Verfügung. Die einfachste Technik ist die Verwendung der PowerPoint-Funktionen *Raster und Führungslinien*. Wählen Sie dazu in der Ansicht *Normal* im Menü *Ansicht* den Befehl *Raster und Führungslinien*. Wählen Sie im daraufhin angezeigten Dialogfeld im Abschnitt *Rastereinstellungen* eine Einstellung im Dropdown-Listenfeld *Abstand*, aktivieren Sie das Kontrollkästchen *Raster auf dem Bildschirm anzeigen* und klicken Sie dann auf *OK*. Alternativ können Sie im Abschnitt *Linieneinstellungen* das Kontrollkästchen *Zeichnungslinien auf dem Bildschirm anzeigen* aktivieren, um mithilfe von Führungslinien Ihr eigenes vorläufiges Raster anzupassen. Weitere Hinweise zur Verwendung von Rastern und Führungslinien finden Sie in der PowerPoint-Hilfe.

Tipp 2: Unkonventionelle Animationen

Ein einfaches Diagramm kann die Überschrift einer Folie wirkungsvoll darstellen. In PowerPoint-Präsentationen tritt aber häufig das Problem auf, dass das Diagramm oder die grafische Darstellung zu komplex und damit nicht verständlich ist – zumindest nicht unmittelbar und auf einer einzigen Folie. Die Wurzel des Problems können Sie beseitigen, indem Sie die Ideen in der Drehbuchvorlage in kleinere Segmente aufteilen, wie es mit den Aussagen der 15-Minuten- und der 45-Minuten-Spalten aus Akt II, Szene 2 der Contoso-Drehbuchvorlage erläutert wurde (siehe Abbildung 6.3 und Abbildung 6.15). Wenn Sie diese Aussagen in PowerPoint übertragen, wird aus jeder Aussage die Überschrift einer Folie und es entstehen drei zusammengehörige Folien, die Sie in der gleichen Abfolge präsentieren wie in der Drehbuchvorlage. Im Notizenbereich der einzelnen Folien beschreiben Sie dann die Einzelheiten jeder Phase.

Diese Vorgehensweise unterscheidet sich von herkömmlichen Animationstechniken, bei denen alle Animationen auf einer Folie stattfinden. Stattdessen ergibt sich die Animation hier aus der Abfolge mehrerer Folien, in denen jeweils ein Teil des Ganzen dargestellt und erklärt wird. Durch diese Technik ist gewährleistet, dass die projizierten Informationen gleichmäßig auf die verbalen Ausführungen verteilt sind und immer nur die jeweils passende Information zu sehen ist. Inwiefern diese Technik den neuesten Erkenntnissen der Forschung entspricht, können Sie in Anhang A nachlesen. Wenn Sie feststellen, dass Ihre Überschriften nicht genau zu der Abfolge passen, in der Sie die Informationen vortragen wollen, gehen Sie zurück zur Drehbuchvorlage, korrigieren dort die Aussagen und passen erst dann die Überschriften in PowerPoint entsprechend an.

Tipp 3: Farbcodes für Folien

Filmemacher und -macherinnen setzen verschiedene Techniken ein, um Szenen abwechslungsreich und interessant zu machen, ohne die Konsistenz der Botschaft zu beeinträchtigen, die sich aus einer starken Geschichte ergibt. Eine dieser Techniken besteht darin, eine Szenerie mit einer abgestimmten Palette zu gestalten. Sie können Ähnliches tun, indem Sie etwas Farbe in die Folien und Szenen von Akt II bringen. Probieren Sie diese Technik aus, indem Sie die Hintergrundfarbe der drei Folien mit den Aussagen der 5-Minuten-Spalte aus Akt II der Drehbuchvorlage ändern. Diese drei Folien wurden im Abschnitt »Die drei Hauptideen hervorheben« weiter vorn in diesem Kapitel bereits beschrieben und sind in Abbildung 6.27 dargestellt.

Um diese Folien in der Ansicht *Foliensortierung* zu kolorieren, klicken Sie zunächst auf die Folie mit der ersten Hauptidee und wählen dann mit gedrückter [Strg]-Taste die Folien mit der zweiten und der dritten Hauptidee aus. Klicken Sie anschließend mit der rechten Maustaste auf eine der Folien und wählen Sie im Kontextmenü den Befehl *Hintergrund*. Klicken Sie im daraufhin angezeigten Dialogfeld auf den Dropdownpfeil, wählen Sie eine Farbe aus und klicken Sie dann auf *Übernehmen*. Dadurch wird diese Farbe als Hintergrundfarbe für die ausgewählten Folien verwendet. Wenn Sie die Folien in der Präsentation projizieren, weist die Farbänderung bei diesen drei Folien auf den Übergang zu einem neuen Thema hin, der auch von Ihrem gesprochenen Vortrag unterstrichen werden sollte.

Eine weitere Technik besteht darin, den Hintergrund aller Folien der Szenen von Akt II zu ändern. Klicken Sie hierzu auf die erste Folie von Akt II (also Szene 1) und halten Sie dann die [⇧]-Taste gedrückt, während Sie auf die letzte Folie in dieser Szene klicken. Klicken Sie mit der rechten Maustaste auf eine der Folien, wählen Sie im Kontextmenü den Befehl *Hintergrund* und klicken Sie im daraufhin angezeigten Dialogfeld auf den Dropdownpfeil, wählen Sie eine Farbe aus und klicken Sie dann auf *Übernehmen*. Alle Folien dieser Szene haben nun die gleiche Farbe, was dem Publikum verdeutlicht, dass sie alle zur gleichen Szene gehören. Diese Technik erleichtert außerdem die Arbeit mit den Storyboard-Szenen in der Ansicht *Foliensortierung*, weil sich die Szenen farblich deutlich voneinander unterscheiden.

Tipp 4: Der geteilte Bildschirm

Verdoppeln Sie die Wirkung, indem Sie den Bildschirm aufteilen. In Kapitel 2 haben Sie im Abschnitt »Akt I, Szene 4: Gleichgewicht« erfahren, welche Kräfte das Problem zwischen Szene 3 und Szene 4 in Akt 1 entwickelt. Sie können diese Kräfte in der Präsentation intensivieren und weiterführen, indem Sie eine Folie erstellen, die den Gegensatz Problem/Lösung in der Geschichte betont, und sie an mehreren Schlüsselpositionen in der Präsentation einfügen.

Um einen geteilten Bildschirm im Contoso-Beispiel anzulegen, wechseln Sie zur Folie von Szene 3 in Akt I: *Marktbedingungen, regulative Vorgaben gefährden die Einführung der Pillen*. Fügen Sie in der Ansicht *Normal* ein schwarzes Rechteck hinzu, das die rechte Hälfte des Bildschirms vertikal ausfüllt. Klicken Sie auf den Titelbereich, ändern Sie die Schriftfarbe in Weiß und bringen Sie den Titelbereich in den Hintergrund, um ihn so zu verbergen. Fügen Sie ein Bild von einer Pille von der Website *Microsoft Office Online ClipArt und Medien* ein, fügen Sie ein Textfeld hinzu und geben Sie den Text *IQ Pille* in das Feld ein.

Kopieren Sie nun die Pille und das schwarze Rechteck und fügen Sie beide Elemente auf der nächsten Folie ein. Die Überschrift der Folie von Szene 4 lautet: *Contoso kann sein Finanzziel dank eines seetüchtigen Plans erreichen*. Um eine eigene Grafik zu erstellen, fügen Sie ein Textfeld auf der rechten Seite dieser Folie ein. Geben Sie in das Textfeld ein Euro-Zeichen ein, vergrößern Sie es auf 96 Punkt, ändern Sie die Schriftfarbe in Weiß und verbergen Sie den Titelbereich, indem Sie ihn in den Hintergrund setzen. In der Ansicht *Foliensortierung* sollten die beiden Folien dann ähnlich wie in Abbildung 6.29 aussehen.

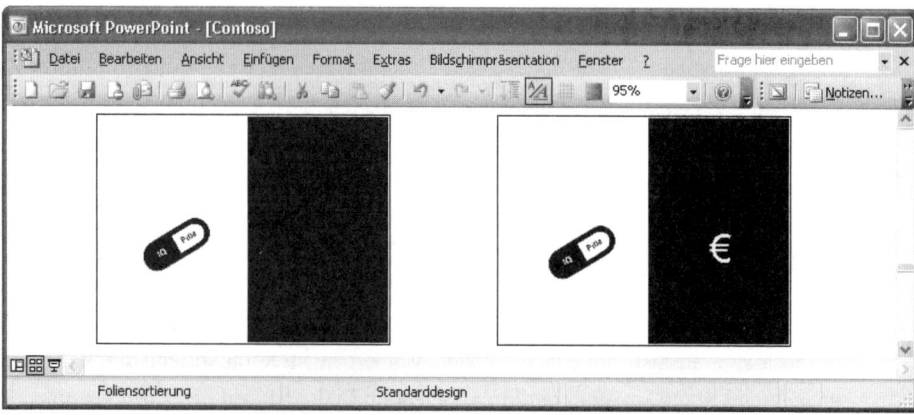

Abbildung 6.29: Abfolge der beiden Folien mit aufgeteiltem Bildschirm

Wenn Sie nun die Folie von Szene 3 zeigen, erscheint zu Ihren Erklärungen im entsprechenden Notizenbereich die IQ-Pille. Wenn Sie zur Folie von Szene 4 weitergehen, wird zu Ihren Erläuterungen das Euro-Zeichen scheinbar auf der gleichen Folie angezeigt. Das Publikum, das diese beiden kontrastreichen Bilder nebeneinander sieht und gleichzeitig Ihren Vortrag hört, wird von der Metaphorik beeindruckt sein.

Um das Bild über die gesamte Präsentation hinweg immer wieder in Erinnerung zu rufen, markieren Sie in der Ansicht *Foliensortierung* die Folie von Szene 4, wählen dann zweimal den Befehl *Bearbeiten/Duplizieren* und verschieben die Kopien anschließend links neben die ersten Folien von Akt II, Szene 2 und Szene 3. Wenn die Folien während der Präsentation an diesen Positionen erscheinen, können Sie so etwas sagen wie: »Sie erinnern sich vielleicht, dass die Einführung der IQ-Pillen durch die Bedingungen und Regulierungen des Marktes bedroht ist, aber mit einer seetüchtigen Strategie sind die finanziellen Zielsetzungen von Contoso erreichbar. Es folgt nun der nächste Teil dieser Strategie.« Wenn das Publikum dieselbe Folie an anderen Stellen der Präsentation erneut sieht und Ihre Erklärungen hört, wird die Zielsetzung der Präsentation in Erinnerung gerufen und das Publikum bleibt emotional involviert.

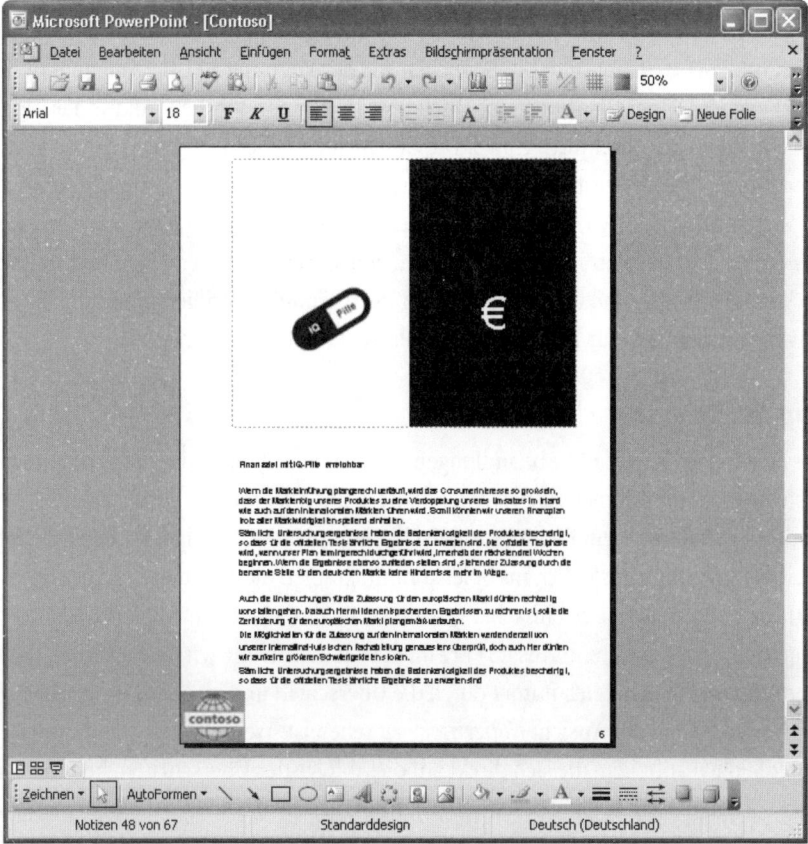

Abbildung 6.30: Die Ansicht *Notizenseite* mit einem Folienbereich, in dem die Technik des geteilten Bildschirms verwendet wird

In der Ansicht *Notizenseite* der Folie von Szene 4 (siehe Abbildung 6.30) kann der Titelbereich auf der Folie nicht gezeigt werden, weil er das Layout erheblich stören würde – also sollten Sie die Bedeutung der Folie in den aufgezeichneten Notizen darunter besonders betonen. Eventuell müssen Sie auch einen Rand zum Folienbereich hinzufügen, damit die weiße Hälfte des Bildes durch eine Linie begrenzt wird. Das ist keine perfekte Lösung, aber Sie müssen, wie während des gesamten Gestaltungsprozesses, ständig ein Gleichgewicht zwischen mehreren Elementen suchen, um die beste Lösung für einen bestimmten Kontext zu finden.

> **Tipp:** Die Technik des geteilten Bildschirms funktioniert auch gut, wenn Sie zwei kontrastierende Fotos nebeneinander setzen. Hier könnte das eine Foto den Zustand des Ungleichgewichts in Szene 3 darstellen und im Gegensatz dazu das andere Foto für das angestrebte Gleichgewicht in Szene 4 stehen; so würde der Zweck der Präsentation durch Ihren Vortrag und den Kontrast zwischen den Bildern verdeutlicht.

Tipp 5: Visuelle Rhetorik

Eine interessante Inspirationsquelle für die Gestaltung ist die *visuelle Rhetorik*. Sie untersucht die Art und Weise, in der Bilder in Bereichen wie der Werbung zu Überzeugungszwecken eingesetzt werden. So wie Werbung eine Quelle der Inspiration für die Struktur der Geschichte ist (siehe Kapitel 2, Abschnitt »Tipp 8: Die Geschichten in der Werbung«), ist sie auch eine wahre Fundgrube für kreative visuelle Präsentationstechniken. Beobachten Sie einmal, wie in der Werbung Farbe, Fotos, Layouts und andere Techniken eingesetzt werden, um die Aufmerksamkeit des Betrachters anzuziehen, eine Geschichte zu erzählen und zu überzeugen. Wenn Sie die Techniken guter Werbeanzeigen gründlich studieren, werden Sie eventuell wertvolle Anregungen für Ihre PowerPoint-Präsentationen finden.

Tipp 6: Zeig mir die Zahlen

Zwar befassen sich viele der Abhandlungen und Untersuchungen über Diagramme mit ihrer Darstellung auf dem Papier, doch werden PowerPoint-Diagramme normalerweise an die Wand projiziert, wobei ein Redner sie meist live kommentiert. Weil hier die verbale Erklärung vor einem Publikum zusätzlich ins Spiel kommt, können die auf einer Folie gezeigten Diagramme normalerweise einfacher gestaltet sein als die auf dem Papier (die nicht mündlich erläutert werden). Beim Ansatz »Erzählen statt aufzählen« wissen Sie sicher, dass das Diagramm im Folienbereich immer durch die Überschrift und im Notizenbereich ausführlich erklärt wird, wie in der Ansicht *Notizenseite* zu sehen ist. Wenn Sie das Diagramm auf mehrere Folien aufteilen, die sich direkt auf die Abfolge der Überschriften beziehen (wie weiter vorn in diesem Kapitel beschrieben), trägt dies dazu bei, dass die Informationen dem Publikum häppchenweise und damit leichter verdaulich präsentiert werden.

Um alles Verwirrende aus einem Diagramm zu entfernen und sich nur auf die relevanten Daten zu konzentrieren, sollten Sie die Formatierung möglichst vereinfachen und überflüssige Linien, grafische Effekte, Farben und Raster entfernen. Vermeiden Sie auch unnötige Verzierungen oder Spezialeffekte, weil sie dem Verständnis des Publikums abträglich sein könnten. Diesbezügliche Forschungsergebnisse werden in Anhang A vorgestellt. Streben Sie einen minimalistischen Stil an, der die Zahlen für sich selbst sprechen lässt.

Wenn Sie Ihre Zahlen mithilfe eines Diagramms darstellen müssen, sollten Sie sich eventuell mit einem der zahlreichen einschlägigen Bücher zu diesem Thema befassen; hier nur ein kleine Auswahl: *Show Me the Numbers: Designing Tables and Graphs to Enlighten* von Stephen Fcw (Analytics Press 2004), *Infografiken gestalten* von Hanno Sprissler (Springer 1999), *Handbuch der Infografik* von Angela Jansen und Wolfgang Scharfe (Springer 1999).

Tipp 7: Grafik- und Diagrammbibliothek

Die Auswahl der PowerPoint-Diagramme und Grafiken, die im Privatbereich und auch in Unternehmen zur Illustration von arbeitsrelevanten Informationen verwendet werden, ist meist relativ begrenzt. Statt Diagramme und andere grafische Darstellungen jedes Mal völlig neu zu entwickeln, bietet es sich an, einen Satz gebräuchlicher grafischer Darstellungen mit klarem und einheitlichem Design zu entwerfen, wie es im Abschnitt »Tipp 6: Zeig mir die Zahlen« beschrieben wurde. Sie können dann mithilfe von Microsoft Windows SharePoint Services eine zentrale Website anlegen, um die PowerPoint-Folien zu speichern (siehe auch Kapitel 5, Abschnitt »Tipp 6: Eine PowerPoint-Designbibliothek«). Ganz gleich, ob Sie die Diagramme selbst entwerfen oder einen Kommunikationsdesigner damit beauftragen, kann eine standardisierte Methode zum Darstellen quantitativer Informationen dazu beitragen, dass Sie Zeit beim Formatieren sparen und außerdem die Integrität der gezeigten Daten gewahrt wird.

Tipp 8: Zusammenarbeit mit Designern

Wenn es Ihr Budget erlaubt, können Sie sich von professioneller Seite bei der Gestaltung von Folien und Storyboard unterstützen lassen. Beziehen Sie schon im Anfangsstadium einen Designer mit in den Prozess ein, möglichst bereits während Sie die Drehbuchvorlage schreiben, so dass er sich in Ihre Denkweise einfühlen kann. Wenn dies zu einem so frühen Zeitpunkt nicht möglich ist, sollten Sie wenigstens die Drehbuchvorlage und das Storyboard beim ersten Treffen parat haben (siehe auch Kapitel 4, Abschnitt »Tipp 5: Storyboard für den Designer vorbereiten«). Auf diese Weise haben Sie einen soliden Ausgangspunkt, um die grundlegenden Techniken aus diesem Kapitel auf die nächste Stufe mitzunehmen.

Gehen Sie gemeinsam die Folien in der Ansicht *Notizenseite* durch, damit der Zusammenhang zwischen dem an die Wand projizierten Bild und Ihrem Vortrag deutlich wird. Nehmen Sie sich die Zeit, die animierten Foliensequenzen durchzusprechen, wenn Sie vorhaben, Diagramme und Grafiken zu verwenden. Bitten Sie den Designer/die Designerin, Ihnen für Schlüsselfolien in einer Testdatei (die Sie aus Akt I und II wählen) drei völlig unterschiedliche Arten der grafischen Umsetzung vorzuschlagen. Sie können dann die Ergebnisse vergleichen und die Elemente und Gestaltung auswählen, die sich für Sie und Ihr Publikum am besten eignen. Stellen Sie viele Fragen, damit Sie auch wirklich verstehen, warum der Fachmann bzw. die Fachfrau Ihnen eine bestimmte Umsetzung vorschlägt. Ihre Interaktion wird sicher zu einem besseren Verständnis führen und vielleicht dazu beitragen, dass die Kreativität beflügelt wird.

Tipp 9: Das PowerPoint-Triptychon

Eine Variation der im Abschnitt »Die drei Hauptideen hervorheben« beschriebenen Technik besteht darin, ein Triptychon anzulegen, d.h. eine Folie mit drei vertikalen grafischen Elementen nebeneinander. Sehen Sie sich hierzu die drei Hauptpunkte von Akt II noch einmal an, für die die Aussagen der 5-Minuten-Spalte in der Drehbuchvorlage stehen. Suchen Sie drei vertikale Fotos, Fotoobjekte oder Clipart-Grafiken, die diese Ideen darstellen, und platzieren Sie sie dann auf einer einzigen Folie. Skalieren und beschneiden Sie sie nach Bedarf, so dass sie drei gleiche vertikale Bereiche auf der Folie ausfüllen.

Verwenden Sie diese Folie als die erste Folie in Akt II, Szene 3. Duplizieren Sie die Folie zweimal und löschen Sie auf der einen Kopie die erste Grafik; diese Folie wird die erste Folie für Akt II, Szene 2. Löschen Sie auf der anderen Kopie die erste und zweite Grafik; diese Folie wird die erste Folie für Akt II, Szene 1. Wenn Sie die drei Folien an diesen Stellen in der Präsentation zeigen, wirkt dies, als würden Sie eine Folie aus drei Tafeln aufbauen, deren drei Teile in Akt II, Szene 3 dann komplett zusammengefügt sind. Indem Sie die drei Hauptideen Ihrer Präsentation mit einem Triptychon veranschaulichen, können Sie die Wirkung Ihrer Botschaft in Akt II verdreifachen.

Tipp 10: Einheitliches Design

Das Prinzip »Erzählen statt aufzählen« bietet einen einheitlichen Designansatz und führt zu einer PowerPoint-Datei, die sowohl auf dem Projektor, als auch auf Papier und auch im Browser gut funktioniert. Sie erreichen Ihr Ziel, indem Sie in der anspruchsvollsten Ansicht, der Ansicht *Notizenseite*, mit der Gestaltung beginnen. Wenn Sie das komplette mediale Ereignis berücksichtigen und ein Gleichgewicht zwischen projizierten Bildern und gesprochenem Wort herstellen, wird das Ergebnis ein Dokument sein, das sowohl als gedruckter Handzettel funktioniert als auch als Paket, das Sie mit wenig zusätzlichem Aufwand in eine Onlinepräsentation verwandeln können (siehe Kapitel 7, Abschnitt »Eine Onlinepräsentation halten«). Denn wenn Sie eine gute Geschichte zu erzählen haben, warum sollten Sie es nicht mittels möglichst vieler Medien tun?

Kapitel 7
Leben in die Geschichte bringen

In diesem Kapitel werden Sie ...

1. Störfaktoren aus der Präsentationsumgebung entfernen.

2. den Vortrag der Präsentation proben.

3. einen Dialog mit dem Publikum entwickeln.

4. fortgeschrittene Techniken der Präsentation testen.

5. eine dynamische Präsentation mit Microsoft Office PowerPoint halten.

Das Wort »inspirieren« bedeutet ursprünglich »einhauchen«, und das ist das letztendliche Ziel des Ansatzes »Erzählen statt aufzählen« – Ihnen das nötige Selbstvertrauen »einzuhauchen« und die Mittel zur Verfügung stellen, damit Sie während Ihrer Präsentation tief durchatmen und entspannen können.

Natürlich unterscheiden sich die neuen Folien der Contoso-Präsentation ganz gewaltig von ihrer Vorgängerversion, aber das eigentliche Ergebnis Ihrer Bemühungen sind die Sicherheit und das Verständnis, die Sie gewonnen haben, weil Sie jetzt ganz genau wissen, was Sie sagen und wie Sie es sagen wollen. So ist PowerPoint nicht mehr nur ein Werkzeug zur Foliengestaltung, sondern hilft Ihnen dabei, klar zu denken, Ihre Gedanken zu ordnen, eine Geschichte zu strukturieren und mit einer schier unendlichen Vielfalt medialer Möglichkeiten zu kommunizieren. Wenn Sie die fertige PowerPoint-Datei öffnen, haben Sie ein ausgefeiltes mediales Instrument vor sich, das Ihre klare Geschichte harmonisch mit der modernen Übermittlungstechnologie verbindet.

Nun ist es an der Zeit, sich dieser Ausrüstung zu bedienen, um Leben in Ihre Geschichte zu bringen.

Drei Grundregeln der Produktion

In Hollywood ist die »Filmproduktion« die Phase, in der die Livehandlung der Schauspieler aufgenommen wird. Filmregisseure nehmen sich viel Zeit, um die Szenen festzulegen und die Handlung immer wieder zu filmen, so dass sie dann für die Endfassung die besten Aufnahmen zusammenstellen können. Diesen Luxus haben Sie in Ihrer PowerPoint-Produktion nicht, weil Ihre Präsentation eine Live-Aufführung ist und Sie das Publikum gleich beim ersten Anlauf fesseln müssen.

Mit der komplexen Mischung von Elementen in einer Livepräsentation fertig zu werden, kann eine echte Herausforderung sein, aber Sie haben die projizierten Medien, die mündlichen Ausführungen und die gedruckten Handzettel ja bereits gut im Griff – in Form Ihrer PowerPoint-Datei. Wenn Sie die Präsentation mithilfe der PowerPoint-Datei produzieren, können einige Grundregeln dazu beitragen, das Ganze im Gleichgewicht zu halten.

Abbildung 7.1: Das Publikum von Anfang an fesseln

1. Regel: Achten Sie auf einen transparenten Medieneinsatz

Der Fokus auf die Aussage geht leicht verloren, wenn die PowerPoint-Datei mit immer neuen Dingen, z.B. zusätzlichen grafischen Elementen, Animationen und Spezialeffekten, weiter ausgefeilt wird. Einer der wichtigsten Vorteile eines einfachen Folienformats (wie in den Kapiteln 4 bis 6 beschrieben) liegt darin, dass Sie nicht durch unnötige Details und das Publikum nicht durch zu viele Eindrücke auf der Projektionswand abgelenkt werden. So behalten Sie die Kontrolle über die Medien, anstatt sich von ihnen kontrollieren zu lassen.

Bei perfekter Verwendung von PowerPoint merkt das Publikum gar nicht mehr, dass Sie mit PowerPoint arbeiten. Komplimente zu Ihren Folien sind das Letzte, was Sie wollen, denn das würde bedeuten, dass das Medium die Aufmerksamkeit auf sich gezogen hat, und nicht Ihre Ideen. Das wichtigste Ergebnis der Präsentation ist, dass das Publikum die Botschaft versteht, die Sie vermitteln wollen. Nach der Präsentation soll es über die Ideen diskutieren, nicht über irgendwelche Spezialeffekte.

> **Drei Grundregeln für die Produktion**
>
> Die PowerPoint-Datei hilft Ihnen, das gesprochene Wort, die projizierten visuellen Elemente und die gedruckten Handzettel im Griff zu behalten. Beachten Sie die drei folgenden Grundregeln, damit auch die Livepräsentation ein Erfolg wird:
>
> 1 Achten Sie auf einen transparenten Medieneinsatz.
> 2 Stellen Sie einen Dialog mit dem Publikum her.
> 3 Improvisieren Sie innerhalb der festgelegten Grenzen.

Ein transparenter Medieneinsatz kann schwierig sein, aber so wie Sie hart daran gearbeitet haben, die Struktur der Geschichte völlig in den Ablauf zu integrieren, müssen Sie auch hart arbeiten, damit die anderen Elemente der Produktion nicht zu sehen sind. Das bedeutet, dass sämtliche Ablenkungen aus der Umgebung der Livepräsentation entfernt sein müssen, und zwar von dem Moment an, in dem das Publikum den Raum betritt, bis zu dem Moment, wo es ihn wieder verlässt.

2. Regel: Stellen Sie einen Dialog mit dem Publikum her

Eine Präsentation kann als ein Dialog mit dem Publikum betrachtet werden, in dem Sie das erste Rederecht haben. Während Sie die Präsentation halten, sind Sie die einzige Person, die spricht, d.h., Sie beginnen den Dialog auf einer intellektuellen Ebene. Sie beenden die Präsentation auf einer interpersonellen Ebene, wenn das Publikum dann auch zu Wort kommt.

Das Thema für den Dialog legen Sie fest, wenn Sie die Geschichte in Akt I der Drehbuchvorlage aufbauen. Sie stellen Ihre intellektuellen Argumente vor, indem Sie das Publikum zum Protagonisten der Geschichte machen, indem Sie auf Fragen eingehen, die jedes Publikum sich stellen wird, und indem Sie das Problem definieren, das das Publikum lösen will. In Akt II präsentieren Sie die Argumente, die für Ihren Lösungsvorschlag sprechen, und antizipieren die Fragen des Publikums, indem Sie die Stichhaltigkeit Ihrer Argumente beweisen.

In Akt III kann dann das Publikum auf interpersoneller Ebene antworten, indem es Ihnen Fragen stellt und eventuell entscheidet, ob es Ihre Empfehlung, etwas Bestimmtes zu tun oder zu denken, folgt.

Überlegen Sie sich mit diesem Dialogmodell im Hinterkopf Möglichkeiten, das Präsentationsereignis fesselnder und interaktiver zu machen – sowohl auf der intellektuellen Ebene Ihrer Geschichte als auch auf der interpersonellen Ebene, auf der Sie das Publikum zur Teilnahme am Dialog auffordern. Um beispielsweise die Einbindung des Publikums auf der intellektuellen Ebene zu verstärken, konzentrieren Sie sich auf die Verfeinerung der Drehbuchvorlage, damit sie die Belange des Publikums direkt anspricht und alle Fragen vorwegnimmt, die es hinsichtlich der Argumentation haben könnte. Und wenn Sie die Geschichte in PowerPoint übertragen, wählen Sie ein einfaches Design für die Folien, damit das Publikum sich ganz auf Sie verlässt, um die Folien im Zusammenhang der Geschichte zu erklären.

Um die Einbindung auf interpersoneller Ebene zu verstärken, können Sie einige der weiter hinten in diesem Kapitel beschriebenen Techniken ausprobieren, z.B. indem Sie dem Publikum Fragen stellen oder die anschließende Diskussionsrunde eröffnen (siehe den Abschnitt »Einen Dialog entwickeln« weiter hinten in diesem Kapitel).

3. Regel: Improvisieren Sie innerhalb der festgelegten Grenzen

Es ist wichtig, Ihre PowerPoint-Präsentation auf Ihre eigene Persönlichkeit abzustimmen, damit Sie für das Publikum authentisch wirken. Wenn Sie beispielsweise für die Präsentation ein Motiv wählen, das Bezug zu Ihren persönlichen Interessen hat, werden Sie sich bei Ihrem Vortrag mehr begeistern. Und wenn Sie sich die Zeit nehmen, die Präsentation sorgfältig zu planen, werden Sie mit Ihrer Geschichte so vertraut, dass Sie keine Aufzählungspunkte mehr ablesen müssen, sondern sich von den Folien lösen und improvisieren können. Das alles trägt zu einer entspannten Haltung beim Vortrag bei, die sich dann auch auf die Stimmung des Publikums überträgt.

Dennoch gelten für Präsentationen gewisse »Spielregeln« – es ist also wichtig, innerhalb der Grenzen einer festgelegten Form zu improvisieren. Dieses Grundprinzip gilt für viele Kunstformen, u.a. auch im Jazz, wo die Musiker/Musikerinnen erst dann improvisieren können, wenn sie die grundlegenden Techniken dieser musikalischen Gattung beherrschen. Wenn Sie die grundlegenden Techniken der Präsentation beherrschen, können Sie innerhalb der Grenzen improvisieren, die in diesem Buch gesteckt wurden.

Störfaktoren beseitigen

Bislang ging es im vorliegenden Buch primär darum, eine PowerPoint-Präsentation mit möglichst wenig Ablenkungen vorzubereiten. Sie entfernen unnötige Informationen aus der Präsentation, indem Sie den Fokus der Drehbuchvorlage enger fassen. Sie halten überflüssige Informationen vom Folienbereich fern, indem Sie die Grundregeln für Storyboard und Gestaltung beachten. Und Sie achten darauf, dass die Überschriften der Ausgangspunkt für Wort und Bild bleiben. Nachdem die PowerPoint-Datei selbst frei ist von unnötigen Ablenkungen, wird es Zeit, eventuelle Ablenkungen aus der Umgebung zu entfernen, in der Sie die Präsentation halten werden.

Das Präsentationsumfeld vorbereiten

Die räumliche Umgebung, in der die Präsentation abgehalten wird, ist ebenso wichtig wie die vorgetragene Geschichte. Die Qualität des Ergebnisses wird gemindert, wenn der Raum unbequem oder unangenehm ist, wenn es störende Geräusche gibt, wenn in Reichweite des Projektors keine Steckdose ist oder wenn der Raum einfach heruntergekommen wirkt. So wie Sie die persönliche Verantwortung für die Drehbuchvorlage tragen, sind Sie auch persönlich für die räumliche Umgebung der Präsentation verantwortlich. Sie werden Ihr diplomatisches

Geschick und Ihre Führungsqualitäten unter Beweis stellen müssen, um durch Verhandeln mit Hausmeistern und anderen für die Organisation Zuständigen für einen reibungslosen Ablauf zu sorgen.

Wenn Sie Zugang zu dem Raum haben, in dem Sie die Präsentation halten werden, sehen Sie ihn sich vorher an, damit Sie alles Nötige einplanen können. In unserem Contoso-Beispiel sollten Sie einige Tage vor der Präsentation das Konferenzzimmer für mindestens eine Stunde reservieren. Wenn Sie den Raum ansehen, können Sie sich die Optionen für die Raumaufteilung überlegen oder auch die Präsentation in der tatsächlichen Umgebung proben. Wenn Sie keinen Zugang zu den Örtlichkeiten haben, wenden Sie sich an jemanden, der den Raum kennt, um sich über die Einzelheiten zu informieren.

> **Tipp:** Die richtige Ausleuchtung des Raumes für eine PowerPoint-Präsentation kann ein Problem sein. Einerseits soll das Publikum die Projektionswand gut erkennen können, andererseits soll der Raum nicht so dunkel sein, dass die Leute eindösen. Einige der neueren Projektormodelle haben eine hellere Anzeige, so dass die Bilder auf der Wand deutlich zu erkennen sind, ohne dass der Raum abgedunkelt wird. Wenn Sie sich den Raum ansehen, probieren Sie den Projektor aus und stellen Sie sich ganz hinten in den Raum, um die Dinge aus der Sicht einer Person zu betrachten, die bei der Präsentation in der hintersten Reihe sitzt. Passen Sie die Beleuchtung so an, dass jeder im Raum die Folien und auch Sie deutlich sehen kann. Eventuell müssen Sie sich an den Hausmeister wenden, wenn die Lichtschalter nicht zugänglich sind oder wenn Sie zusätzliche Lichtquellen benötigen.

Sie und Ihr Publikum sollten sich in der Umgebung körperlich wohl fühlen. Sie sollten einen »Stützpunkt« beim Vortragen haben, z.B. ein Podest, und die physikalische Freiheit haben, sich beim Sprechen bequem im Raum zu bewegen.

Wenn Sie sich im Raum wohl fühlen, können Sie sich der technischen Ausrüstung zuwenden, die Sie zur Projektion der PowerPoint-Präsentation verwenden werden.

Die Technologie überprüfen

Eine Geschichte hängt von einem starken Anfang ab, der den Ton und die Richtung für die folgende Erzählung festlegt. Sie haben zwar mit Akt I der Drehbuchvorlage für einen starken Anfang gesorgt, aber die eigentliche Präsentation beginnt damit, dass die Augen der Zuhörer sich auf Sie richten und Sie als die vortragende Person erkennen. Wenn sie als Erstes sehen, wie Sie das Projektorkabel mit Ihrem Computer verbinden, das Bild auf der Projektionswand scharf stellen und im Durcheinander Ihres Computer-Desktops nach der PowerPoint-Datei suchen, dann haben Sie sicher keinen guten Start. Das Publikum ist bei diesen Dingen zwar oft nachsichtig, aber darauf sollten Sie sich nicht verlassen. Sie sollten die technischen Dinge deshalb gut vorbereiten.

Wenn Sie sich den Raum ansehen, in dem Sie die Präsentation halten werden, nehmen Sie sich die Zeit, alle erforderlichen Schritte durchzugehen, um die Technologie für die Präsentation einzurichten. Schließen Sie den Projektor an den Computer an, schalten Sie die Geräte ein und öffnen Sie die PowerPoint-Datei. Nehmen Sie alle erforderlichen technischen Einstellungen vor, passen Sie die Bildgröße an die Projektionswand an und stellen Sie das Bild scharf. Wenn Sie die Folien mit einer Fernbedienung steuern, probieren Sie aus, ob sie einwandfrei funktioniert. Testen Sie gegebenenfalls die Internetverbindung und überprüfen Sie das Onlinematerial, das Sie während der Präsentation herzeigen werden. Wenn Sie vorhaben, Webseiten anzuzeigen, machen Sie davon eine Sicherungskopie auf Ihrem lokalen Computer für den Fall, dass es Probleme mit der Internetverbindung gibt.

Wenn Sie nicht die Möglichkeit haben, die technische Ausrüstung und den Raum vorher zu testen, sollten Sie zumindest die technische Ausrüstung vor Beginn der Präsentation einrichten und ausreichend Zeit für die Lösung eventueller Probleme einplanen. Vielleicht können Sie auch eine Probe in einem ähnlichen Raum abhalten.

Probleme einplanen

Selbst wenn etwas schief geht, können Sie immer noch eine gute Präsentation halten. Wenn Ihre Redezeit beispielsweise überraschend von 45 auf 15 oder gar 5 Minuten gekürzt wird, können Sie die Präsentation rasch für die kürzere Dauer anpassen (siehe die Anweisungen in Kapitel 4 im Abschnitt »Tipp 2: In der Zeit variieren«). Wenn Ihr Computer abstürzt und Sie ihn nicht wieder zum Laufen bringen, können Sie immer noch alle Präsentationspunkte abdecken, indem Sie mit einem Ausdruck von Drehbuchvorlage, Storyboard, Gliederung, Notizenseiten oder Folien arbeiten. Wenn die Projektorbirne durchbrennt und Sie keinen Ersatz bei sich haben, sind Ihre einfachen Folien vielleicht so klar, dass ein kleines Publikum sie an einem Tisch auf dem Computerbildschirm ansehen kann. Dank Ihrer sorgfältigen Vorbereitung werden Sie in der Lage sein, die Präsentation allen Widrigkeiten zum Trotz kompetent und selbstbewusst zu halten.

Störfaktoren wegüben

Bisher haben Sie wahrscheinlich mit dem Proben einer Präsentation erst angefangen, wenn Sie alle Folien fertig gestellt hatten. Doch mit dem Ansatz »Erzählen statt aufzählen« haben Sie mindestens fünf Proben hinter sich. Sie lernen die Geschichte gut kennen, wenn Sie sie dreimal laut in der Drehbuchvorlage lesen, wie Sie es in Kapitel 3 getan haben. Sie lernen den Ablauf der Geschichte besser kennen, wenn Sie mit den Storyboard-Überschriften proben, wie Sie es in Kapitel 4 getan haben. Und Sie sind mit den visuellen Elementen auf der Projektionswand gut vertraut, wenn Sie mit den fertig gestellten Folien proben, wie Sie es in Kapitel 6 getan haben. In jeder einzelnen dieser Proben beseitigen Sie mehrere mögliche Störfaktoren, z.B. übermäßige Handbewegungen oder übermäßige Abhängigkeit von Notizen oder Folien. Alle störenden Faktoren, die aus einer schlechten Vorbereitung resultieren, können Sie durch das Proben aus der Präsentation beseitigen.

Tipp: Eine wirkungsvolle Technik, um die eigene Konzentration während des Probens zu steigern, besteht darin, beim Sprechen immer an das Bild der Schlussfolgerung zu denken. Sehen Sie sich die Folie, die während Ihrer abschließenden Worte auf die Wand projiziert wird (Akt III, Szene 3), noch einmal genau an. Denken Sie beim Sprechen an dieses Bild. Versuchen Sie, die Probe mit der abschließenden Folie zu beginnen, und gehen Sie dann die restlichen Folien nacheinander durch. Wenn Sie das Zielbild vor Ihrem inneren Auge haben, wird Ihr Vortrag auch immer zielorientiert sein.

Wenn Sie Raum und technisches Material überprüfen, stellen Sie sich an den Ort, von dem aus Sie die Präsentation halten werden, und machen Sie eine Generalprobe. Bitten Sie jemanden aus Ihrem Team, sich die Präsentation anzuhören und Ihnen seine Meinung dazu offen zu sagen; denn wenn Ihnen nie jemand sagt, was Sie besser machen können, werden Sie sich nie verbessern. Im Contoso-Beispiel könnten Sie den Vorstandsvorsitzenden oder andere Führungskräfte bitten zuzuhören und Ihnen Feedback zu geben. Bringen Sie den Anwesenden Ausdrucke der Notizenseiten mit, so dass sie ihre Verbesserungsvorschläge auf Papier notieren können. Sie können die Änderungen dann einarbeiten, wenn Sie wieder in Ihrem Büro sind.

Die Menschen neigen dazu, nur Positives zu sagen; bitten Sie daher Ihr Probenpublikum, Ihnen nicht nur die Dinge zu sagen, die ihnen gefallen haben, sondern gezielt Möglichkeiten zur Verbesserung vorzuschlagen. Auch ist es sinnvoll, mehrere Meinungen einzuholen, denn jede(r) Zuhörer(in) hat eine eigene Sichtweise. Berücksichtigen Sie jede Art von Feedback und passen Sie Ihre Präsentation entsprechend an.

Mit Notizen arbeiten

Auch wenn Sie zum jetzigen Zeitpunkt genauestens mit der Präsentation vertraut sein dürften, kann es eine gute Idee sein, Notizen für den Vortrag auf dem Podium zur Hand zu haben, z.B. in Form einer ausgedruckten Drehbuchvorlage oder Storyboard-Gliederung. Verwenden Sie nicht die kompletten Notizenseiten als Vortragsnotizen, sonst lassen Sie sich vielleicht dazu verleiten, den geschriebenen Text einfach abzulesen – dann müssten Sie von einer Seite zur nächsten blättern, was störend wäre. Überlegen Sie sich beim Drucken der wichtigsten PowerPoint-Dokumente, ob sich die Drehbuchvorlage, eine Textgliederung des Storyboards oder Miniaturansichten des Storyboards als Vortragsskizzen eignen könnten. Um diese Schlüsseldokumente auszudrucken, gehen Sie wie im Folgenden beschrieben vor.

Tipp: Zu den häufigsten verbalen Störfaktoren gehören Füllwörter wie *ähm, also, ich meine* usw. Die meisten Menschen sind sich nicht einmal bewusst, dass sie diese Füllsel verwenden – das gilt auch für einige sehr routinierte Redner und Rednerinnen. Um die unschönen Füllsel zu eliminieren, können Sie sich entweder selbst während des Vortrags aufnehmen und anschließend die *Ähms* zählen oder jemanden bitten, die Füllsel während Ihres Vortrags mitzuzählen. Der sicherste Weg, diese störende Angewohnheit loszuwerden, besteht darin, sich ihrer zunächst einmal bewusst zu werden.

So drucken Sie die wichtigsten Unterlagen aus:

1. Öffnen Sie das Microsoft Word-Dokument, das das Drehbuch enthält. Falls Sie die Überschriften im Storyboard geändert haben, aktualisieren Sie zunächst das Word-Dokument und drucken es dann aus.

2. Um eine Textgliederung des Storyboards zu drucken, öffnen Sie zunächst die PowerPoint-Datei und klicken in der Standardsymbolleiste auf die Schaltfläche *Seitenansicht*. Klicken Sie in der Seitenansichtsymbolleiste auf den Dropdownpfeil rechts neben dem Feld *Druckbereich* und wählen Sie dann die Option *Gliederungsansicht*. Klicken Sie anschließend in der Symbolleiste auf die Schaltfläche *Drucken* und im daraufhin geöffneten Dialogfeld *Drucken* auf die Schaltfläche *OK*.

3. Um Miniaturansichten des Storyboards zu drucken, klicken Sie in der Seitenansichtsymbolleiste auf den Dropdownpfeil rechts neben dem Feld *Druckbereich* und wählen dann eine der Optionen *Handzettel*. Sie können bis zu neun Folien pro Handzettelseite ausdrucken lassen. Klicken Sie dann in der Seitenansichtsymbolleiste auf die Schaltfläche *Drucken*. Lassen Sie im daraufhin geöffneten Dialogfeld *Drucken* das Kontrollkästchen *Ausgeblendete Folien drucken* aktiviert und klicken Sie abschließend auf die Schaltfläche *OK*.

4. Um Handzettel von Notizenseiten zu drucken, klicken Sie in der Seitenansichtsymbolleiste auf den Dropdownpfeil rechts neben dem Feld *Druckbereich* und wählen dann die Option *Notizenseiten*. Wenn Sie mit ausgeblendeten Storyboard-Navigationshilfen gearbeitet haben, deaktivieren Sie im Dialogfeld *Drucken* das Kontrollkästchen *Ausgeblendete Folien drucken* und klicken abschließend auf die Schaltfläche *OK*. Sie können die einzelnen Folien auch seitenweise ausdrucken, aber eigentlich sollten Sie mit den Miniaturansichten des Storyboards und den Ausdrucken der Notizenseiten über ausreichend Material verfügen.

5. Wenn Sie schon dabei sind, können Sie gleich alle zusätzlichen Handzettel drucken, auf die Sie während der Präsentation verweisen wollen, z.B. Microsoft Office Visio-Grafiken oder -Flussdiagramme, Microsoft Excel-Arbeitsblätter usw.

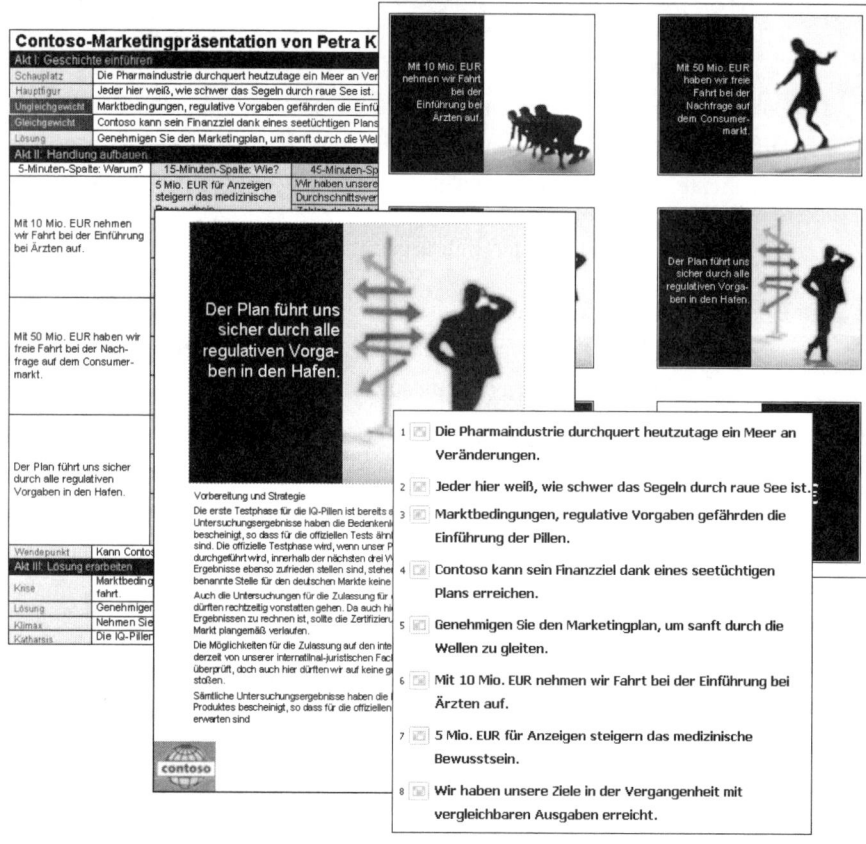

Abbildung 7.2: Die verschiedenen Ausdruckformen des Präsentationsansatzes »Erzählen statt aufzählen«

Wenn Sie alle Dokumente ausgedruckt haben (siehe auch Abbildung 7.2), legen Sie die Ausdrucke in einem Ordner ab, damit Sie nur an einem einzigen Ort nachschlagen müssen, wenn Sie einmal etwas nachlesen wollen.

> **Tipp:** Um Handzettel mit Miniaturansichten des Storyboards individuell zu gestalten, können Sie ein Logo zum Handzettelmaster hinzufügen, indem Sie *Ansicht/Master/Handzettelmaster* wählen und das Logo in die dort verfügbaren Handzettelkonfigurationen einfügen. Wenn Sie mehr als die im Dialogfeld *Drucken* verfügbaren Layoutoptionen benötigen, können Sie die Handzettel auch in Microsoft Word ausdrucken. Wählen Sie dazu in PowerPoint den Befehl *Datei/Senden an/Microsoft Office Word* und dann im Dialogfeld *An Microsoft Office Word senden* eine der Layoutoptionen; klicken Sie abschließend auf *OK*.

Einen Dialog entwickeln

Als Sie in Akt I der Drehbuchvorlage das Publikum zur Hauptfigur der Geschichte gemacht haben, wurde aus einer Geschichte *über Sie* eine Geschichte *über das Publikum*. Die Präsentation ist damit keine Vorführung mehr, in der Sie als Star eine bewundernde Menge unterhalten, sondern Sie sind ein Teil des Ensembles im Dienste des Publikums geworden. PowerPoint ist folglich weniger als Hilfsmittel der vortragenden Person zu sehen als vielmehr als Werkzeug zur Unterstützung des Publikums.

Eine Präsentation ist keine Einbahnstraße: Die Interaktion von Vortragenden und Zuhörenden ist erforderlich, um einen Dialog herzustellen. Sie sind nur zufällig die erste Person, die das Wort ergreift. Und weil Sie die vortragende Person sind, sind Sie auch dafür zuständig, die Interaktion in Gang zu setzen.

Authentizität

Der Dialog, den Sie mit dem Publikum herstellen, beginnt bei Ihnen, denn schließlich schenkt das Publikum Ihnen seine Zeit und hört sich an, was Sie zu sagen haben. Das Publikum wird Ihrer Präsentation eher Gehör schenken, wenn es sieht, dass Sie authentisch sind. Authentizität kann auf verschiedene Weise erzeugt werden.

Indem Sie beim Verfassen des Drehbuchs sich selbst als Autor/Autorin des Drehbuchs angeben, übernehmen Sie die persönliche Verantwortung für den gesamten Präsentationsprozess, von Anfang bis Ende. Der Hauptvorteil dieser engen Einbindung ist, dass Sie der Präsentation etwas von sich selbst mitgeben können.

Wenn Sie die Geschichte in Akt I herausarbeiten und Ihre Ideen in Akt II auf drei Hauptpunkte verdichten, werden Sie immer mehr Vertrauen in Ihre Botschaft gewinnen. Indem Sie ein Motiv wählen, zu dem Sie einen persönlichen Bezug haben, können Sie Ihre Persönlichkeit besser zum Ausdruck bringen und Begeisterung und Enthusiasmus natürlich vermitteln. Und wenn Sie das Design des Storyboards kreativ gestalten, wird der Anfang Ihrer PowerPoint-Präsentation eher wie ein Teil Ihrer Persönlichkeit wirken als wie eine Abfolge neutraler Folien, die jeder x-beliebige Redner auch verwenden könnte.

Das wohl größte Handicap, das Sie sich selbst bei einem Vortrag in der Öffentlichkeit auferlegen können, besteht darin, sich als jemand auszugeben, der Sie nicht sind. Dieses Problem verschärft sich, wenn man Ihnen eine allgemeine PowerPoint-Datei eines Unternehmens übergibt, in der der gleiche überladene und langweilige Stil vorherrscht wie in den meisten anderen Dateien dieser Art. Diese Präsentationen haben vielleicht eine glatte, elegante Oberfläche, aber oft fehlt ihnen der Tiefgang und die emotionale Komponente, die nur die Persönlichkeit eines menschlichen Wesens einbringen kann.

Aus dieser Falle können Sie nun ausbrechen, wenn Sie die von Ihnen erstellte neue PowerPoint-Datei verwenden, die durch die Auswahl der Geschichte und der visuellen Elemente einiges von Ihrem Charakter und Ihrer Persönlichkeit widerspiegeln dürfte. Diese persönliche Note verstärken Sie, indem Sie eine Präsentation mit Ihrer eigenen Stimme halten. Das Publikum wird eine etwas kantige, dafür aber authentische Präsentation immer einer zwar perfekten und makellosen, dafür aber seelenlosen Präsentation vorziehen.

Haben Sie keine Angst davor, Sie selbst zu sein, denn genau das ist es, was die Menschen wirklich sehen wollen.

Vertrauen Sie auf Ihre Folien

Viele Menschen empfinden Unbehagen oder gar Angst bei dem Gedanken, vor einem Publikum sprechen zu müssen. Die Angst rührt oft daher, dass Redner/Rednerinnen sich in ihrer Geschichte, mit sich selbst oder mit ihrem Grad an Vorbereitung nicht wohl fühlen. Die furchteinflößenden Elemente können Sie ausschalten, indem Sie für eine solide Geschichte sorgen, indem Sie über die Geschichte Ihre Persönlichkeit ins Spiel bringen und indem Sie sorgfältig proben. Ihr Selbstvertrauen zeigt sich am deutlichsten in der souveränen Art, mit der Sie die in den Kapiteln 5 und 6 gestalteten Folien präsentieren.

Nachdem Sie die PowerPoint-Datei in den Ansichten *Notizenseite*, *Normal* und *Foliensortierung* verwendet haben, sollten Sie Ihr Folienmaterial wirklich gut kennen. Wenn Sie zu einer neuen Folie in der Präsentation wechseln, erinnert die Folienüberschrift Sie daran, was Sie als

Nächstes sagen wollen. Die Überschrift spricht außerdem die Zuhörer im Konversationsstil an, bringt sie dazu, sich zu entspannen und fördert ihr Verständnis der jeweiligen Aussage.

Das Nächste auf der Folie ist das grafische Element. Einer der Vorteile des vereinfachten Designs, wie es in den Kapiteln 5 und 6 beschrieben wurde, ist darin zu sehen, dass die Folien ohne Aufzählungen und Textanhäufungen auskommen. Stattdessen zeigen sie eine aussagekräftige Überschrift, die durch eine einfache Grafik untermalt wird. Zielsetzung solch einfacher Folien ist es, die gegenseitige Abhängigkeit zwischen Ihnen und den Zuhörern zu verstärken. Wenn Sie weniger auf der Projektionswand zeigen, packen Sie die Zuhörer bei der Neugier.

Als Nächstes beantworten Sie mit Ihren mündlichen Ausführungen die Fragen des Publikums zur Folie. Die Erläuterungen zu jeder Folie haben Sie im Notizenbereich aufgeschrieben. Sie erklären dem Publikum die Bedeutung von Überschrift und Grafik mit Ihrer eigenen, natürlichen Stimme.

Diese drei Grundelemente – Überschrift, Grafik und Ihre Stimme – erzeugen zusammen einen impliziten Dialog, der das Publikum einbezieht und fesselt. Wenn Sie einen Gedanken zu Ende geführt haben, gehen Sie zur nächsten Folie über und wiederholen den Prozess in einem gleichmäßigen Rhythmus, der den Dialog ganz natürlich fortsetzt.

Mit der neuen PowerPoint-Präsentation ist Ihnen dank des entspannten Ansatzes, der interessanten Geschichte und der ansprechenden visuellen Elemente die konzentrierte Aufmerksamkeit der Zuhörer gewiss. Schauen Sie ins Publikum während Sie sprechen, stellen Sie direkten Blickkontakt mit Zuhörern in verschiedenen Teilen des Raumes her. Beobachten Sie ihre Gesichter, um sich zu vergewissern, dass sie auf die Präsentation reagieren. Wenn das Publikum unruhig oder unaufmerksam scheint, müssen Sie eventuell mehr Begeisterung und Ausdruck in Ihren Vortrag legen.

Ein lebendiger Dialog

Eine Präsentation ist an sich schon etwas Lebendiges. Mit einigen alten und neuen Techniken können Sie das Publikum in den Dialog einbinden und so noch mehr Leben in den Raum bringen. Eine der ältesten und einfachsten Techniken besteht darin, eine Frage zu stellen. Dies ist besonders nützlich in den Anfangsszenen von Akt 1, wenn Sie einen ersten Kontakt mit dem Publikum herstellen.

In der Contoso-Präsentation lautet beispielsweise die erste Überschrift *Die Pharmaindustrie durchquert heutzutage ein Meer an Veränderungen*. Während Sie diese Folie projizieren, könnten Sie beispielsweise fragen: »Wer von Ihnen meint, dass sich die Industrie im Wandel befindet?« Wenn Sie eine Frage stellen, die eine Abstimmung des Publikums verlangt, heben Sie selbst die Hand, um das Publikum aufzufordern, es Ihnen nachzutun. Zählen Sie dann schnell die Stimmen und teilen Sie dem Publikum das Ergebnis der Abstimmung mit, während Sie zum nächsten Punkt übergehen. »Etwa zwei Drittel von Ihnen scheinen dem zuzustimmen. Wir werden heute also über .... sprechen.« Durch eine solche Schnellabstimmung geben Sie dem Publikum das Gefühl, aktiv an der Sache teilzunehmen. Außerdem können Sie so die Einstellung des Publikums zu dem Thema besser einschätzen.

Diese Technik können Sie abwandeln, indem Sie interaktive Abstimmungsinstrumente verwenden, wie sie manche Unternehmen speziell für PowerPoint einrichten. Sie können auch versuchen, die Überschriften zu verbergen, wie in Kapitel 5 im Abschnitt »Die Überschriften verbergen« beschrieben wurde, und eine Frage stellen, wenn auf der Projektionswand nur eine Grafik zu sehen ist. Letzteres funktioniert häufig gut, weil das Publikum eigene Assoziationen zu dem Bild ins Spiel bringt. Auch dadurch erhält das Publikum die Möglichkeit, aktiv am Dialog teilzunehmen und die eigene Kreativität einzubringen.

Die anschließende Diskussion

Wenn Sie in der Drehbuchvorlage gute Arbeit geleistet und den Vortrag für Ihr Publikum maßgeschneidert haben, werden Sie schon während der Präsentation der einzelnen Szenen und Akte auf die Punkte eingehen, die Anlass zu Fragen geben könnten. Wenn Sie Ihren vorbereiteten Vortrag abgeschlossen haben und das Publikum zur Diskussion einladen, haben Sie die Gelegenheit, alle Punkte zu klären, die Sie eventuell ausgelassen haben. Die Diskussionsrunde einzuleiten ist wichtig – selbst wenn Sie alles abgedeckt haben, werden Entscheidungsträger immer noch Fragen stellen, um das Gefühl zu haben, aktiv am Geschehen teilgenommen zu haben. Manchmal kann es sogar wünschenswert sein, ein paar Fragen unbeantwortet zu lassen, damit das Publikum sie auch sicher stellt und so in die Diskussion einsteigt.

Wenn Sie zur Auflösung der Präsentation in Akt III, Szene 4 des Storyboards kommen, lassen Sie diese Folie an der Projektionswand, während Sie die Diskussion eröffnen. Wenn Sie zu einem großen Publikum sprechen, sollten Sie jede gestellte Frage wiederholen, bevor Sie sie beantworten, damit alle im Raum Anwesenden sie gehört haben.

Wenn jemand eine Frage zu einer bestimmten Folie stellen möchte, können Sie im Ausdruck des Storyboards die entsprechende Foliennummer nachsehen. Geben Sie dann die Foliennummer ein und drücken Sie die ⏎-Taste, um direkt zu der Folie zu wechseln. Wenn Sie eine Folie zeigen wollen, die sich auf eine allgemeine Frage aus einer der Szenen in Akt II bezieht, geben Sie die Nummer einer Folie aus Akt II ein, die zu der Frage passt, und drücken dann die ⏎-Taste. Wenn Sie mit zusätzlichem Material arbeiten, das nicht in die Folien zu Akt II gepasst hat, zu dem man Ihnen aber eventuell Fragen stellen könnte, sollten Sie die zusätzlichen Folien am Ende der Präsentation hinzufügen und sie dann bei eventuellen diesbezüglichen Fragen anzeigen.

Tipp: Mit einer fortgeschrittenen Technik können Sie versuchen, das PowerPoint-Storyboard auf der Projektionswand als Navigationshilfe zu nutzen. Vor Beginn der Präsentation gehen Sie zur Ansicht *Foliensortierung* und zeigen das Storyboard in einer Größe an, mit der alle Folien gleichzeitig zu sehen sind, z.B. mit der Zoomeinstellung *33 %*. Lassen Sie die Präsentation in dieser Ansicht stehen. Wenn Sie dann bereit für den Vortrag sind, klicken Sie auf *Ansicht/Bildschirmpräsentation* (oder drücken Sie F5), um zu beginnen. Am Ende der Präsentation drücken Sie die Taste Esc, um wieder zur Ansicht *Foliensortierung* zu gelangen. Das erzeugt einen interessanten visuellen Effekt. Und dank Ihrer genauen Kenntnis des Storyboards können Sie, wenn jemand eine Frage zu einer Folie stellt, schnell zur entsprechenden Folie wechseln, indem Sie darauf doppelklicken.

Im Rahmen der Grenzen improvisieren

Ihre neue PowerPoint-Datei ist eine so flexible Plattform, dass Sie unendlich viele Improvisationen ausprobieren können, solange Sie sich an den Ansatz »Erzählen statt aufzählen« halten und die Grundregeln beachten. Wenn Sie die folgenden Regeln einhalten, steht Ihre Präsentation immer auf festen Füßen und lässt Ihnen Spielraum für neue kreative Variationen.

Die Geschichte im Griff behalten

Ihr entspannter Vortragsstil kann eventuell dazu führen, dass Zuhörer während der Präsentation Fragen stellen oder über eigene Erfahrungen berichten. Das ist an sich ein gutes Zeichen, denn es zeigt, dass Ihr Vortragsstil dem Publikum zusagt. Leider können diese Nachfragen dazu führen, dass Sie vom Thema abschweifen, wodurch Timing und Struktur Ihrer Geschichte über den Haufen geworfen werden. Gehen Sie elegant mit solchen Einschüben um, indem Sie kurz darauf antworten, wenn Sie können, oder indem Sie sie zur Kenntnis nehmen und auf die Diskussion im Anschluss an die Präsentation verweisen. Wenn Sie die Antwort auf eine Frage nicht wissen, sagen Sie das offen und bieten Sie an, der Sache später nachzugehen.

Es ist sehr wichtig, dass Sie sich nicht von Ihrer Geschichte abbringen lassen; anderenfalls könnten Sie leicht die Kontrolle über die Situation verlieren. Das Ziel der Methode »Erzählen statt aufzählen« ist eine spannende Geschichte, die genau auf das Publikum zugeschnitten ist und dessen Fragen vorwegnimmt, damit es ganz bis zum Ende bei der Stange bleibt. Wenn Sie dem nicht gerecht werden und Ihre Geschichte nicht so ganz für das Publikum gepasst hat, sollten Sie sich nach der Präsentation die Drehbuchvorlage noch einmal vornehmen, damit Ihre nächste Geschichte besser wird. Achten Sie insbesondere auf die Szenen in Akt I, damit die Geschichte auch wirklich das Interesse des Publikums weckt.

Wenn Sie flexibel sein müssen, können Sie immer zu einem beliebigen Punkt in der Präsentation vorwärts springen, indem Sie eine Foliennummer eingeben und die ⏎-Taste drücken. Sie sollten mindestens alle Folien von Akt I, die erste Folie jeder Szene in Akt II und alle Folien in Akt III zeigen, um so die Quintessenz Ihrer Geschichte abzudecken.

Auf verschiedene Umstände vorbereitet sein

»Erzählen statt aufzählen« basiert auf einer altbewährten klassischen Erzählstruktur, die jede(n) ansprechen sollte, d.h., der gleiche Ansatz sollte eigentlich für verschiedene Arten von Publikum anwendbar sein.

In den meisten Fällen reicht eine große Wand leicht für die Projektion einer Präsentation; bei einem großen Publikum muss die Projektionswand so groß sein, dass die Folien für Personen in der hintersten Reihe klar zu erkennen sind. Bei einem großen Publikum erhalten Sie während des Vortrags normalerweise kein Feedback, was aber nicht heißt, dass die Gesamtpräsentation nicht auch dann ein impliziter Dialog ist, wie weiter vorn beschrieben wurde.

Wenn Ihr Publikum aus nur einer oder zwei Personen besteht, können Sie die Präsentation auf einem Laptop mit einem großen Bildschirm, mit Ausdrucken der Folien oder sogar mit einem Handheld-Computer durchführen. Sie müssen in diesen Fällen zwar auf die Wirkung des großen Projektionsbildes verzichten, aber dafür wird Ihr Vortrag zwangloser und unkomplizierter, und Sie können mit wenig oder gar keinen technischen Vorbereitungen gleich loslegen.

Die Folien abschalten

Eine besonders effiziente und beeindruckende Improvisationstechnik besteht darin, die Projektionswand während der Präsentation schwarz zu schalten. Auf eine Wand projizierte Bilder üben eine große Faszination aus, aber wenn Sie diesen Bann brechen, indem Sie die Projektionswand schwarz schalten, wird das Publikum seine ungeteilte Aufmerksamkeit

Ihnen zuwenden und den Ideen, die Sie gerade vorstellen. Das erzeugt einen plötzlichen Sprung in der Präsentation, den Sie als dramatisches Mittel einsetzen können, um einen wichtigen Punkt hervorzuheben.

Um mit dieser Technik die Idee einer wichtigen Folie in der Präsentation zu unterstreichen, suchen Sie zunächst die Folie in der Ansicht *Foliensortierung*. Klicken Sie dann mit der rechten Maustaste auf die Folie und wählen Sie im Kontextmenü den Befehl *Hintergrund*. Klicken Sie im Dialogfeld *Hintergrund* auf den Dropdownpfeil und wählen Sie als Hintergrundfarbe Schwarz (wenn nicht bereits Schwarz ausgewählt ist). Entfernen Sie alle anderen Elemente aus der Folie. (Wenn Sie diese Technik während der Gestaltungsphase der Präsentation einsetzen, brauchen Sie dann für die entsprechende Folie auch kein grafisches Element zu suchen.)

Wenn Sie wieder zur Ansicht *Foliensortierung* wechseln, sehen Sie die Position der schwarzen Folie zwischen den beiden angrenzenden Folien, so dass Sie einplanen können, was Sie während der Folienabfolge sagen wollen. Während der Präsentation schalten Sie die Folien ganz normal weiter, aber wenn die schwarze Folie erscheint, halten Sie kurz inne. Wenn sich dann die Aufmerksamkeit des Publikums ganz auf Sie richtet, erklären Sie Ihren Gedanken. Gehen Sie dann zur nächsten Folie und fahren Sie mit den sichtbaren Folien fort.

Eine andere Möglichkeit, eine Folie während einer Präsentation schwarz zu schalten, besteht darin, den Bildschirm durch Drücken der Taste [B] schwarz zu machen (oder weiß mit der Taste [W]). Wenn Sie die gleiche Taste erneut drücken, wird die zuvor angezeigte Folie wieder sichtbar. Der Nachteil dieser Methode ist, dass die schwarze Folie nicht in der Ansicht *Foliensortierung* erscheint und daher auch nicht im Storyboard eingeplant werden kann; außerdem wird durch erneutes Drücken von [B] bzw. [W] nicht die nächste, sondern wieder die gleiche Folie angezeigt.

Handzettel verteilen

Viele Vortragende ziehen es vor, die Handzettel erst nach dem Vortrag zu verteilen, um Ablenkungen während der Präsentation zu vermeiden. Andererseits fragen die Zuhörer oft nach Handzetteln, weil sie während der Präsentation Notizen machen wollen. Probieren Sie aus, welche Methode für Sie und Ihr Publikum am besten funktioniert. Als Kompromiss kann auch eine einseitige Version der Drehbuchvorlage gedruckt und verteilt werden, so dass die Zuhörer den groben Ablauf der Präsentation bereits sehen. Erwähnen Sie dann zu Beginn der Präsentation, dass Sie im Anschluss ausführliche Handzettel verteilen werden.

Präsentieren ohne präsent zu sein

Wenn Sie bei der Präsentation nicht persönlich anwesend sein können, entgeht Ihnen natürlich die Kommunikation, die nur in einer Live-Umgebung stattfinden kann. Das muss Sie aber nicht davon abhalten, eine Präsentation zu halten – Sie müssen nur die PowerPoint-Präsentation anders konfigurieren.

Notizenseiten (nicht Folien) senden

Als in den Kapiteln 5 und 6 grafische Elemente zur Präsentation hinzugefügt wurden, haben Sie gemerkt, dass die mit der Methode »Erzählen statt aufzählen« vorbereiteten Folien erst in der Ansicht *Notizenseite* wirklich Sinn machen. Das Gleiche gilt, wenn Sie die PowerPoint-Präsentation jemandem schicken wollen, der bei der Livepräsentation nicht anwesend sein konnte. Senden Sie daher nie nur die Folien, sondern immer die Notizenseiten.

Handzettel in Form von Notizenseiten sind als gedrucktes Dokument schnell zu lesen. Die Leser und Leserinnen erkennen im Nu die Hauptidee des Dokuments, indem sie die Überschriften und Grafiken der einzelnen Seiten rasch überfliegen, und können sich gegebenenfalls mehr Zeit nehmen, um die narrativen Einzelheiten im Notizenbereich anzusehen.

Eine praktische Methode, Notizenseiten zu versenden, bietet das Adobe Acrobat PDF-Dateiformat. Wenn Sie die Notizenseiten in diesem Format per E-Mail verschicken, haben die Empfänger Zugang zu allen Informationen, die Sie ihnen zeigen wollen, können aber

> **Zur Erinnerung:** Wenn Sie jemandem, der nicht bei der Präsentation anwesend sein konnte, eine PowerPoint-Datei schicken wollen, sollten Sie nicht die Folien, sondern die Notizenseiten senden.

nicht die ursprüngliche PowerPoint-Datei ansehen, in der das grafische Material und bearbeitbarer Text stehen, die Sie eventuell nicht allen zur Verfügung stellen wollen.

Eine Onlinepräsentation vorführen

Wenn Sie nicht persönlich anwesend sein können, können Sie die Präsentation stattdessen in einem Webbrowser zeigen. Die Botschaft der PowerPoint-Präsentation wird im Kontext eines Webbrowsers gut funktionieren, weil die gleiche fesselnde Erzählstruktur vorhanden ist. Die visuellen Effekte, die die Abhängigkeit von Ihren gesprochenen Ausführungen erzeugen, die wohl dosierten Informationen, der gleichmäßige Rhythmus und der gleichmäßige Ablauf sind ebenfalls gleich.

Die einfachste Methode, eine Präsentation online verfügbar zu machen, bietet eine PDF-Datei der Notizenseiten auf einer Website. Sie können die Präsentation in ein Onlineformat bringen, indem Sie ein Konvertierungstool verwenden, mit dem Sie Ihre mündlichen Ausführungen aufzeichnen, während Sie die Folien anzeigen. Es gibt zahlreiche Technologien wie z.B. Microsoft Producer und Microsoft Office Live Meeting, mit denen Sie die Präsentation einfach und schnell in ein Onlineformat bringen können. Bei den meisten dieser Tools werden die Folien in einem Browser angezeigt, und Sie können mit einem Mikrofon den Text aus dem Notizenbereich einsprechen. Wenn das Publikum die Folien ansieht, hört es Ihre Worte über den Computer. In einigen Produkten kann auch der Notizenbereich eingesehen werden, falls die Zuschauer Ihren mündlichen Vortrag lieber überfliegen und schnell vorwärts springen wollen.

Und nun präsentieren ...

Sie sollten nun bereit sein, das Ganze vor dem Vorstand von Contoso – oder vor jedem anderen Publikum – zu präsentieren. Nachdem Sie Ihre Präsentation so sorgfältig nach dem Ansatz »Erzählen statt aufzählen« geplant und vorbereitet haben, wird Ihre klare, präzise und fesselnde Geschichte das Publikum sicher überzeugen.

Wenn Sie diesen Ansatz für andere Präsentationen verwenden, sollten Sie dieses Buch bereithalten. Sie können auch die (englischsprachige) Blog-Website unter *www.beyondbullets.com* besuchen, um dort nach neuen Ideen für Präsentationen zu suchen (siehe Abschnitt »Tipp 10: Dranbleiben« weiter hinten in diesem Kapitel).

Bevor Sie die Präsentation halten, können Sie sich mit den zehn folgenden Tipps neue Anregungen holen und eventuell noch neue Varianten ausprobieren.

Zehn Tipps zum Optimieren der Produktion

Sie haben jetzt ein flexibles und robustes System, um mit PowerPoint Leben in Ihre Ideen zu bringen. Mit den zehn folgenden Tipps können Sie auf dieser Grundlage aufbauen und Ihre Möglichkeiten erweitern.

Tipp 1: Die lebendige Marke

In herkömmlichen Präsentationen mit Aufzählungen wird üblicherweise ein Logo in den Folienmaster aufgenommen, damit die Firma auf jeder Folie optisch präsent ist. Beim Ansatz

»Erzählen statt aufzählen« sorgen ganz andere Techniken dafür, dass die Unternehmensidentität in Präsentationen zum Ausdruck kommt.

Statt ein Logo in den Folienmaster zu setzen, nehmen Sie das Logo in den Notizenmaster auf, und zwar aus mehreren Gründen. Das Logo von der Projektionswand fern zu halten, entspricht dem in Anhang A beschriebenen Kohärenzprinzip. Dieses beruht auf Forschungsergebnissen, denen zufolge ein Übermaß an Information auf einer Projektionswand die Fähigkeit des Publikums mindern kann, die jeweilige Information zu verstehen. Wenn das Logo aus dem Folienmaster entfernt wird, ist auf der Projektionswand mehr Platz für die Präsentation von Informationen und es bleibt genug Spielraum für die zahlreichen kreativen Optionen, für die eine leere Projektionswand erforderlich ist. Außerdem wird so ein Hindernis beseitigt, das das Publikum davon abhält, sich ganz und gar von der Geschichte gefangen nehmen zu lassen. Wenn Sie ins Kino gingen und während des Films in einer Ecke der Leinwand ständig das Logo der Produktionsfirma zu sehen wäre, würde Sie das sicherlich auch ablenken.

Wichtiger noch: In einer Livepräsentation hat das Konzept eines visuellen Stempels auf den Folien einen geringeren Stellenwert. Denn die Augen des Publikums sind auf Sie gerichtet: In Ihnen ist die Marke lebendig. Ihre Ideen, die überzeugende Geschichte, die faszinierenden visuellen Effekte und Ihre persönliche Begeisterung sorgen dafür, dass das Publikum etwas erlebt, was es nicht so schnell vergessen wird – und sollte es das doch tun, sind da ja immer noch die Handzettel mit dem Logo auf den Notizenseiten.

Tipp 2: Toastmasters

Wenn Sie noch nicht Mitglied in einem Rednerclub sind, sollten Sie es werden! Jede(r) kann von der Teilnahme an einem regelmäßigen Redetraining profitieren. Toastmasters International unter *www.toastmasters.org* bzw. *www.toastmasters.de* ist eine gute Wahl, weil es nicht viel kostet und alle Clubs durch die freiwillige Mitarbeit der Mitglieder funktionieren. Als Mitglied können Sie bei den Zusammenkünften regelmäßig Stegreifvorträge und verschiedene vorbereitete Reden vor einem Publikum halten.

Den größten Nutzen ziehen Sie wahrscheinlich aus der regelmäßigen Teilnahme. Wenn Sie häufiger Gelegenheit haben, in einem unterstützenden Umfeld zu reden, werden Sie Nervosität abbauen und mehr Selbstvertrauen gewinnen, und zwar nicht nur für öffentliches Reden, sondern für alle Bereiche von Kommunikation.

In vielen Clubs ist die Verwendung von Präsentationstechniken noch nicht üblich. Wenn Ihr lokaler Club noch nicht mit PowerPoint arbeitet, bringen Sie einen Datenprojektor mit und stellen Sie einige der Ideen aus diesem Buch vor; zeigen Sie, wie projizierte Medien mit fundierten Redefertigkeiten kombiniert werden können.

Tipp 3: Überschreiten Sie die eigenen Grenzen

Bei einer Livepräsentation kommt die ganze Palette Ihrer Kommunikationsfähigkeiten zum Einsatz, doch niemand ist auf allen Gebieten gut. Einige Bereiche des Präsentationsprozesses liegen Ihnen wahrscheinlich mehr als andere; vielleicht ist das Schreiben der Geschichte Ihre Stärke oder das Formulieren der Überschriften oder aber das eigentliche Präsentieren und Vortragen. Wenn Sie Ihre Stärken kennen, nehmen Sie sich einen anderen Bereich vor und verbessern Sie diesen. Wenn Sie beispielsweise gut im Geschichtenschreiben sind, verbessern Sie Ihre grafischen Fähigkeiten. Oder wenn grafische Gestaltung ihre Stärke ist, verbessern Sie Ihre rednerischen Fähigkeiten. Nur wenn Sie immer wieder die eigenen Grenzen überschreiten, können Sie sich wirklich verbessern.

Tipp 4: Darf ich vorstellen?

Was bei Präsentationen am häufigsten übersehen wird, sind die einführenden Sätze, mit denen die vortragende Person vorgestellt wird, bevor sie das Wort ergreift. Eine gute Einführung steigert das Interesse des Publikums an der Präsentation und verleiht Ihnen die Autorität, um als Erste(r) das Wort zu ergreifen. Sichern Sie sich einen gelungenen Start in Ihre Geschichte, indem Sie die Art und Weise vorbereiten, wie man Sie vorstellt. Verfassen Sie eine Kurzbeschreibung zu sich selbst und zu Ihrem Vortrag, die als Grundlage für Ihre Vorstellung dienen kann.

Denken Sie bei dieser Beschreibung an die Szenen aus Akt I und überlegen Sie sich eine kurze Hinführung zu der Geschichte, die Sie anschließend präsentieren werden. Denken Sie auch daran, auf Ihre Referenzen hinzuweisen, denn sie gehören mit zu Ihrer Präsentation: Eigenlob stinkt hier *nicht*, denn um in der richtigen geistigen Verfassung für Ihre Präsentation zu sein, muss das Publikum wissen, dass Sie genau die richtige Person für diesen Vortrag sind.

Tipp 5: Kennen Sie Gobo?

Die Ausstattung in vielen Besprechungsräumen besteht aus Leuchtstoffröhren und normalen Tischen, doch mit kostengünstigem lichttechnischem Zubehör können Sie die Stimmung in einem Raum ändern und Störfaktoren einer eher schäbigen Präsentationsumgebung ausschalten. Eine einfache Methode, die Präsentationsumgebung aufzuhellen, bietet beispielsweise ein Gobo. Das ist eine partielle Abschirmung, die über einer Lichtquelle angebracht wird und aus der ein Muster ausgeschnitten ist. Bei angeschaltetem Licht wird das Bild des Musters an eine Oberfläche geworfen. Sie könnten ein Gobo beispielsweise einsetzen, um mit einer unauffälligen Musterung eine unebene Wand zu kaschieren oder um einen warmen Farbton zu erzeugen, der die grelle Beleuchtung etwas abschwächt. Wie schon bei den visuellen Effekten in Ihrer Präsentation soll die Wirkung auch hier einfach und transparent sein und darf nicht von der Botschaft ablenken. Wenn Sie also ein Gobo oder anderes spezielles

Lichtzubehör verwenden, denken Sie immer daran, dass das Publikum sich nicht an Lichteffekte, sondern an den Inhalt Ihrer Präsentation erinnern soll.

Tipp 6: Visuelle Mnemotechniken

Vergessen Sie manchmal, was Sie sagen wollten? Versuchen Sie, die Folien als Gedächtnisstützen einzusetzen, um sich an die wichtigsten Punkte zu erinnern. Wenn Sie beispielsweise das in Abbildung 7.3 gezeigte Steuerrad als visuelles Requisit verwenden und wenn Sie sechs Hauptpunkte in der Präsentation behandeln wollen, können Sie jeden Punkt mit einem der Griffe dieses Steuerrads verbinden und dann von einem Griff zum nächsten gehen, wenn Sie die Punkte erläutern.

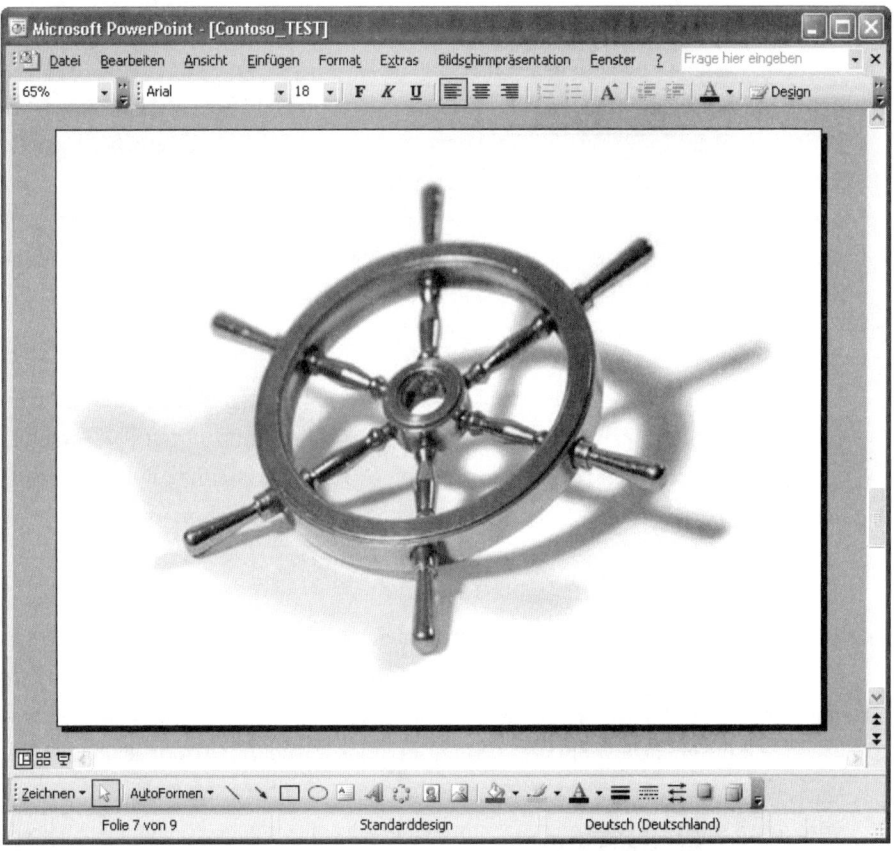

Abbildung 7.3: Ein einfaches Foto als visuelle Gedächtnisstütze

Wenn Sie ein Bild auf einer Folie als mnemotechnisches Hilfsmittel verwenden, bleiben Ihre Ideen – und die ganze Präsentation – besser im Gedächtnis haften.

Tipp 7: Ein Gespräch unter Hochspannung

In *Moving Mountains* (Crowell-Collier Press 1989) schrieb Henry M. Boettinger, dass die Präsentation von Ideen wie ein Gespräch unter Hochspannung ist – gleichzeitig gefährlicher und kraftvoller. Das ist eine der besten Definitionen für Präsentationen überhaupt, denn hier ist so viel an Bedeutung in nur einen kurzen Satz gepackt. Die Bedeutung nimmt sogar noch zu, wenn man die Bestandteile einzeln betrachtet:

- Sie präsentieren *Ideen*. Nicht Ihre Person.
- Eine Präsentation ist ein *Gespräch*. Es sind mindestens zwei Personen daran beteiligt.
- Eine Präsentation bedeutet *Hochspannung*. Sie ist nicht langweilig.
- Eine Präsentation ist *gefährlich*. Denn sie birgt Risiken.
- Eine Präsentation ist *kraftvoll*. Sie hat Macht.

Denken Sie bei Ihrem nächsten Vortrag an diese kluge Definition, dann lassen Sie sich sicher nicht von der Botschaft ablenken, die Sie in Ihre Präsentationen packen.

Tipp 8: Persönlichkeit in Nahaufnahme

Eine der wirkungsvollsten Techniken im Film ist die Nahaufnahme vom Gesicht eines Schauspielers. Dem Publikum vermittelt sie ein Gefühl der persönlichen Nähe zu der Person. Diese Technik kommt zwar in den meisten Präsentationen noch nicht zum Einsatz, doch die Möglichkeiten von Präsentationen werden mit neuen Technologien stetig erweitert.

In manchen Livepräsentationen gibt es beispielsweise eine IMAG-Bildvergrößerungskamera, die auf das Gesicht der präsentierenden Person zoomt, während diese spricht. Das Bild erscheint meist in einem Teilbereich der Leinwand direkt neben den PowerPoint-Folien der Präsentation. Wenn Sie die Möglichkeit haben, Ihr Gesicht vergrößert auf die Projektionswand zu bringen, machen Sie davon Gebrauch – Sie geben dem Publikum damit die Möglichkeit, Sie aus der Nähe zu sehen. Vorher aber sollten Sie ein Training mit einer Livekamera mitmachen, die so ähnlich wie die in Ihrer Präsentation ist, damit Sie sehen, wie Sie auf einem großen Monitor wirken.

Tipp 9: Drehbuch für mehrere Vortragende

Wenn mehrere Personen über die gleiche Geschichte sprechen sollen, planen Sie mithilfe der Drehbuchvorlage, wer was sagen wird.

Schreiben Sie hierzu die ganze Geschichte, wie Sie es in den Kapiteln 2 und 3 getan haben. Wenn die Präsentation gehalten werden soll, präsentiert Sprecher/Sprecherin 1 die Szenen zu Akt I und führt so die Geschichte ein. Sprecher/Sprecherin 2 präsentiert die Folienabfolge für

Akt II, Szene 1, Sprecher/Sprecherin 3 die Folien für Akt II, Szene 2 und Sprecher/Sprecherin 4 die Folien in Akt II, Szene 3 und 4. Dann kommt noch einmal Sprecher/Sprecherin 1 und stellt mit den Szenen von Akt III den Gesamtzusammenhang her.

Egal ob Sie diese Technik für eine kleine Besprechung oder für eine große Konferenz einsetzen, sie sorgt dafür, dass die Zuhörer eine für sie bedeutsame Geschichte erleben. Sie sollten außerdem den Vortragenden vorab die Storyboards der einzelnen Teile zur Ausgestaltung senden, damit alle Vortragenden bei der gleichen Botschaft bleiben und auch ihre eigenen Stile und Persönlichkeiten einbringen können.

Tipp 10: Dranbleiben

Die Inspiration für viele der in diesem Buch besprochenen Ideen kam ursprünglich von der Website *www.beyondbullets.com*, einem Blog zum Thema »Beyond Bullets Points« (so der Originaltitel dieses Buches). In diesem englischsprachigen Blog finden Sie laufend neue Tipps, Techniken und kreative Ideen für Präsentationen. Ähnlich wie die Zehn-Tipps-Abschnitte am Ende der einzelnen Kapitel bespricht jeder Blog-Eintrag eine fortgeschrittene Idee, die Sie auf Ihre PowerPoint-Präsentationen anwenden können. Wenn Sie also dranbleiben wollen, können Sie diesen kostenlosen Service abonnieren und sich laufend Nachschub an neuen Ideen liefern lassen. Vergessen Sie nicht, Ihre eigenen Ideen und innovativen Techniken zu senden und so andere Leser/Leserinnen und Präsentatoren/Präsentatorinnen daran teilhaben zu lassen.

Schlusswort

Um die in der Einleitung dieses Buches gestellte Frage zu beantworten: *Natürlich* ist eine Microsoft Office PowerPoint-Präsentation ohne Aufzählungen immer noch eine PowerPoint-Präsentation. Sie kann sogar viel mehr sein, als Sie sich bisher vorstellen konnten.

In weniger als 20 Jahren hat PowerPoint unsere Art zu kommunizieren verändert, und das mehr oder weniger unbemerkt. So wie der Einzug des Fernsehers sich auf die Einrichtung unserer Wohnzimmer ausgewirkt hat, hat der Einzug von PowerPoint und Datenprojektoren das Aussehen unserer Besprechungsräume verändert. In beiden Fällen ist der Bildschirm bzw. die Projektionswand in den Mittelpunkt der Aufmerksamkeit gerückt. Aber im Gegensatz zum Fernsehen, wo die Kommunikation weiterhin nur in einer Richtung verläuft, ist PowerPoint ein Hilfsmittel, mit dem Sie – durch Ein- oder Ausschalten, Unterbrechungen und Interaktionen – einen Dialog mit einem Publikum herstellen können.

In gewissem Maß hängt die Beliebtheit des Programms PowerPoint eng zusammen mit dem tiefer gehenden Wandel, der sich in unserer Kultur im Allgemeinen vollzieht und der u.a. auch dadurch zum Ausdruck kommt, dass Text als primäres Kommunikationsmittel abgelöst wird von Multimedia. Das ist in vielen Unternehmen zu beobachten, in denen PowerPoint das geschriebene Wort als primäres Mittel der interpersonellen Kommunikation verdrängt hat. Bezeichnenderweise hat diese ganze Entwicklung trotz der Vorherrschaft der Aufzählungslisten stattgefunden, denen ja viele vorwerfen, eine Mauer zwischen der vortragenden Person und der Zuhörerschaft zu errichten. So gesehen können wir uns darauf freuen, wie sich die PowerPoint-Landschaft entwickeln wird, wenn diese Mauer einstürzt und die Menschen anfangen, über reine Aufzählungen hinauszugehen und zu erzählen, anstatt aufzuzählen.

Schlusswort

Wenn Sie die Kraft einer überzeugenden Erzählstruktur auf den gesamten Prozess der Präsentationserstellung anwenden, wie es in diesem Buch beschrieben wurde, erstellen Sie damit nicht nur eine Präsentation. Sie brechen mit dem Modell der traditionellen interpersonellen Kommunikation, indem Sie Ihre Botschaft mit digitalen Medien in ein Livegespräch mit einem Publikum einbringen. Es geht hier nicht mehr nur darum, was Sie sagen oder wie Sie es sagen – es geht um die Kombination des Was und des Wie auf eine Weise, die einen Dialog mit anderen Menschen über Ihre Ideen hervorbringt. Das ist eine aufregende Entwicklung in der Geschichte der Kommunikation, und Sie leisten Pionierarbeit, indem Sie die alten Modelle von Massenmedien hinter sich lassen und den Weg bereiten in eine neue Welt mit Medien, die die zwischenmenschliche Interaktion mehr fördern.

Neue Ideen müssen sich immer erst gegen gesellschaftlichen Widerstand durchsetzen – da wird auch ein Ansatz, der über die Ebene der Aufzählungspunkte hinausstrebt, indem er erzählt statt aufzählt, keine Ausnahme sein, insbesondere auf Unternehmensebene. In PowerPoint-Präsentationen spiegelt sich die Unternehmenskultur einer Firma wider, und solche Kulturen sind oft widerstandsfähig gegenüber Veränderungen. Wenn Sie also auf Widerstand stoßen, sollten Sie sich nicht entmutigen lassen. Dank der weiten Verbreitung von PowerPoint liegt die Macht von Multimedia in den Händen der Menschen, und dabei wird es bleiben. Wenn Vortragende dieses Werkzeug einsetzen, um sich selbst auszudrücken und andere Menschen einzubeziehen, kann der eingeleitete positive Wandel nicht aufgehalten werden.

Das Ende dieses Buches ist eigentlich ein Anfang. Wie das Wort *statt* im Buchtitel andeutet, will dieses Buch eine Veränderung bewirken: An die Stelle der einschränkenden Aufzählung soll eine neue Art konzentrierter, klarer und mitreißender Kommunikation treten. Wenn die Aufzählungslisten aus unseren PowerPoint-Folien verschwinden, werden wir feststellen, dass hinter den Listen Menschen stecken, mit denen ein Dialog möglich ist. Und weil wir unsere guten Ideen mit der Macht der heute verfügbaren medialen Technologien kombinieren, wird sich der Zustand zwischenmenschlicher Kommunikation auf einer faszinierenderen und menschlicheren Ebene weiterentwickeln.

In einer Welt des Erzählens (und nicht des Aufzählens) ist die Macht menschlicher Geschichten nicht aufzuhalten.

Anhang A
Im Einklang mit der Forschung

Die konventionellen Aufzählungslisten sind zwar für die Kommunikation mit Präsentationen zur Norm geworden, aber überraschenderweise gibt es nur wenige Untersuchungen, die sich mit der Effizienz dieses Kommunikationsansatzes befassen. In der allgemeinen Presse wie auch in praxisnahen Zeitschriften wimmelt es von Anekdoten über die Defizite von Aufzählungen auf Präsentationsbildschirmen, was darauf hinweist, dass dieser Ansatz in Unternehmen und im Bildungswesen genauer unter die Lupe genommen werden sollte.

Ein Grund für die unzureichenden Untersuchungen zu diesem Thema ist vielleicht, dass dieser Ansatz so schnell übernommen und in Unternehmen und Unterrichtsräumen verbreitet wurde, dass wenig Zeit für Reflexion und Analyse blieb. Ein weiterer Grund mag sein, dass Untersuchungen zu Livepräsentationen schwierig sind, da so viele Variablen im Spiel sind, u.a die Qualität der Präsentationsmedien, die Kommunikationsfähigkeit der Vortragenden sowie der Verständnisgrad des Publikums.

Zwar gibt es nur wenige wissenschaftliche Untersuchungen speziell zur Effizienz der konventionellen Aufzählungslisten, doch die Ergebnisse in einem anderen Forschungsbereich, der sich mit dem Einsatz von Multimedia zur Lernunterstützung befasst, sind äußerst aufschlussreich. Diese Untersuchungen befassen sich mit der kognitiven Theorie von Lernen mit Multimedia, wie sie von dem Bildungspsychologen Richard E. Mayer, Professor für Psychologie an der University of California, Santa Barbara, aufgestellt wurde. Einer amerikanischen Studie zufolge ist Richard E. Mayer der produktivste Forscher im Bereich Bildungspsychologie. Er ist Autor von 18 Büchern und mehr als 250 Artikeln und Beiträgen und befasst sich seit 12 Jahren mit dem Thema Lernen und Problemlösen mit Multimedia.

Sein Ausgangspunkt ist dabei nicht die Frage, wie ein bestimmtes Softwaretool am besten für irgendeinen Zweck eingesetzt werden kann, sondern er fragt zunächst, wie das menschliche Denken funktioniert. Auf dieser Grundlage aufbauend untersucht er Prinzipien, die für einen besseren Einsatz von Multimedia zur Lernunterstützung zu beachten sind.

Mit die wichtigste Theorie in diesem Bereich der Forschung ist, dass das menschliche Gedächtnis aktiv am Lernprozess beteiligt ist. Das ist ein großer Schritt weg von der Vorstellung, dass das Gehirn der Zuhörenden wie ein Behälter ist, der passiv darauf wartet, mit dem Wissen der vortragenden Person gefüllt zu werden. Wenn wir davon ausgehen, dass es zur Vermittlung unserer Botschaft reicht, den Zuhörenden ein paar mit Aufzählungspunkten gefüllte Folien zu zeigen, dann ist das eine Annahme, die den neuesten Erkenntnissen der kognitiven Theorie widerspricht.

Zusammenfassung der Prinzipien

In seinem wichtigen Buch *Multimedia Learning* (Cambridge University Press 2001) sowie in Artikeln und Beiträgen zum gleichen Thema untersucht Richard E. Mayer Möglichkeiten, wie Multimedia sinnvoll zur Lernförderung eingesetzt werden kann, und stellt auf Grundlage eigener und anderer Forschungsergebnisse mehrere Prinzipien auf, die bei der Entwicklung von Multimedia-Erlebnissen grundsätzlich zu berücksichtigen sind.

Mithilfe dieser Prinzipien können Sie beim Entwurf von Microsoft Office PowerPoint-Präsentationen die Funktionsweise des menschlichen Gehirns mit berücksichtigen. Außerdem können Sie damit leichter entscheiden, welche grafischen Techniken sinnvoll sind und welche besser nicht verwendet werden sollten.

Wenn Sie mit dem in diesem Buch vorgestellten Ansatz arbeiten, sind Sie den in Mayers Arbeiten beschriebenen Prinzipien schon ziemlich nahe.

Mit Worten und Bildern kommunizieren

Wie Sie in Kapitel 5 im Abschnitt »1. Regel: Ausgangspunkt der Gestaltung ist die Überschrift« erfahren haben, beginnen Sie den Gestaltungsprozess Ihrer Präsentation in der Ansicht *Notizenseite*. Ihre gestalterische Aufgabe besteht darin, ein grafisches Element in den Folienbereich zu setzen, um die freie Fläche zwischen der Überschrift, die auf dem Bildschirm erscheint bzw. an die Wand projiziert wird, und dem Notizenbereich, der den von Ihnen vorgetragenen Text enthält, zu füllen (siehe Abbildung A.1). Sie fügen das grafische Element in der Ansicht *Normal* zur Folie hinzu, und Sie wenden diese Technik auf jede einzelne Folie der Präsentation an. So sorgen Sie dafür, dass jede Grafik für die in der Überschrift und im Notizenbereich dargestellte Idee direkt relevant ist – und nicht nur reine Verzierung.

Indem Sie dafür sorgen, dass jede Folie der Präsentation auch ein visuelles Element enthält, das sich direkt auf die jeweilige Idee bezieht, entspricht Ihr Ansatz Mayers *Multimediaprinzip*, demzufolge Menschen durch eine Kombination aus Wörtern und Bildern besser lernen als nur durch Wörter.

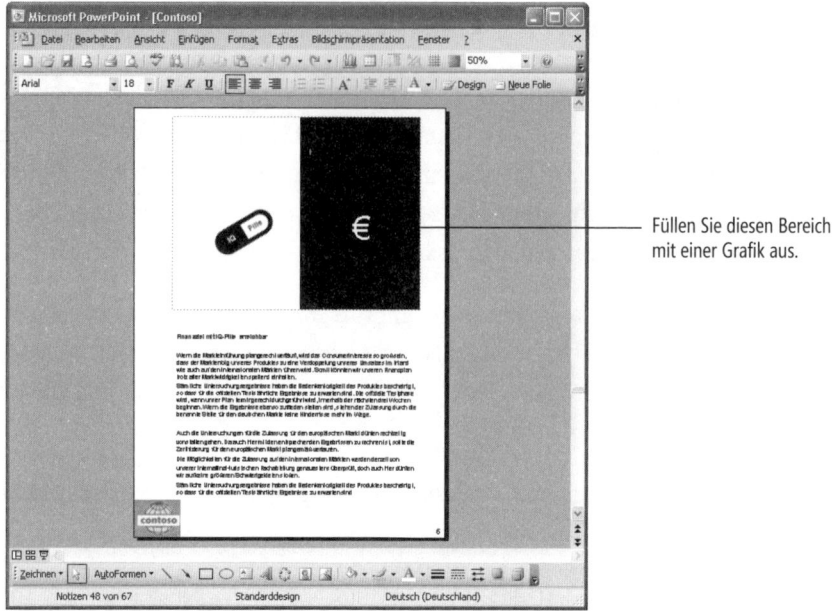

Abbildung A.1: Die Ansicht *Notizenseite* sorgt dafür, dass Sie mittels Worten und Bildern kommunizieren und dass die meisten Wörter gesprochen werden (und nicht auf dem Bildschirm oder der Projektionswand gelesen werden müssen)

Redundanz von Gesprochenem und Gelesenem vermeiden

Wenn Sie in der Ansicht *Notizenseite* beginnen, stellen Sie sicher, dass Sie jede Notizenseite als integriertes Mediendokument erstellen (siehe Abbildung A.1). Weil es für jede Folie der Präsentation ein visuelles Element gibt, enthält der Folienbereich immer eine Grafik. Mit diesem integrierten Ansatz muss keine der Informationen, die in Ihrem gesprochenen Vortrag enthalten sind, im Folienbereich angezeigt werden.

Wenn Sie den Text überwiegend in den Notizenbereich setzen und im Folienbereich keine Aufzählungen verwenden, entspricht Ihr Ansatz Mayers *Redundanzprinzip*, demzufolge Menschen eine Multimedia-Erklärung besser verstehen, wenn die Worte nur mündlich präsentiert werden (und nicht gleichzeitig mündlich und auf dem Bildschirm oder der Projektionswand).

In bestimmten Fällen kann verbale Redundanz akzeptabel sein – wenn der Rhythmus der Präsentation beispielsweise besonders langsam ist, wenn Sie technische Begriffe vorstellen, die dem Publikum nicht geläufig sind, oder wenn manche Zuhörer Verständnisschwierigkeiten haben könnten, weil der Vortrag nicht in ihrer Muttersprache gehalten wird oder weil sie schlecht hören.

Die Informationen portionieren

Wenn Sie das Drehbuch fertig stellen, wie in den Kapiteln 2 und 3 beschrieben, teilen Sie die Informationen Ihrer Geschichte in einzelne Aussagen auf. Diese Informationshappen fügen sich in die klare Struktur und Abfolge der Drehbuchvorlage ein, die Grundlage der Präsentation ist. Sie übertragen dann das Drehbuch nach PowerPoint, wo für jede Aussage eine separate Folie angelegt wird, die im Titelbereich die Aussage enthält, wie in der Ansicht *Foliensortierung* in Abbildung A.2 zu sehen ist.

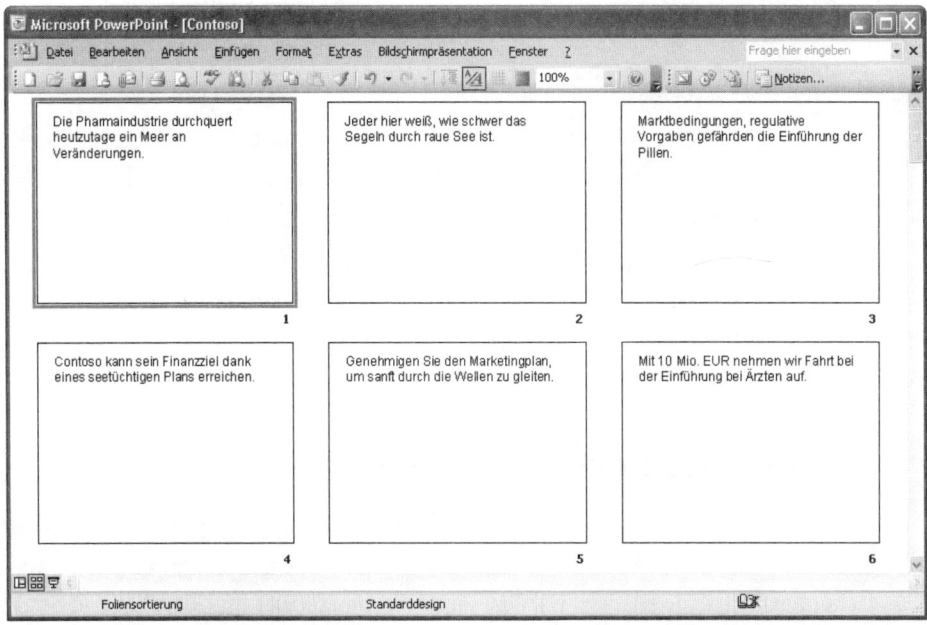

Abbildung A.2: Die Ansicht *Foliensortierung* zeigt je ein Informationshäppchen pro Folie an

Wenn Sie Informationen mittels der Drehbuchvorlage in kleine Stücke aufteilen und diese dann einzeln auf die Folien verteilen, entspricht dies Mayers *Segmentierungsprinzip*, demzufolge Menschen besser lernen, wenn die Informationen portionsweise präsentiert werden.

Informationen klar vermitteln

Wenn Sie die Aussagen aus dem Drehbuch in eine PowerPoint-Datei übertragen, wie es in Kapitel 4 im Abschnitt »Das Drehbuch in PowerPoint übertragen« beschrieben wurde, wird für jede Aussage eine eigene Folie angelegt und die Aussage im Titelbereich eingefügt. Sie können die Überschriften in der Ansicht *Foliensortierung* schnell überfliegen (siehe Abbildung A.3).

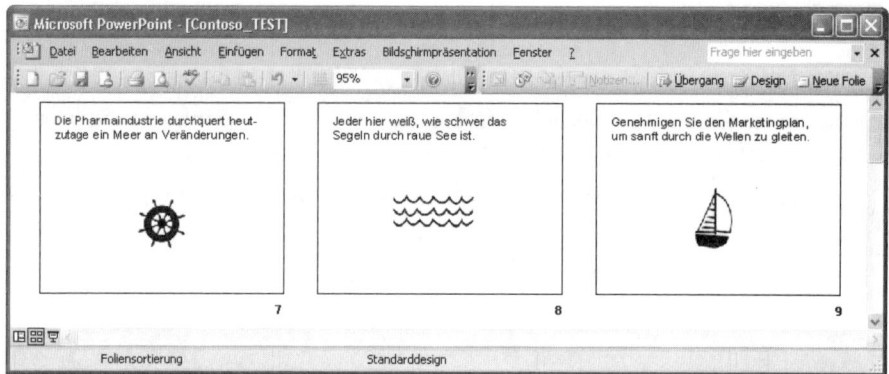

Abbildung A.3: Das Layout mit einer Überschrift stellt die Aussage klar dar

Wenn Sie eine klare Überschrift auf jede Folie setzen, entspricht dies Mayers *Signalisierungsprinzip*, demzufolge Menschen besser lernen, wenn Informationen mithilfe klarer Gliederungen und Überschriften präsentiert werden.

Wenn Sie eine Überschrift hinter ein Foto setzen, wie in Kapitel 5 im Abschnitt »Die Überschriften verbergen« beschrieben wurde, wird die Aussage der Folie nicht mehr durch eine Überschrift signalisiert. Diesen Verlust an Signalwirkung können Sie kompensieren, indem Sie die Aussage durch ein Motiv, ein visuelles Element und Ihre Worte stärker hervorheben.

Konversationsstil verwenden

Wenn Sie die Aussagen des Drehbuchs niederschreiben und dabei die Richtlinien befolgen, die in Kapitel 2 im Abschnitt »2. Regel: Schreiben Sie in einem einfachen, klaren und aktiven Konversationsstil« erläutert wurden, sorgen Sie für einfache und klare Sätze in den Folienüberschriften (siehe Abbildung A.4).

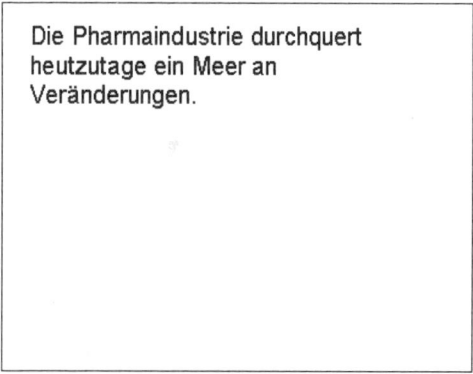

Abbildung A.4: Eine Überschrift im Konversationsstil entspricht dem Personalisierungsprinzip

Wenn Sie einen ungezwungenen Konversationsstil für die Überschriften verwenden, entspricht dies Mayers *Personalisierungsprinzip*, demzufolge Menschen besser lernen, wenn die Informationen nicht in einem formellen, sondern in einem unkomplizierten Stil verfasst sind.

Überschriften in die Nähe der Grafiken setzen

Wenn Sie alle Folien mit dem Layout *Titel und Inhalt* formatiert haben, wie in Kapitel 4 im Abschnitt »Folienlayout ändern« beschrieben wurde, erstellen Sie ein Standardlayout, das eine aussagekräftige Überschrift in den oberen Bereich der Folie setzt und ein visuelles Element in den darunter liegenden Bereich (siehe Abbildung A.5).

Abbildung A.5: Das Layout *Titel und Inhalt* sorgt dafür, dass Überschrift und Grafik nahe beieinander stehen

Wenn Sie das Layout *Titel und Inhalt* verwenden, entspricht dies Mayers *Prinzip der räumlichen Nähe*, demzufolge Menschen besser lernen, wenn auf einer Projektionswand, dem Papier oder dem Bildschirm die Wörter nahe bei den zugehörigen Bildern stehen. Beschriftungen und Legenden können erforderlichenfalls zu den grafischen Elementen hinzugefügt werden (siehe Abbildung 6.1 in Kapitel 6).

Ablenkungen von der Projektionswand fern halten

In Kapitel 4 im Abschnitt »Folienmaster einrichten« haben Sie die Bereiche für Datum, Fußzeile und Zahlen gelöscht, den Folienhintergrund leer gelassen und weder Logo noch andere Designelemente hinzugefügt (siehe Abbildung A.6). Mit dieser Technik entsteht ein klarer und einfacher Master, der als Ausgangspunkt für die Arbeit mit den Folien dient.

Abbildung A.6: Durch einen leeren Hintergrund enthält die Folie keine grafischen Elemente, die ablenken könnten

Wenn Sie den Gestaltungsprozess mit einer leeren Folie ohne grafische Elemente beginnen, entspricht dies Mayers *Kohärenzprinzip*, demzufolge Menschen besser lernen, wenn unwesentliche Informationen aus einer Multimediapräsentation entfernt werden.

Dieses wichtige Prinzip basiert auf der wissenschaftlichen Erkenntnis, dass der Lernprozess behindert wird, wenn interessante, aber irrelevante Wörter, Bilder, Geräusche oder Musik zu einer Präsentation hinzugefügt werden. Das Kohärenzprinzip wird betont, wenn Sie in den Folienbereich nur Grafiken aufnehmen, die sich direkt auf die Überschrift und auf den Notizenbereich beziehen, wie bereits zuvor für das Multimediaprinzip beschrieben wurde. Sie berücksichtigen dieses Prinzip außerdem, wenn Sie Folienlayout und Stil der grafischen Elemente einfach halten und die grafischen Formen und Diagramme nicht unnötig verzieren.

Mit animierten Elementen erzählen

Wenn Sie eine Abfolge zusammengehöriger Aussagen aus dem Drehbuch gestalten, wie in Kapitel 6 im Abschnitt »Eine Idee mit einer Grafik darstellen« beschrieben, schaffen Sie eine Animation für eine Foliensequenz, vergleichbar mit den Einstellungen in einem Film (siehe Abbildung A.7). Da die Erläuterungen sich im Notizenbereich unterhalb der Folien befinden, muss der Folienbereich nicht mit zusätzlichem erklärendem Text zu den einzelnen visuellen Elementen zugebaut werden.

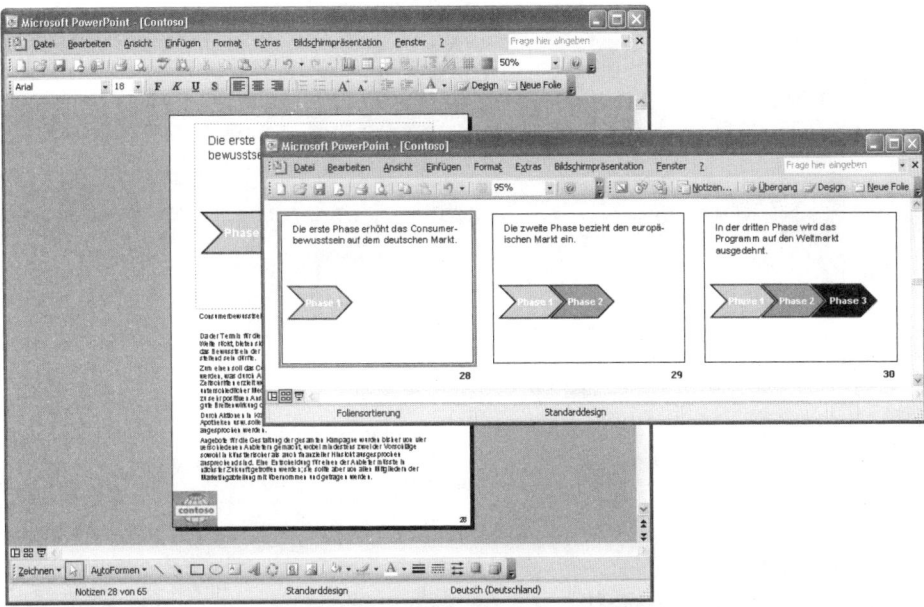

Abbildung A.7: In der animierten Sequenz wird jedes einzelne Element durch die gesprochenen Ausführungen erläutert

Wenn Sie Ihren vorzutragenden Text in den Notizenbereich setzen und von der zu projizierenden Folie fern halten, entspricht dies Mayers *Modalitätsprinzip*, demzufolge Menschen durch eine Kombination aus Animation und Gesprochenem besser lernen als durch eine Kombination aus Animation und Text, der (auf dem Bildschirm oder auf der Projektionswand) gelesen werden muss. Dieses Prinzip ist besonders in schnellen Präsentationen wichtig. In bestimmten Fällen können technische Begriffe durch zusätzliche Beschriftungen erklärt werden.

Animation und Gesprochenes synchronisieren

Wenn Sie eine Animationssequenz von einer Folienabfolge erstellen, die sich auch auf den gesprochenen Text im Notizenbereich bezieht, wie in Kapitel 6 im Abschnitt »Eine Idee mithilfe eines Diagramms erklären« beschrieben wurde, stellen Sie sicher, dass Sie jeden Schritt einer Abfolge mündlich erläutern (siehe Abbildung A.8).

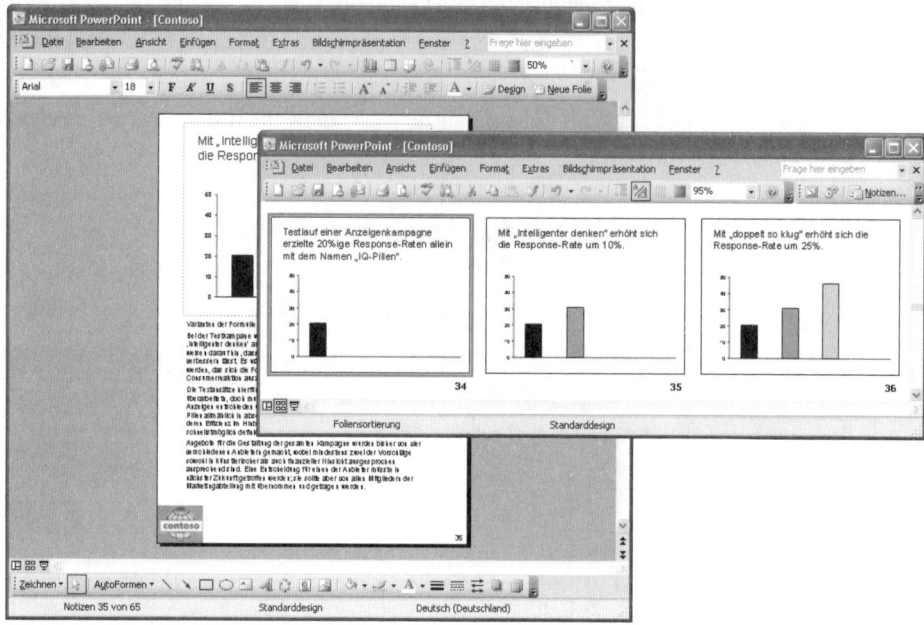

Abbildung A.8: Eine animierte Diagrammsequenz sorgt dafür, dass Animation und Gesprochenes synchron sind

Wenn Sie die mündlichen Ausführungen im Notizenbereich mit den einzelnen Einstellungen des Folienbereichs synchronisieren, entspricht dies Mayers *Prinzip der zeitlichen Nähe*, demzufolge Menschen besser lernen, wenn Animation und Erzählung synchron präsentiert werden und nicht sukzessive.

Fortgeschrittene Prinzipien anwenden

Diese Prinzipien können als Basis für ein allgemeines Publikum dienen, dessen Hintergrund Sie nicht genauer kennen. Wenn Sie diesen Ansatz beherrschen und mehr über Ihr Publikum wissen, können Sie die Worte und Bilder für die individuellen Bedürfnisse eines bestimmten Publikums maßschneidern. Hier kommen dann fortgeschrittene Prinzipien zur Anwendung.

Eine Kategorie von Lernunterschieden hat beispielsweise mit Vorkenntnissen, visuellen Fähigkeiten und räumlichem Vorstellungsvermögen zu tun. Mayers *Prinzip der individuellen Unterschiede* besagt, dass basierend auf diesen Faktoren das Design von Multimediapräsentationen unterschiedlich wirken kann. Eine komplexe Grafik könnten Sie beispielsweise in nur einer Folie erläutern, wenn alle im Publikum damit bereits vertraut sind; die gleiche Grafik würden Sie in mehreren Folien erklären, wenn das Publikum die Informationen noch nicht kennt. Wenn Sie mehr über die fortgeschrittenen Prinzipien erfahren wollen, finden Sie am Ende dieses Anhangs Hinweise zu einschlägiger (englischsprachiger) Literatur.

Mehr zur Forschung

Wenn Sie sich für die Untersuchungen von Mayer et al. interessieren und wissen wollen, wie Sie die Forschungsergebnisse für Ihre Präsentationen anwenden können, finden Sie im folgenden Abschnitt eine Liste mit Literaturhinweisen. Und denken Sie daran: Indem Sie die in diesem Buch beschriebenen Prinzipien nach und nach in Ihren Präsentationen umsetzen, leisten Sie einen Beitrag zur Fortentwicklung eines innovativen Ansatzes für multimediale Präsentationen, der sich noch in einem sehr frühen Entwicklungsstadium befindet. Wenn Sie den Ansatz »Erzählen statt aufzählen« in Ihren Präsentationen umsetzen, berücksichtigen Sie zum einen die in diesem Anhang beschriebenen wissenschaftlich fundierten Prinzipien und haben gleichzeitig eine solide Ausgangsbasis für weiteres Experimentieren und Forschen.

Weitere Ressourcen

- *Multimedia Learning* von Richard E. Mayer (Cambridge University Press 2001)
- *Nine Ways to Reduce Cognitive Load in Multimedia Learning* von Richard E. Mayer und Roxana Moreno (Educational Psychologist, 38, no. 1[2003])
- *The Cognitive Load of PowerPoint: Q&A with Richard E. Mayer* von Cliff Atkinson, März 2004, www.sociablemedia.com/articles_mayer.htm
- *Five Ways to Reduce PowerPoint Overload* von Richard E. Mayer und Cliff Atkinson, www.sociablemedia.com
- *Graphics for Learning: Proven Guidelines for Planning, Designing, and Evaluating Visuals in Training Materials* von Ruth Colvin Clark und Chopeta Lyons (Pfeiffer 2004)

Anhang B
Arbeiten mit der Storyboardvorlage

Arbeiten mit der Storyboardvorlage

Die Storyboardvorlage von »Erzählen statt aufzählen« ist eine Microsoft Office PowerPoint-Datei, mit der Sie beim Formatieren des Folienmasters und des Notizenmasters Zeit sparen können (siehe zum Formatieren der Master die Abschnitte »Folienmaster einrichten« und »Notizenmaster vorbereiten« in Kapitel 4). Die Vorlage stellt Ihnen außerdem eine Reihe bereits gestalteter Navigationshilfen zur Verfügung (siehe Kapitel 4, Abschnitt »Navigationshilfen einfügen«).

Sie können die Storyboardvorlage unter *www.microsoft.com/germany/mspress/begleitdateien* herunterladen und auf Ihrem Computer speichern (siehe zur grundsätzlichen Vorgehensweise beim Download der zu diesem Buch verfügbaren Dateien Seite 40, oben).

So verwenden Sie die Storyboardvorlage:

1. Führen Sie die Anweisungen im Abschnitt »Von Word in PowerPoint« in Kapitel 4 durch, um eine neue PowerPoint-Datei zu erstellen und auf Ihrem Computer zu speichern.
2. Wählen Sie in der Ansicht *Foliensortierung* den Menübefehl *Bearbeiten/Alles markieren* und klicken Sie dann in der Standardsymbolleiste auf die Schaltfläche *Kopieren*.
3. Suchen Sie die Storyboardvorlage auf Ihrem Computer und doppelklicken Sie dann darauf. Da es sich bei der Datei um eine PowerPoint-Entwurfsvorlage handelt (mit der Dateierweiterung .pot), wird durch Doppelklicken auf die Datei eine neue Präsentation mit den Formatierungen der Vorlage geöffnet. Benennen Sie die neue PowerPoint-Datei und speichern Sie sie auf Ihrem Computer.
4. Setzen Sie den Cursor rechts neben die erste Folie, klicken Sie in der Standardsymbolleiste auf die Schaltfläche *Einfügen* und speichern Sie dann die Datei. Alle Folien der in Schritt 1 erstellten PowerPoint-Datei werden jetzt gemäß den Beschreibungen unter »Folienmaster einrichten« und »Notizenmaster vorbereiten« in Kapitel 4 formatiert.
5. Wählen Sie den Menübefehl *Bearbeiten/Alles markieren*, wählen Sie dann den Menübefehl *Format/Folienlayout* und klicken Sie anschließend im Aufgabenbereich *Folienlayout* auf das Inhaltslayout *Titel und Inhalt*, um dieses allen Folien zuzuweisen. (Wenn Sie ein einfacheres Layout bevorzugen, wählen Sie stattdessen *Nur Titel*.)
6. Um die in der Storyboardvorlage enthaltenen ausgeblendeten Navigationshilfen anzuordnen, führen Sie die Anweisungen im Abschnitt »Navigationshilfen positionieren« in Kapitel 4 durch. Wenn Sie die optionalen 45-Minuten- und 15-Minuten-Navigationshilfe verwenden möchten, gehen Sie wie in Abschnitt »Tipp 2: In der Zeit variieren« in Kapitel 4 beschrieben vor, um sie zu duplizieren und zu platzieren.

Die Storyboardvorlage als Entwurfsvorlage für neue Präsentationen verwenden

Wenn Sie die Storyboardvorlage beim Erstellen von neuen PowerPoint-Dateien als Entwurfsvorlage benutzen möchten, können Sie sie in den entsprechenden *Vorlagen*-Ordner auf Ihrem Computer speichern. Gehen Sie dazu wie im Folgenden beschrieben vor.

So speichern Sie die Storyboardvorlage im *Vorlagen*-Ordner:

1. Doppelklicken Sie auf die Storyboardvorlage, um sie zu öffnen.
2. Wählen Sie im Menü *Datei* den Befehl *Speichern unter*, klicken Sie im Dialogfeld *Speichern unter* auf den Dropdownpfeil rechts neben dem Feld *Dateityp* und wählen Sie dann *Entwurfsvorlage (*.pot)*. PowerPoint stellt daraufhin automatisch den Speicherort auf Ihrem Computer ein, in dem die PowerPoint-Entwurfsvorlagen abgelegt sind.
3. Geben Sie als Dateinamen *Storyboardvorlage.pot* ein und klicken Sie dann auf *Speichern*.
4. Schließen Sie die Datei.

So weisen Sie einer neuen Präsentation die Storyboardvorlage zu:

1. Wählen Sie im Menü *Datei* den Befehl *Neu* und klicken Sie dann im daraufhin angezeigten Aufgabenbereich *Neue Präsentation* unter *Vorlagen* auf den Link *Auf meinem Computer*.
2. Doppelklicken Sie im Dialogfeld *Neue Präsentation* auf der Registerkarte *Allgemein* auf *Storyboardvorlage.pot*. Dadurch wird eine neue PowerPoint-Datei geöffnet, deren Folien mithilfe der Storyboardvorlage vorformatiert wurden.
3. Führen Sie nun die Anweisungen unter »So verwenden Sie die Storyboardvorlage« am Anfang dieses Anhangs durch (ausgenommen Schritt 3, den Sie überspringen, weil bereits eine vorformatierte Präsentation geöffnet ist).

Wenn Sie die Storyboardvorlage verändern möchten, lesen Sie in Kapitel 4 den Abschnitt »Tipp 7: Die Storyboardvorlage anpassen«.

Stichwortverzeichnis

15-Minuten-Spalte
    definieren 75
    testen 75
45-Minuten-Spalte
    definieren 76
    testen 77
5-Minuten-Spalte
    definieren 71
    testen 74

A

Abspann, grafische Elemente hinzufügen 193
Abstimmung des Publikums 219
Akt I
    Bühnentest 58
    Geschichte aufbauen 45
    optimieren 56
    Schlüsselemente 40
    Szene 1, Schauplatz 46
    Szene 2, Hauptfigur 48
    Szene 3, Ungleichgewicht 49
    Szene 4, Gleichgewicht 51
    Szene 5, Lösung 53
    Szenen in 45
Akt II
    Detailebenen 70
    Handlung aufbauen 69
    Hauptargumente definieren 71
    in linearer Gliederungsform 91
    Länge des Vortrags 70
    Wendepunkt 80
Akt III
    Katharsis 83
    Klimax 82
    Krise 81
Aktion und Reaktion 79
Animation
    benutzerdefinierte 159
    Diagramme 187
    Grafiken 183
    Wörter 158
Aristoteles 41
Aristoteles und Hollywood 27
Aufbau von Geschichten 40
Ausblenden, Überschriften 149
Ausgewogenheit zwischen Wort und Bild 23
Auslösendes Moment 49
AutoFormen
    formatieren 179
    für Grafiken verwenden 176
Autor/Autorin der Drehbuchvorlage 40

B

Baumdiagramme 88
Begleitdateien zum Buch 38
Benutzerdefinierte Animation 159

Stichwortverzeichnis

Bilder komprimieren *142*
Bildschirmabbildungen *170*
Brainstorming *89*
Bühnentest *58*

C

Clipart
    Größe ändern *156*
    Gruppierung aufheben *155*
    skalierbare *154*
Collagen über das Publikum erstellen *62*
Comic-Einflüsse *124*
Computerbildschirm, Abbildungen vom *170*
Corbis *168*

D

Dateien zum Buch *38*
Designbibliothek *166*
Designer, Zusammenarbeit mit *205*
Diagramme *185, 242*
    animieren *187*
    einfügen *187*
    Formatierung vereinfachen *205*
    Gruppierung aufheben *188*
    in Foliensequenzen *187*
Dialog
    anregen *219*
    Authentizität *217*
    entwickeln *210, 217*
Diskussionsrunde *220*
Download
    Drehbuchvorlage *40*
    Drehbuchvorlage_vier_Zeilen *87*
    Navigationshilfen *105*
    Storyboardvorlage *110*
Drehbuch
    Definition *30*
    produzieren *33*
    schreiben *29*
Drehbuchschreiben, Bücher zum *57*
Drehbuchvorlage
    Akte in *40*
    anpassen *60*
    Baumstruktur *88*
    Download *40*
    Dreiergruppe *87*
    dynamischer Aufbau *79*
    einfacher Konversationsstil *44*

    Erzählen statt aufzählen *31*
    ganze Sätze schreiben *43*
    Grundregeln zum Schreiben von *42*
    im Team überarbeiten *85*
    in PowerPoint übertragen *96*
    kurze Sätze schreiben *44*
    Länge definieren *90*
    manuelle Silbentrennung *72*
    Prinzip der Dreiergruppe *78*
    proben *84*
    Szenen *41*
    Tipps zum Optimieren *86*
    Vierergruppen *87*
Dreiergruppen in Drehbuchvorlage *87*
Drucken, Storyboard *123*
Dynamischer Aufbau der Drehbuchvorlage *79*

E

Emotionaler Motor der Geschichte *52*
Emotionen im Publikum ansprechen *55*
Erzählen statt aufzählen
    der Präsentationsansatz *19*
    Drehbuch produzieren *33*
    Drehbuch schreiben *29*
    Drehbuchvorlage *39*
    in drei Schritten *28*
    Storyboard erstellen *31*
Erzählstruktur, klassische *41*
Establishing Shot *46*

F

Farbcodes *196, 201*
Farbpalette *165*
Filmbranche
    Ansatz für Präsentationen *27*
    Aristoteles *27*
Folien
    ausblenden *107*
    Kategorientitel *22*
    Laoyut ändern *101*
    Notizenseiten schreiben *113*
    Titel bearbeiten *102*
    Titel proben *118*
    überfüllte *23*
    Wirkung auf das Publikum *24*
Foliengestaltung
    Ansichten zur *132*
    Designbibliothek *166*

250

Foliengestaltung *(Fortsetzung)*
    Farbpalette *165*
    Fotos *138*
    Grundregeln *130*
Folienlayout ändern *101*
Folienmaster *98, 104*
Foliensortierung, Ansicht *132*
Fotos
    Größe ändern *140*
    hinter die Überschrift setzen *142*
    in Folien einfügen *138*
    komprimieren *142*
    Proportionen beibehalten *141*
    suchen *138*
    zuschneiden *141*
Fragen
    Diskussionsrunde *220*
    nach der Präsentation *220*
Fülleffekte *147*

G

Genehmigungen *199*
Geschichte
    Aufbau *40*
    Handlung in Akt II aufbauen *69*
    im Bildungsbereich *63*
    in Akt I aufbauen *45*
    in der Werbung *62*
    Lösung in Akt III erarbeiten *81*
    Motive *47*
    Schlüsselelemente einfügen *40*
Geschichtsvariationen *57*
Getty Images *168*
Gleichgewicht *51*
Gliederungsstruktur von Akt II *91*
Grafiken *174*
    animieren *183*
    erstellen *176*
Grafische Elemente
    Bildschirmabbildungen *170*
    in Folien einfügen *138*
Grundregeln
    Drehbuch schreiben *42*
    Foliengestaltung *130*
    Produktion *208*
    Storyboard *115*
Gruppierung aufheben
    Clipart *155*
    Diagramme *188*

H

Handzettel
    Aufbau *132*
    verteilen *223*
Hauptargumente
    definieren *71*
    prüfen *73*
    von links nach rechts ausarbeiten *75*
Hauptfigur *48*
Headlines proben *118*
Hollywood und Aristoteles *27*
Hollywood-Ansatz *27*

I

Ideen
    ausarbeiten *31*
    fokussieren *29, 56*
Improvisieren *221*

K

Kategorientitel *22*
Katharsis *83*
Klassische Erzählstruktur *41*
Klimax *82*
Krise *81*

L

Logische Bäume *88*
Lösung
    in Akt I *53*
    in Akt III *82*

M

Microsoft Excel *172*
Microsoft Office Online ClipArt und Medien *139, 154*
Motive *47*

N

Navigationshilfen
    anpassen *120, 127*
    downloaden *105*
    einfügen *105, 120, 127*
    positionieren *108*
Normal, Ansicht *132*

Stichwortverzeichnis

Notizen
    auf der Notizenseite *126*
    in der Foliensortierung *126*
Notizenmaster *110, 126*
Notizenseiten
    Ansicht *132*
    endgültige Fassung erstellen *198*
    schreiben *113*

O

Organigramme *88*

P

Persuasionstechniken *41*
Präsentationen
    Analysefragen *21*
    Grundregeln der Gestaltung *130*
    Hollywood-Ansatz *27*
    in den Notizenseiten analysieren *23*
    in der Foliensortierung analysieren *22*
    in der Normalansicht analyiseren *24*
    Länge variieren *90*
    ohne Aufzählungspunkte *20*
    proben *198*
    technische Ausrüstung *212*
    Vortragsnotizen *215*
Präsentationsansatz, »Erzählen statt aufzählen« *19*
Proben
    der Präsentation *198*
    Störfaktoren beseitigen *214*
Probleme
    einplanen *213*
    Folien ablesen *25*
    im Rollenspiel arbeiten *61*
    überfüllte Folien *23*
    unverständliche Folientitel *21*
Produktion, Grundregeln *208*
Projektor vorbereiten *213*
Protagonist *48*
Publikum
    Abstimmung *219*
    Dialog *210*
    Emotionen ansprechen *55*
    Interesse wecken *33*
    Vernunft ansprechen *68*
    verschiedene Größen *222*
Publikum analysieren *60*

R

Räumlichkeiten *211*
Rede vorbereiten *110*

S

Schauplatz *46*
Schreibstil *64*
Selbstvertrauen *218*
Silbentrennung, manuelle *72*
Skript *siehe* Drehbuch und Drehbuchvorlage
Stimme beim Vortrag *198*
Stock.XCHNG *168*
Störfaktoren
    aus Umfeld beseitigen *211*
    durch Proben beseitigen *214*
    verbale *215*
Storyboard
    aus der Drehbuchvorlage erstellen *31*
    Comic-Einflüsse *124*
    Definition *32, 94*
    Download der Vorlage zum Buch *110*
    drucken *123*
    Einleitung und Abspann *103*
    erster Entwurf *101*
    Folienlayout ändern *101*
    Folienmaster einrichten *98*
    für Designer vorbereiten *124*
    Grundregeln für *115*
    Navigationshilfen *105*
    Notizen *126*
    Notizenmaster vorbereiten *110*
    Notizenseiten schreiben *113*
    optimieren *119*
    Titel bearbeiten *102*
    verschachtelt *123*
    vorbereiten *97*
Storyboardvorlage
    anpassen *100, 125*
    downloaden *110*
Struktur von Geschichten *40*
Szenario in diesem Buch *19*
Szenen *41*
    optimieren *55*

Stichwortverzeichnis

T

Technische Ausrüstung vorbereiten *212*
Titel, grafische Elemente hinzufügen *193*
Transparentes Rechteck *144*
Triptychon *206*

U

Überfüllte Folien *23*
Überschriften
    Bedeutung *132*
    Lesbarkeit verbessern *142*
    verbergen *149, 153*
Überzeugen *41*
Umgebung für Präsentationen vorbereiten *211*
Ungleichgewicht *49*
Unverständliche Folientitel *21*

V

Vernunft *41*
Vernunft im Publikum ansprechen *68*
Verschachtelte Storyboards *123*
Vierergruppen in Drehbuchvorlage *70, 78, 87*
Visuelle Rhetorik *204*

W

Wendepunkt
    in Akt I *53*
    in Akt II *80*
Werbung, Geschichten in *62*
Wörter, animieren *158*

Z

Zuschneiden, Fotos *142*

Über den Autor

Cliff Atkinson ist einer der führenden Experten auf dem Gebiet der Kommunikationsoptimierung mit PowerPoint in Unternehmen. Er ist ein bekannter Redner, Autor und selbstständiger Managementberater in diesem Bereich. Zu seinen Kunden gehören Unternehmen auf den ersten fünf Plätzen der Fortune 500, die 500 größten, d.h. umsatzstärksten Unternehmen in den USA. Er leitet die Sociable Media in Los Angeles.

Cliff Atkinson hat seinen B.A.-Abschluss in Englisch und Journalistik an der Baylor University in Texas und seinen M.B.A.-Abschluss in International Business an der Richmond – The American International University in London gemacht. Während des dot-com-Booms war er in verschiedensten Marketing- und Beratungspositionen bei einer Reihe von Startup-Unternehmen tätig.

> **Siehe auch:** Besuchen Sie die Website des Autors unter *www.sociablemedia.com* oder *www.beyondbullets.com*, um sich über englischsprachige Beispiele zu weiteren Präsentationen und Storyboardvorlagen zu informieren. Sie finden dort auch eine Vielzahl von Artikeln, Interviews und Links zu diesem Thema.

Cliff Atkinson lehrt im Rahmen der UCLA Extension (ein erweitertes Seminarangebot der University of California Los Angeles), schreibt führende Beiträge für den MarketingProfs-Newsletter und ist Autor des Beyond-Bullets-Blogs unter *www.beyondbullets.com*.